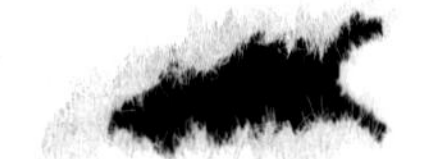

Elizabeth Davis
& Carol Leonard

Im Kreis des Lebens

Die dreizehn Archetypen der Frauen

Arun

Arun-Verlag, Engerda 28, 07407 Uhlstädt-Kirchhasel, Tel.: 036743-23314.
Email: info@arun-verlag.de, Homepage: www.arun-verlag.de
Titel der amerikanischen Originalausgabe: *The Circle of Life. Thirteen Archetypes for Every Woman.*
Vermittlung: Literarische Agentur Thomas Schlück GmbH, 30827 Garbsen.
Titelmotiv © Adobe Stock - jozefklopacka.
Übersetzung: Frances Hoffmann.
Gesamtherstellung: Jelgavas Tipografija, Jelgava, Lettland.

ISBN 978-3-86663-138-0

Für die Frauen, die vor uns gegangenen sind,
die ihr Leben geopfert oder verloren haben,
um dieses Wissen weiter zu geben.

die weise
alte weise
dunkle mutter
tochter
die unschuldige
jungfrau
bluts-schwester
geliebte
mutter
die nährende
hebamme
amazone
die starke
matrone
priesterin
zauberin
verwandlerin
verwandlerin

Inhalt

Danksagung

An erster Stelle möchten wir uns bei unseren Müttern bedanken, Marian Elinore Fogel Drake und Louise Leonard McKinney, die nie müde wurden, uns dazu zu ermutigen, wir selbst zu sein und uns bei diesem Projekt mit ihrer Unterstützung und ihrer Führung zur Seite standen. Unseren Kindern Orion Davis, Celeste Davis, John Shebalin und Milan McAlevey für das starke Erleben ihrer Geburt, das sanfte Erleben von Liebe und Fürsorge und eine stetig intensiver werdende Kommunikation.

Wir bedanken uns bei unseren Mentorinnen in der Geburtshilfe, insbesondere bei Tina Garzero und Dr. Francis Brown, die uns sowohl in die Wissenschaft als auch in das Geheimnis des Geburtsprozesses eingeweiht haben. Besonders tiefen Dank sprechen wir unseren Frauenkreisen aus, unserer Schwesternschaft der heiligen Geächteten und der Tattoo-Weiber für stete Inspiration, tiefe Einblicke und eine Menge Humor.

In diesem Buch geht es uns um eine ganz neue Phase im Lebenszyklus einer Frau, die sich zwischen der Mutterschaft und dem Alter vollzieht: die Matrone. Dieses Gesicht der Göttin wurde lange Zeit einfach verschwiegen, doch in letzter Zeit scheint es in so manchen Frauengruppen und -kreisen zunehmend präsent geworden zu sein. Im Frühling 1992 hatte Carol ein Wandgemälde fertig gestellt, in dem die vier jahreszeitlichen Aspekte der Göttin dargestellt waren. Darin war die Matrone als die Königin des Herbstes zu sehen, und Carol begann, diese bislang fehlende Phase des Frauseins in ihre Workshops, Artikel und Interviews zu integrieren. 1994 fand die Matrone in einem Artikel von Musawa im *We Moon Calendar* Erwähnung. Darin wurden auch die Amazone und die Priesterin auf eine Stufe mit der Matrone gestellt, außerdem ist die Rede von einer „Blutsschwesternschaft“ in diesem Lebensabschnitt. Wir haben diese Ausführung dankbar zur Kenntnis genommen, möchten aber selbst die Blutsschwesternschaft an anderer Stelle ansiedeln.

Unser besonderer Dank gilt all jenen Autoren, die wir immer wieder gern zitieren und deren Arbeiten eine solide Grundlage für unsere eigenen Nachforschungen gebildet haben: Vicki Noble, Alan Bleakley, Barbara Walker, Judy Grahn und Starhawk.

Vor allem anderen möchten wir dem Kreis von Frauen unseren tiefsten Dank aussprechen, die bereit waren, sich für dieses Projekt interviewen zu lassen - herzlichen Dank an euch alle.

Vorwort

Der Zeitpunkt für eine Überarbeitung dieses Buches hätte kaum besser sein können. Acht Jahre sind vergangen, seit das erste Manuskript geschrieben wurde, und inzwischen ist die Zahl der Frauen, die einander in Kreisen begegnen wollen, rapide gestiegen - und sie sind auch wesentlich besser organisiert. Junge Frauen dürsten nach dem Wissen der Älteren, und die Älteren sind begeisterte Lehrerinnen. Eine wahre Blütezeit für das Frauenwissen!

Auch das Interesse an sämtlichen Aspekten Carols und meiner Arbeit - unserer Hebammentätigkeit, Heilmethoden, Workshops, Kurse und Veröffentlichungen - ist rapide gestiegen. Die größte Herausforderung bei der Überarbeitung des Buches war die Tatsache, dass wir den großen Wissensdurst nach dem, was wir tun und was wir wissen, kaum vollständig stillen können. Und dennoch haben wir diese Arbeit sehr genossen, erfreut darüber, dass wir inzwischen älter und weiser geworden sind und so viel besser darauf eingehen können, welche Bedeutung diesen Archetypen innewohnt und wie sie miteinander in Verbindung stehen. Wir sind nun beide über Fünfzig und haben ein tieferes Verständnis für die späteren Stufen im Kreis erlangt: die Archetypen der Zauberin, der Alten Weisen und der Dunklen Mutter, welche für uns bei unseren früheren Forschungen eher schwer zugänglich gewesen sind.

Auch haben wir beide unsere Arbeit mit verschiedenen Kreisen ausgebaut. Neben meinem *Sister Circle* habe ich bei den *Wild Darlings* mitgewirkt und wurde gerade erst dazu eingeladen, mich einem etablierten und sozial engagierten Frauenkreis anzuschließen, der *Owl Eagle Lodge*. Auch meine Hebammenklassen haben sich immer in einem Kreis getroffen; und ich bin von einigen Schülern und ihren Freunden gebeten worden, Workshops zum Thema Heiliger Kreis zu geben, damit sie lernen könnten, was so einen Kreis ausmacht und wie man ihn aufrecht erhalten kann. Und Carol hat auf ihrem Grundstück in New Hampshire ein Geburtshaus mit Hebammenschule gegründet! Ganz gleich, wo wir auch hinkommen, sogar in geschäftlichen Meetings und Vorstandssitzungen - wir *kreisen*. Der Kreis ist eine Metapher für alles, was Frauen wissen und wertschätzen - Egalitarismus, Wahrheit, Synergie und Weisheit.

Das Aufregendste an der Überarbeitung dieses Buches war ohne Zweifel das neue Kapitel *Einen Kreis ins Leben rufen*. In diesem Kapitel steckt all unser Wissen und wir hoffen, die Menschen mit unserer Begeisterung und unserer Leidenschaft für den Kreis anstecken zu können. Damit einher geht eine bahnbrechende Arbeit durch eine Organisation mit dem Namen *The Millionth Circle*,[1] angeführt von der Autorin Jean Bolen. Ihre Arbeit basiert im weitesten Sinne auf einer Geschichte von Ken Keyes Jr, der in seinem Buch *Der Hundertste Affe. Das Plädoyer gegen den Atomwahn* eine erstaunliche Beobachtung macht: Affen, die geografisch voneinander isoliert werden, eignen sich ausnahmslos neue Verhaltensweisen an, und zwar mehr oder weniger zum selben Zeitpunkt. (Genauer gesagt: Sie fingen alle an, die Süßkartoffeln zu waschen, bevor sie sie verspeisten.) Aufbauend auf Keyes Forschungen entwickelte der theoretische Biologe Rupert Sheldrake seine Theorie des morphogenetischen Feldes, in der er von ähnlichem Verhalten bei Tieren und Pflanzen spricht. Der Grundgedanke des Millionth Circle ist der, dass, wenn mehr Frauen Kreise bilden, noch mehr Frauen es ihnen gleichtun werden. Dadurch würden die hierarchischen Paradigmen, die in unserer Kultur leider vorherrschen, nach und nach unvermeidlich untergraben werden.

Das ist natürlich ein langfristiges Ziel, aber auf kurze Sicht kann ein Kreis auch die unmittelbaren Wünsche und Bedürfnisse einer Frau befriedigen. Ganz einfach ausgedrückt: Immer mehr Frauen begreifen, dass sie nicht mehr umkehren können, die Arbeit wird immer mehr, und wenn sie nun einmal mit immer mehr Dingen im Leben fertig werden müssen, möchten sie selbst auch mehr haben - mehr Respekt, mehr Macht, mehr sexuelle Ausdrucksfreiheit, mehr Ausgewogenheit in ihren Partnerschaften, mehr Gelegenheiten, ihre Arbeit voranzubringen, ein ganzheitlicheres Gesundheitswesen und Bildungswesen für ihre Familien. Darüber hinaus brauchen sie eine ehrlichere Vertretung durch eine Regierung, die sich der Notleidenden bewusst ist, die Achtsamkeit für die Erde zeigt und die all das oben Genannte unterstützt. Den Frauen wird langsam klar, dass niemand ihnen diese Arbeit abnehmen wird, niemand von der Führungsspitze wird ihnen da zu Hilfe eilen. Uns ist bewusst, dass die Schwierigkeiten bei der Verwirklichung dieser Ziele, der Mut und der Ruhm dieser Reise ebenso wichtig sind wie die Ziele selbst. Aber letztendlich kann man diese Ziele auch nur dann verwirklichen, wenn andere mit anpacken.

Zum Beispiel wenn es um unsere Gesundheit geht: Es ist erwiesen, dass Frauen, die sich regelmäßig mit ihrem Kreis treffen, gesünder und auch länger leben. Die berühmte Gesundheitsstudie der Krankenschwestern von der Harvard Medical School hat gezeigt: Je mehr Freundinnen eine Frau hat, umso geringer ist die Chance, dass sie im Alter körperlich beeinträchtigt sein wird, und desto wahrscheinlicher ist es, dass sie ein freudvolles Leben führen kann. Die Ergebnisse dieser Studie waren so bezeichnend, dass man daraus schließen konnte, dass, wenn eine Frau nicht mindestens eine enge Freundin oder Vertraute besitzt, sich das schädlich auf ihre Gesundheit auswirkt, was sich zum Beispiel durch Rauchen oder überflüssige Pfunde äußert![2]

Ähnliche Resultate ergab eine Studie der Universität in Los Angeles: Frauen sind aufeinander angewiesen, wenn sie ihren Stress erfolgreich bewältigen wollen. Bis heute reduzierte man die Forschungen auf diesem Gebiet auf eine einzige, sehr männlich geprägte Antwort: „fight or flight" (kämpfe oder gib auf). Doch die Forscher Klein und Taylor fanden heraus, dass sich bei Frauen unter Stress das reinste chemische Feuerwerk im Hirn abspielt, das sie dazu veranlasst, sich mit anderen Frauen zu verbünden. Das ist die weibliche Antwort: „tend and befriend" (verbünden und anfreunden).[3] Einer dieser Stoffe ist das Hormon Oxytocin, auch das „Liebeshormon" genannt, welches auch beim Liebesspiel, beim Orgasmus oder beim Stillen freigesetzt wird. Es ist auch erwiesen, dass das Oxytocin Depressionen entgegenwirkt. Leider kommt diese beruhigende Wirkung des Oxytocins bei Männern nicht zum Ausdruck, weil das Testosteron - welches Männer in besonders großem Maße produzieren, wenn sie unter Stress stehen - seine Wirkung verringert.

Wenn es so viele Beweise dafür gibt, wie sehr Frauen auf andere Frauen angewiesen sind, hat sich schon manch einer Post-Feministin die Frage gestellt, wie Männer überhaupt noch in dieses Bild passen können. Die Männer sind Teil unseres Lebens, und wir lieben sie - wir lieben unsere Söhne, unsere Väter, unsere Brüder und unsere Ehemänner (die guten zumindest) und wissen, dass der Kreis für Einbeziehung steht. Tatsächlich haben uns viele Frauen nach einem Kreis des Lebens für Männer gefragt!

Vor kurzem erst habe ich eine wundervolle Passage gefunden, die sich mit diesem Thema auseinandersetzt, und zwar in einem Buch von Deidre Badejo, *Osun Seegesi: The Elegant Deity of Wealth, Power and Feminity*. Darin erklärt Badejo, dass der Göttin Osun zufolge die Kraft der Frauen

> „abhängig bleibt von der männlichen Herrschaft und ... sich selbstständig entwickelt. ...Frauen und Männer haben ihre eigenen jeweiligen Kraftquellen, die jedoch eingewoben sind in das komplizierte Muster der Existenz. ...Das Gleichgewicht zwischen diesen beiden geschlechtsspezifischen Kraftquellen sorgt dafür, dass die Welt sich weiterentwickelt, und ist Gegenstand der Geschlechterwechselseitigkeit, welche, mit den Worten des späten Professor Sterling Brown gesagt, „dafür sorgt, dass die Menschheit erhalten bleibt"... eine Feministin kann sich also für Frauen einsetzen, ohne gleichzeitig gegen Männer zu sein ... denn ein Ungleichgewicht und eine Disharmonie würden das gesamte soziale Gefüge beeinflussen. Was Osun durch mich sagen will, ist, dass Frauen in und aus sich selbst heraus kraftvoll sind und dass diese Kraft existiert, um unseren Fortbestand zu sichern. Unser Leben und unser Schicksal zu kontrollieren, ist ein gemeinsames Unterfangen, das nicht von männlicher Dominanz oder weiblichem Antagonismus erschwert werden darf. Kurz gesagt: Osun möchte einen Waffenstillstand aushandeln und die Stadt der Frauen zurückbringen in die Gemeinschaft von

Männern und Frauen, damit sie gemeinsam ihr Überleben und ihre Weiterentwicklung sichern können."[4]

Eine einfache und elegante Beschreibung der Beziehung zwischen männlicher und weiblicher Kraft! Die Kraft der Frauen entwickelt sich selbstständig, sie existiert, um den Fortbestand der Gemeinschaft zu sichern und sollte weder durch männliche Dominanz, *noch* durch weiblichen Antagonismus erschwert werden. Machen wir also mal einen großen Schritt zurück und hören auf, dem männlichen Geschlecht immer die Schuld zuzuschieben, und beleben stattdessen unsere eigene weibliche Kraft und Weisheit. Wir können das, und dem obigen Bericht zufolge, *müssen* wir das sogar tun - für unser Überleben.

Ich glaube außerdem, dass es von entscheidender Wichtigkeit ist, dass Frauen, die sich in Kreisen begegnen und darin Unterstützung finden und gestärkt werden, auch damit anfangen, ihre politische Meinung und ihre Spiritualität gegenüber den Männern zu vertreten. Vor kurzem habe ich begonnen, einen Altar zu bauen für jeden Wendepunkt des Jahres und mir vorgenommen, auch meinen Mann und meine Söhne dazu zu bewegen, sich mit mir dorthin zu setzen, und sei es auch nur kurz. Ich bemühe mich, Zeremonien auch in mein Familienleben mit einzubauen. Und ich beobachte, dass auch meine Schülerinnen immer mehr das Bedürfnis verspüren, ihre intimsten Frauen-Lern-Erfahrungen mit ihren Partnern zu teilen, und zwar nicht einmal aus der Erwartung heraus, dass diese von ihnen vollkommen verstanden und anerkannt werden, sondern um ihnen deutlich zu machen, wie tief diese Verbundenheit geht, zu der Frauen fähig sind. Und wie der obige Auszug veranschaulicht hat, ist es genau dieser Ort, diese „Stadt der Frauen", nach der die große Gemeinschaft so sehnsüchtig hungert.

Wenn wir unsere Arbeit machen und zusammenkommen, wird sich auch das weltweite Netz der Frauen mit jedem Tag ein wenig mehr verdichten. Durch unsere Verschiedenheit entsteht eine Vielzahl von Fäden, die gesponnen werden, aus denen unsere Talente hervorstrahlen. Und es gibt unendlich viel zu tun! Seid gesegnet auf eurem Weg - und mögt ihr eure Netze spinnen voller Bedeutsamkeit und Freude!

— *Elizabeth Davis*

Einleitung

Diesem Buch liegen Jahre der Forschung und des endlosen Nachsinnens über die Geheimnisse der Frauen zugrunde, sowohl durch mich selbst, Elizabeth Davis, als auch durch meine Co-Autorin Carol Leonard. Obwohl wir an verschiedenen Küsten des großen Ozeans zu Hause sind, so haben uns doch bemerkenswerte parallele Erfahrungen zusammengeführt und uns den *Kreis des Lebens* schreiben lassen, in dem wir die neuen Archetypen vorstellen, welche er hervorgebracht hat.

Carol und ich sind Hebammen, Lehrerinnen und Praktizierende weiblicher Spiritualität und Mütter von Kindern, die zu Hause geboren wurden. Wir erinnern uns noch genau an unser erstes Gespräch während der ersten nationalen Konferenz der Hebammen-Allianz von Nordamerika. Wir gehörten beide zum Vorstand, und ich war als Grundsatzreferentin ausgewählt worden, da ich gerade die so genannte Bibel für praktizierende Hebammen verfasst hatte, *Herz und Hände. Geburtsvorbereitung, Geburt und Nachsorge*. Nach ein wenig politischem Geplauder gestand ich Carol meine Unsicherheit in Bezug auf die Rede, die ich halten sollte. Sie äußerte vorsichtig einige Ideen und Ansichten, die ich spontan in meine Ansprache mit einflocht - und ich erhielt Standing Ovations.

Das war für uns beide ein sehr interessantes Ereignis, das erste Mal, dass wir Ideen miteinander teilten - das hat uns tief verbunden. Was uns jedoch noch stärker verband, war unsere gemeinsame Leidenschaft für die Geburtshilfe. Wir beide mussten in den frühen Siebzigern alptraumhafte Geburten erleben; wir waren isoliert, festgeschnallt während der Entbindung, und uns wurde der unmittelbare Kontakt zu unseren Babys verwehrt. Dabei hatten wir uns während unserer Schwangerschaft wirklich gut informiert und einfach mehr erwartet, was unser enttäuschendes Entbindungserlebnis doppelt schmerzhaft machte. Hätte man damals schon so einfach eine Hebamme finden können, hätten wir beide ganz sicher eine Hausgeburt vorgezogen.

Als wir schließlich weiteren Frauen begegneten, die während ihrer Entbindung Beschimpfung und Erniedrigung erdulden mussten, wurden wir aktiv. Ich bekam ein weiteres Kind, dieses Mal zu Hause. An Carol wandten sich immer öfter Frauen, denen es widerstrebte, ihr Kind im Krankenhaus zu bekommen. Und so wurde sie schließlich von einem alten Landarzt aus New Hampshire ausgebildet. Einige Jahre später, als meine Kinder alt genug waren, machte auch ich eine Ausbildung bei einer traditionellen Hebamme in San Francisco. Damals war es ein riskantes Unternehmen, bei einer Hausgeburt als Hebamme zu assistieren, denn es gab keine Lizenzen für Hebammen, die keine ausgebildeten Krankenschwestern waren. Wir erfuhren aber aus guten Quellen von der Bedeutung der Hebammen in Europa und dem Rest der Welt und waren fest entschlossen, diesen Status auch in den USA zu etablieren und den Frauen dort auch diese Option zur Verfügung zu stellen.

Wir hatten ja keine Ahnung, auf welch gewaltigen Widerstand wir stoßen sollten! Sobald sich die Hebammen auf politisches Terrain wagten, um für ihr Recht auf eine Lizenz zu kämpfen, wurden ihre Bemühen immer wieder vereitelt und sie selbst schikaniert und vereinzelt sogar eingesperrt. In Kalifornien, wo ich an der Spitze kämpfte, war es besonders schlimm - Kalifornien mag ja in vielerlei Hinsicht ein liberaler Staat sein, aber dort befindet sich auch die größte Zweigstelle der *American Medical Association.* Sehr bald musste ich erkennen, dass es bei der Legitimierung von Hebammen keineswegs um die Demonstrierung von Kosteneffektivität oder Sicherheitsgewährleistung ging, sondern lediglich um einen politischen Machtkampf. Carol hatte es in New Hampshire nicht ganz so schwer. 1982 führte sie eine erfolgreiche Kampagne für die Qualifizierung von Hebammen. In Kalifornien hingegen haben wir weitere zehn Jahre und sieben Gesetzesentwürfe gebraucht, bevor sich unsere Mühen endlich auszahlten.

So anstrengend dieser politische Streit auch war, wir beide wurden dadurch ungemein gestärkt. Unsanft wurden wir aus unserem idealistischen Nest gestoßen, direkt in die Arme der alten Wächter des medizinischen Monopols. Wollten wir diesen Kampf gewinnen, mussten wir uns die ideologischen Grundlagen unseres Glaubens bewusst machen und sie aussprechen: Wir glaubten nämlich, dass die Geburt ein Übergangsritus ist, bei dem die Hebamme lediglich als eine fähige, aber demütige Assistentin zur Seite steht. Je tiefer unsere Fachkenntnisse zur pränatalen Vorsorge wurden, desto deutlicher wurde uns, dass unser Dienst eigentlich nur an zweiter Stelle steht. Das wichtigste war die Vorsorge, die die Frauen selbst für sich trafen. Je öfter wir Zeuge wurden, wie Frauen während einer Geburt zu ungeheurer Kraft gelangten, desto mehr entdeckten wir auch Selbstentschlossenheit, Selbstachtung und aufrichtige Akzeptanz der Mutterschaft. Wir beschäftigten uns mit den Bräuchen und Riten der Geburt in anderen Teilen der Welt und stellten fest, dass die Entweihung des Geburtsvorgangs, wie sie in unseren Breiten stattfindet, zahlreichen Problemen unserer Kultur zugrunde liegt, so zum Beispiel der kontinuierlichen Entmachtung der Frauen und dem langsamen Aussterben der Familie. Unsere Aufgabe bestand nun darin, der Geburt ihre ursprüngliche Bedeutung und Würde in der gesamten Gesellschaft wieder zu verschaffen.

Wie sich herausstellte, war dies nur möglich, wenn wir unsere Tätigkeit als schwer beschäftigte Hebammen zurückstellten und mehr Zeit auf das Lehren und Beraten verwendeten. Und dann mischte sich schließlich das Schicksal ein und veränderte unser beider Leben. Carol erlitt den plötzlichen Verlust ihres Mannes, ebenfalls ein Geburtshelfer, mit dem sie viele Jahre zusammengearbeitet hatte.

Der Schock darüber saß so tief, dass ihre Bemühungen, sich davon zu erholen, ihr Leben grundlegend veränderten. Sie verließ ihr Haus und lebte ein Jahr lang in den Wäldern ihres Landbesitzes - schweigend. Dann ging sie zum Kripalu Institut, um Heilen zu lernen. Dort erlernte sie Trance- und Atemtechniken. Mit ihren neuen Fähigkeiten (und den Einsichten, die sie während ihrer Zeit in den Wäldern gewonnen hatte) arbeitete sie fortan mit chronisch kranken und sterbenden Frauen. Außerdem arbeitete sie einen Workshop aus, den sie „Die einfache Magie der Frauen" nannte. Dort lehrte sie Frauen, ihre eigenen Heilkräfte zu entwickeln.

Ich selbst überarbeitete meinen Hebammen-Text und machte mich an die Arbeit zu *Energetic Pregnancy*, ein Buch über persönliches Wachstum durch das Gebären. Ich hatte am eigenen Leib erfahren, wie enorm wichtig es war, Frauen dazu zu ermutigen, ihre eigenen Herrinnen zu werden, und so schrieb ich ein weiteres Buch, *Women's Intuition*, das den Frauen helfen soll, sich ihres körperzentrierten, instinktiven Wissens bewusst zu werden. Schon bald veranstaltete ich Workshops zur Intuition und hielt regelmäßig Vorlesungen über die Geburt.

1989 kamen Carol und ich wieder in Kontakt. Sie kam nach San Francisco und führte mich durch meine erste Tranceatmung. Über dieses Erlebnis werde ich später in diesem Buch noch ausführlicher berichten, an dieser Stelle sei nur erwähnt, dass es mein Leben veränderte. Ich begann nun, mich monatlich mit einem Schwesternkreis aus lieben Freundinnen zu treffen und wurde von einigen überaus starken Frauen zu nächtlichen Zeremonien eingeladen, in denen Gebete gesungen wurden. Carol kam noch einmal an die Westküste, um „Die einfache Magie der Frauen" einer Gruppe vorzustellen, die ich organisiert hatte. Dieses Erlebnis war so intensiv, dass wir beschlossen, diesen Workshop bei der nächsten Hebammen-Konferenz zusammen abzuhalten. Zu diesem Zeitpunkt dachten wir auch zum ersten Mal darüber nach, dieses Buch zu schreiben.

Immer wieder holten uns die politischen Aspekte unseres Berufes ein. So war Carol die erste Hebamme aus den USA, die nach Russland eingeladen wurde, um dort zu unterrichten. Ihre Aussagen über russische Greueltaten bei Geburten wurden im Protokoll des Kongresses aufgezeichnet. Ich habe für den Staat Kalifornien Forschungen zu alternativen Entbindungsmethoden betrieben, wirkte als Beraterin auf nationaler Ebene in der Debatte zur Legitimierung und Ausbildung des Hebammenberufes und wurde zur Präsidentin des neu entstandenen *Midwifery Education Accredidation Council* (MEAC) berufen.

Schließlich wurden für uns auch die Grenzen deutlich, welche unserer Arbeit durch politische Aktivitäten gesetzt waren. Wir waren nicht etwa desillusioniert - aber unser Fokus hatte sich einfach verändert. Über die Jahre hinweg hatten wir begonnen, auch die spirituellen Dimensionen der Transformation einer Frau in unsere Arbeit mit einfließen zu lassen. Wir waren einfach neugierig, wie man die Übergangsriten der Frau - und zwar nicht nur das Gebären von Kindern, sondern auch Menarche und Menopause - zu anderen Zeiten und in anderen Kulturen gefeiert hat. Und so studierten wir die Göttinnen - archetypische, weibliche mythologische Gestalten - vergangener Zeitalter. Wenn wir den Frauen klarmachen wollten, dass sie ein Recht auf Fortpflanzung hatten, musste das *gesamte* Leben einer Frau wieder geheiligt werden, nicht allein die Kindsgeburt.

Wir erkannten, dass die Blutmysterien der Menarche, der Geburt und der Menopause für diesen Prozess von entscheidender Bedeutung waren. Wir betrachteten diese biologischen Veränderungen als eine Art Initiation der Frau, als Teil eines psycho-spirituellen Lebenszyklus. *Der Kreis des Lebens* kristallisierte sich schließlich heraus als eine symbolische Darstellung all der Übergänge und Transformationen im Leben einer Frau. Wir begannen mit den Blutsmysterien als Hauptpunkte in diesem Kreis, von denen jeder eine bestimmte Lebensphase kennzeichnet. Als wir uns die verschiedenen Gestalten der weiblichen Archetypen genauer ansahen, kristallisierten sich unsere dreizehn Ebenen heraus, und dieses Buch war geboren.

Als wir unser Manuskript konzipierten, stellten wir fest, dass wir eine Menge Input brauchen würden von vielen Frauen verschiedenen Alters und verschiedener Entwicklungsstufen. Wir wollten uns also gemeinsam in die Arbeit stürzen, Interviews führen und Nachforschungen betreiben. Wir beschlossen, dass ich den Text schreiben und Carol die Abschnitte über die Blutriten beisteuern sollte.

Der Aufbau unserer Interviews war ganz einfach. Nachdem wir den Frauen die 13 Stufen vorgestellt hatten, konnten sie sich selbst irgendwo in diesem Kreis einordnen, eine Geschichte zu einer bestimmten Stufe erzählen oder alle Stufen nacheinander für uns abarbeiten. Wir stellten klar, dass diese Stufen nicht unbedingt aufeinander folgen mussten und die Frauen sich ebenso gut vorwärts wie auch rückwärts oder kreuz und quer in dem Kreis bewegen konnten. Eine Schlüsselfrage tauchte schließlich auf: „Gab es ein bestimmtes Erlebnis, das dich von deiner vorherigen Stufe zu der Stufe geleitet hat, auf der du dich jetzt siehst?" Das half uns, Grenzlinien zwischen den Stufen zu finden und die einzigartigen Werte einer jeden von ihnen deutlicher herauszustellen. Wir haben Frauen gebeten, uns von ihren Erlebnissen der Blutmysterien zu berichten, uns zu beschreiben, wie sie sich gefühlt haben und wie man ihnen entgegengetreten ist während ihrer Menarche, ihrer Kindsgeburt und ihrer Menopause. Jüngere Frauen haben wir gebeten, uns zu erzählen, wie sie sich ihre zukünftigen Blutriten vorstellten - wie wollten sie ihre Entbindung erleben oder den Übergang in ihre Menopause feiern?

Wir interviewten ungefähr hundert Frauen im Alter von elf bis neunzig Jahren, Frauen mit den unterschiedlichsten sozioökonomischen und ethnischen Hintergründen. Immer wieder waren wir tief berührt vom Mut und von der Aufrichtigkeit dieser Frauen, die ihre Lebenserfahrungen mit uns teilten. Einige ihrer Enthüllungen waren erstaunlich und/oder beunruhigend, von vielen waren wir tief beeindruckt oder zu Tränen gerührt. Wir stellten fest, dass wir wirklich sehr lange Auszüge aus diesen Interviews in unseren Text einbinden mussten, um ihnen gerecht werden zu können. Es ist nicht übertrieben, wenn wir behaupten, dass viele der Themen in diesem Buch von den Befragten stammen; sie haben unseren Forschungen einen Fokus gegeben und uns inspiriert. Wir möchten jeder von ihnen unserer tief empfundenen Dankbarkeit versichern.

Ganz egal, wovon sie handeln - Bücher verwandeln die Menschen, die sie geschrieben haben. Wir haben versucht, die Frauen in einem möglichst weiten Kontext zu verstehen und sie zu unterstützen. Das hat unser Leben und unsere Arbeit ungemein beeinflusst. Betreten Sie mit uns den *Kreis des Lebens*. Es ist uns eine große Freude und Ehre, unsere Entdeckungen mit Ihnen teilen zu dürfen.

— *Elisabeth Davis*

Kapitel 1

Die Göttin und das Mysterium

Heute muss man wirklich keiner Frau mehr erzählen, dass von den Männern schon seit Ewigkeiten festgelegt wurde, dass der Verstand der einzig legitime Weg sei, Wissen zu erlangen - in unserer Kultur ist der Verstand König. Aber das soll nicht noch eines von jenen Büchern werden, die darüber aufklären, wie Männer Frauen definieren oder wie Frauen sich aus den Klauen destruktiver Konditionierung befreien sollten. In diesem Buch geht es darum, wie die Frauen sich seit Jahrhunderten selbst definiert haben, es ist ein Buch über das intuitive Wissen der Frauen, das in engem Zusammenhang steht mit der Natur, mit dem Körper und dem Mysterium der Wandlung.

Als Mysterium bezeichnet man etwas, das jenseits des Verstehens liegt, etwas, das uns verwirrt und verblüfft, das tiefgründig ist und nur durch Offenbarung erkannt werden kann. Wenn wir von den Blutmysterien der Frauen sprechen, beziehen wir uns auf bestimmte biologische Ereignisse, wie die Menarche und die Kindsgeburt, die begleitet werden von einer veränderten Wahrnehmung und dem Erlangen von Wissen jenseits des Verstandes. Wir können nicht begreifen, warum wir uns in diesen Momenten verändern, wachsen und Wissen erlangen, aber wir tun es - und das ist das Mysterium. Teilen wir dieses Wissen, diese Offenbarungen, die uns durch Veränderungen in unserem Körper geschenkt werden, dann fordern wir auch die Macht und die Weisheit für uns zurück, die das Frausein einfach mit sich bringt.

Die Menarche ist das beste Beispiel dafür, wie ein Mysterium dazu führen kann, dass Frauen Macht besitzen und ihnen Respekt erwiesen wird. Bevor die Wissenschaft mit ihrer Aufklärung kam, war die Menstruation einer Frau etwas komplett Unfassbares, ganz besonders für die Männer. Wie kann eine Frau nur so bluten, ohne dass sie verletzt ist? Das muss doch Magie sein: diese Fähigkeit der Frauen, zu bluten und dennoch gesund zu sein. Lange Zeit bevor man erkannt hatte, dass eine Empfängnis auch Fruchtbarkeit voraussetzt, glaubte man, die Frauen könnten Leben erschaffen, indem sie ihr Menstruationsblut einfach zurückhielten - ein autonomer Prozess, der eben nur weiblichen Wesen zu eigen war. Sex wurde mit der Empfängnis überhaupt nicht in Verbindung gebracht. Man war der Ansicht, dass die Frau „vom Geist berührt" wird, dann ihr Blut für sich behält, eine Zeitlang schwanger geht und schließlich neues Leben zur Welt bringt. Deshalb war auch die Menopause nicht etwa ein Verlust von Macht, sondern vielmehr ein Zuwachs derselben - ältere Frauen behielten ihr weises Blut nun für immer und transzendierten damit den Zyklus von Tod und Wiedergeburt; damit wurden sie so etwas wie die Quelle der Schöpfung.

Irgendwann hielt das Christentum Einzug und verdammte den Körper der Frau als etwas Böses, die Quelle der Ursünde, und so war der Bauch nicht länger heiliger Tempel und die Blutmysterien wurden nicht mehr gewürdigt. Dann zerlegte die Wissenschaft den menschlichen Körper in eine Aneinanderreihung biologischer Funktionen, medizinische Technologien wurden entwickelt mit dem Anspruch, allein den Körper zu begutachten, ihn von Krankheiten zu heilen, die ihn meist nur deshalb eingeholt haben, weil man ihn als von der Seele abgetrennt betrachtete. Und so haben wir heute Technik, die den Geburtsprozess „unterstützt", Medikamente, die Menstruationsbeschwerden „lindern" oder sich über die Auswirkungen der Menopause hinwegsetzen, und Dank der Chirurgie kann sich die Frau von heute auch die Gebärmutter entfernen lassen. Wir versuchen, die Kräfte der Natur zu zähmen und zu beherrschen: Wir pflanzen Getreide an, welches die Erde völlig auslaugt, wir holzen unsere Wälder ab und verschmutzen unsere Gewässer. Das alles wäre undenkbar in einer Welt, die das Weibliche verehrt und begreift, dass alles Leben miteinander verbunden ist.

Ich will damit nicht sagen, dass die Technologie nicht auch ihre Vorteile hat: Die Erfindung der Empfängnisverhütung war ein Segen und viele Frauenleben konnten bei unzähligen komplizierten Geburten und gynäkologischen Eingriffen gerettet werden. Aber das Mysterium ist uns verloren gegangen. Wenn wir es schaffen, uns die weiblichen Blutriten als spirituelle Wendepunkte zurückzuerobern, dann haben wir damit eine Grundlage für die Entdeckung und Wiederentdeckung uralter wie auch neuer, machtvoller Archetypen der Frauen.

Doch was genau sind eigentlich Archetypen? Jean Boles, Autorin von *Göttinnen in jeder Frau*, definiert sie als „machtvolle, innere Muster ... dominante Kräfte in uns selbst"[1], die stark mit den Mythen in Verbindung stehen. Joseph Campbell sagt über die Mythen, sie seien „depersonalisierte Träume"[2]. Jean Houston, Autorin von *Der mögliche Mensch*, fügt dem hinzu: „Ich habe den Mythos immer als etwas empfunden, das zwar nie stattgefunden hat, aber doch immer wieder geschieht.“[3] Innerhalb der Mythen gibt es Charaktere, die einzelnen Aspekten unserer Existenz und unseres Potenzials Ausdruck verleihen. Das sind die Archetypen, wie sie seit Anbeginn der Zeit in der Vorstellung der Menschen existieren.

Wir machen uns mit den Archetypen vertraut, um unser eigenes Verhalten besser verstehen zu lernen, unsere Reaktion auf bestimmte Lebensumstände, unsere tiefsten Sehnsüchte und Wünsche. Die Archetypen sind universell und gleichzeitig geschlechtsspezifisch. Im Kreis des Lebens wollen wir weibliche mythologische Figuren und Archetypen aus verschiedensten Kulturen betrachten, ihnen neue Namen geben und einen neuen Platz zuweisen vor dem Hintergrund unserer heutigen Zeit. Es ist bemerkenswert, dass die ältesten Göttinnen Indiens und Ägyptens immer aufrecht dargestellt werden, mit grimmigem oder starkem Gesichtsausdruck. Römische und griechische Göttinnenfiguren dagegen sieht man immer sitzend, kniend oder in gebückter Haltung. In diesem Jahrhundert trifft man zumeist zurückgelehnte Göttinnenfiguren an. Je mehr man den Körper mit dem Verstand betrachtete, desto mehr wurden auch die weiblichen Mysterien gefürchtet und unterdrückt - und mit der Zeit stand in den Gesichtern der dargestellten Frauen immer mehr Enthaltsamkeit, Leiden und Demütigung geschrieben.

Die wichtigsten Göttinnenfiguren vereinten in sich sämtliche Blutmysterien. So war die indische Göttin Kali Jungfrau, Mutter und weise Alte in einem, ebenso die keltische Cerridwen, die sumerische Astarte und die ägyptische Maat. In jeder dieser dreifachen Göttinnen spiegeln sich die süße Unschuld des Mädchens (ihr Ritus ist die Menarche), die nährenden Aspekte der Mutter (mit ihrem Ritus der Kindsgeburt) sowie die Weisheit der alten Frau (Ritus der Menopause).

Wir möchten in diesem Buch eine weitere Phase im Leben einer Frau vorstellen, die sich zwischen der Mutterschaft und Alter befindet. Ebenso wie die weibliche Art des Wissens kulturell stets abgewertet wurde, so wurde auch dieser Zeitraum ignoriert, in welchem die Frauen zu diesem Wissen gelangen. In den letzten Jahren haben sich viele Frauen Ende Dreißig mit der dreifachen Vorstellung der Göttin auseinandergesetzt und versucht, ihren eigenen Platz darin zu finden: für ihre Reife, ihre wachsende Unabhängigkeit, ihre Selbstfindung und ihre Erinnerungen an ihre Jugend. Einige von ihnen sehnten sich so sehr nach dem Status und der Autorität einer „Älteren“, dass sie sich den Titel der Weisen Alten noch vor der Menopause selbst gaben!

Lassen wir sie ein - die Matrone. Wer ist sie, und wo finden wir sie? Sie steckt in uns, dann, wenn der Kinderwunsch langsam versiegt, wenn die Karriere gesichert ist und ein gewisses Gefühl von Meisterschaft uns ergreift. Wir haben die Menopause noch nicht erreicht, tragen noch immer weltliche Verantwortung und sehnen uns doch nach mehr - die Matrone entfacht die Leidenschaft und die Träume der Jugend mit neuem Feuer und nimmt auch den Faden der spirituellen Suche wieder auf, mit neuer Intensität und neuem Ziel. Sie ist das Clan-Oberhaupt, die Aufseherin ihres Reiches. Ganz im Gegensatz zu den kulturellen Stereotypen, die sie zu einem barschen, strengen und alternden Weib machen wollen, ist die Matrone eigentlich eine elegante Frau, zwar nicht mehr jung, aber dennoch im Vollbesitz ihrer sexuellen Anziehungskraft, geradezu magnetisch attraktiv. Sie ist sehr ästhetisch und verbreitet Schönheit und Harmonie in ihrer Umgebung. Sie verwebt ihre Sinnlichkeit, ihre Begabung für gute, harte Arbeit und ihre tiefe, leidenschaftliche Liebe zu sich selbst und zu anderen in einen einzigen prächtigen Teppich. Sie weiß um die Rhythmen des Lebens in Form von Ebbe und Flut und entwickelt ein immer mächtiger werdendes Gespür für das richtige Timing - ein guter Ersatz für den unvermeidlichen Verlust der Energie der Jugend. Sie vereint Kraft und Anmut miteinander und enthüllt die unsichtbaren Aspekte von Wachstum und Wandel.

Dieses neue Gesicht der Göttin offenbarte sich Carol während der Arbeit an einem Wandgemälde im Frühling 1992. Sie wollte die vier Jahreszeiten darstellen durch vier tanzende, im Wechselspiel aufeinander einwirkende Göttinnen. Das Dreigestirn von Mädchen, Mutter und weiser Alter war nicht schwierig: für den Frühling ließ sie das Mädchen leichtfüßig durch die ersten Blumen springen; im Sommer trägt die schöne, fruchtbare Mutter einen Korb mit Blüten unterm Arm; im Winter sieht man die alte Weise mit silbernem Haar, vom Wind zerzaust, wie sie einen Eibenzweig in den Händen hält. Aber was ist mit dem Herbst - dem Herbst im Leben einer Frau? Carol malte sich ihren Weg durch die Unsicherheit und erschuf das Bildnis einer königlichen Frau, gehüllt in kostbare Gewänder von tiefem Rot und Gold, im Arm einen Korb voller Ernteschätze. Als sie einige Monate später bei einem Workshop die Matrone* vorstellte, stimmten alle Frauen im mittleren Alter mit einem einstimmigen „Ja!" zu und ein Seufzer der Erleichterung ging durch ihre Reihen.

Es ist kein Zufall, dass der Titel Matrone von dem Wort Matronat herrührt, denn in diesem Lebensabschnitt entdecken die Frauen ihre königlichen Eigenschaften und ihre angeborenen Führungsqualitäten. Aber warum ist dann in der Geschichte der göttlichen Dreiheit die Matrone niemals aufgetaucht? Betrachten wir unseren Lebenszyklus, dann können wir feststellen, dass eine höhere Lebenserwartung und das spätere Einsetzen der Menopause (das Durchschnittsalter beträgt inzwischen 53 Jahre) einen großen Zeitraum eröffnet haben zwischen der Kindsgeburt und dem Alter. Des Weiteren haben die Frauen heutzutage Gelegenheit, Dinge zu beeinflussen und soziale Veränderungen herbeizuführen - das hat es seit uralten Zeiten nicht mehr gegeben. All das scheint konform zu gehen mit

* Anmerkung der Übersetzerin/Lektorin: Die Autorinnen verwenden den Begriff *matriarch*, der im Deutschen so nicht existiert. Der Begriff *Matrone* bezeichnet jedoch genau die Frauenrolle, um die es hierbei geht, nämlich die ältere, ehrwürdige Frau, daher haben wir uns im Deutschen für die Verwendung dieses Ausdrucks entschieden.

der Wiederbelebung der weiblichen Spiritualität, die nach kraftvollen Ausdrucksmöglichkeiten verlangt, um der Matrone gerecht zu werden.

Vielleicht hat aber die Matrone schon immer in uns gelebt und lediglich ihr Antlitz verborgen gehalten. Überall in der Geschichte verschiedenster Kulturen hat man die Dunkle Mutter, die Schwarze Madonna oder den Zerstöreraspekt der Göttin stets als Hüterin der Schwelle zwischen Leben und Tod betrachtet. Dieser Aspekt steht im Zusammenhang mit dem Schwarz- bzw. Neumond und sollte eigentlich logischerweise der Weisen Alten zugeordnet werden, der weisen alten Frau jenseits der Menopause. Doch in der gewöhnlichen Struktur der göttlichen Dreiheit wird das Mädchen vom zunehmenden Mond repräsentiert, die Mutter vom Vollmond und die Weise Alte vom abnehmenden Mond, wobei die schwarze Mondphase vollständig weggelassen wurde. Hat man also vielleicht der weisen Alten zu irgendeinem Zeitpunkt einen neuen Platz zugewiesen, vom Schwarzmond zum abnehmenden Mond, um das weibliche Wissen um das vierfache Mysterium geheim zu halten? Und war dies die durchdachte Entscheidung eines bedrohten Matriarchats oder doch nur eine Entstellung seitens des stetig wachsenden Patriarchats? Wie auch immer die Antwort lauten mag, wenn wir die vierte Phase des dunklen Mysteriums der weisen Alten vorbehalten, öffnet sich der Raum des abnehmenden Mondes für die Matrone oder Matriarchin.

Besonders in den westlichen Breiten wurde Dunkelheit immer gleichgesetzt mit dem Bösen, Niederträchtigkeit, Unreinheit und Missetaten. Doch in vielen Teilen der Welt, besonders unter nicht-christlichen, nicht-weißen Menschen gilt das Dunkel ganz einfach nur als das Gegenteil von Licht; das eine ist sichtbar und das andere unsichtbar. Wenn es überhaupt eine Definition des Bösen gibt, dann hat sie mit einem Ungleichgewicht dieser beiden Aspekte zu tun. Sehen wir uns doch nur einmal das Yin-Yang-Symbol vieler asiatischer Kulturen an: Ein Kreis, halb schwarz, halb weiß, mit jeweils einem kleinen Punkt der anderen Farbe auf jeder Seite, und beide Seiten sind untrennbar in einem Wirbel miteinander verbunden. Das Dunkel ist die große Leere, aus der das Leben hervorgeht, die Basis der Existenz, die Energie zwischen den Stoffen, die Ewigkeit, das Zuhause.

Obwohl der Gedanke der dreifachen Göttin oder der Dreiheit schon seit Anbeginn der Zeiten existiert, gibt es zahlreiche spirituelle Traditionen, die auf einer vierfachen Gottheit basieren. Die Ureinwohner Amerikas verehren die vier Himmelsrichtungen - Osten, Süden, Westen und Norden - und rufen die Ahnen an, die Großmütter und Großväter einer jeden heiligen Himmelsrichtung, und bitten um Führung und Unterstützung. Auf der Nordhalbkugel entsprechen diese Richtungen (wie oben aufgeführt) den Jahreszeiten Frühling, Sommer, Herbst und Winter (auf der Südhalbkugel entspricht der Sommer dem Norden und der Winter dem Süden).

In der Erdreligion des Paganismus (vom lateinischen Wort *pagani*, die *Landbewohner*) werden sowohl zu den Tag-und-Nacht-Gleichen als auch zu den Sonnenwenden entsprechende Feste gefeiert, ebenso an den „Cross-Quarter-Days", den Mittenfesten der jeweiligen Jahreszeit. Diese acht Fixpunkte im heidnischen Jahresrad stehen im Zusammenhang mit den alten agrarischen und pastoralen Festen, die die Menschen dazu anhielten, zu pflanzen, zu ernten, sich sexuell zu vereinigen, die Jüngeren zu initiieren und die Toten zu ehren.

Auch andere Systeme beinhalten vier Aspekte. Die Astrologie zum Beispiel arbeitet mit vier Elementen - Luft, Feuer, Wasser und Erde - als Symbol für Persönlichkeit und Lebensaufgabe. Ähnlich arbeitet auch das Tarot mit vier Farben - Schwerter, Stäbe, Kelche und Scheiben - die in direktem Zusammenhang mit den oben erwähnten Elementen stehen.

Auf dem Jahresrad bilden die vier jahreszeitlichen Hauptpunkte ein Kreuz, ein Symbol das scheinbar im Widerspruch steht zur Dreiheit der Göttin. Verfolgen wir aber die Spuren des Kreuzes zurück, stellen wir fest, dass es in der christlichen Kunst vor 600 n. Chr. niemals zu sehen war und eigentlich schon lange vor Christi Geburt ein heidnisches Symbol gewesen ist. Im Allgemeinen ist man der Ansicht, das Kreuz stelle die männlichen Genitalien dar. In Ägypten hat man das männliche Kreuz mit einer weiblichen Kugel kombiniert - das Amulett der sexuellen Harmonie. Auch im keltischen Kreuz schließt sich ein Ring um die Arme, ein Symbol für die Vereinigung der Gegensätze.

Der Kreis als Zeichen für das Weibliche erinnert an das Symbol der *Vesica Piscis*, eine spitz zulaufende ovale Form, die oft bei den *Sheela-na-Gig* Figuren zu finden ist, die in das Gestein vieler alter irischer Kirchen eingemeißelt sind. Diese hockende, nackte Göttin stellt ihre Vulva zur Schau, manchmal öffnet sie sie auch mit den Fingern zu einem Karo. Ganz ähnlich gestalten sich die Statuen der Kali an den Tempeleingängen in Indien; die Besucher befeuchten ihren Finger mit Speichel und berühren die vaginale Öffnung oder Yoni - das soll Glück bringen. (Bei den ältesten Figuren sind von den vielen Berührungen schon richtige Löcher in die Yoni gegraben.) Das vierseitige Karo ist sicherlich eine anthropomorphisch korrektere Darstellung des vaginalen Eingangs als das Dreieck, welches sich wahrscheinlich auf den Venushügel (Schamhügel) bezieht - also das, was offensichtlich ist, im Gegensatz zur unsichtbaren Yoni, die im Verborgenen liegt, dunkel und mysteriös.

Fügen wir die Matrone hinzu zu der Dreiheit der Göttin, dann entsprechen die vier Gesichter der Göttin auch den Jahreszeiten. Die Jahreszeit des Mädchens ist der Frühling: Ihr Körper und ihre Sexualität sind gerade im Begriff aufzublühen. Ihr Mond nimmt zu, ist gleichsam hell wie auch dunkel, und ihre Reinheit steht im Gleichgewicht mit ihrem Verlangen, sich selbst mit einem anderen zu teilen. Es ist die Zeit des ersten Mondblutes, die Zeit, in der sie zur Frau erblüht.

Der Sommer gehört der Mutter. Ihr gebührt der volle Mond: Eine Metapher für das fruchtbare Ei, die Fülle ihres schwangeren Körpers, ihre vollen Brüste und ihre offenen Arme, mit denen sie ein neues Leben willkommen heißt. Ihr Übergangsritus ist die Kindsgeburt, eine Initiation, die ihr einen kurzen Einblick verschafft in die andere Seite des Lebenszyklus - die Zeit der Weisheit und der Wandlung, wie sie der Schwarzmond repräsentiert.

Die Matrone ist die Königin des Herbstes, die nun die Früchte ihrer harten Arbeit und beständiger Mühen einbringt. Zum Zeitpunkt ihres höchsten Aufblühens ist ihr Mond gleichermaßen hell wie auch dunkel, denn sie schafft ein Gleichgewicht zwischen den Kräften der äußeren Welt und der wachsenden Faszination für das, was jenseits dessen im Verborgenen liegt. Sie erinnert sich des alten Ritus des Blutbundes und entdeckt ihre größte Stärke inmitten eines vertrauten Kreises von Schwestern, im Matronat.

Die Quintessenz der weisen Alten spiegelt sich im Winter, einer Zeit tiefer Innenschau, des Nachdenkens über die Dinge, die da ruhen. Eng verbunden mit der Wintersonnenwende, einer Zeit des Abschieds und des Neubeginns, schließt auch die Weise Alte nun Frieden mit ihrem Leben und lässt sich auf den Tod ein. Sie hat die Menopause hinter sich gelassen und erfährt Anerkennung für all das Wissen, das sie sich angeeignet hat in den vielen Jahren, in denen sie das niemals stillstehende Rad sich drehen gesehen hat.

Diese und andere Archetypen im Kreis des Lebens sollen das alte Feuer wieder entzünden, das in vergangenen Zeiten loderte, als die weibliche Energie noch als Quelle des Gemeinwohls betrachtet wurde. Als das Überleben noch davon abhing, mit den Jahreszeiten in Harmonie zu leben, die Nahrung zur rechten Zeit anzubauen und zu ernten, als die Zyklen von Geburt, Tod und Wiedergeburt noch die Grundlage des menschlichen Miteinanders waren, verfügten die Frauen über eine ganz eigene Autorität, und sie waren in der Gemeinschaft hoch angesehen - ganz einfach dafür, dass sie waren, was sie waren. Sie haben den ersten Kalender erfunden, indem sie Zeitrahmen mithilfe des Menstruationszyklus festlegten. Als es noch keine Schrift gab, haben die Frauen Kerben in Hölzer geschnitzt, um die lunaren Monate festzulegen; die alten Mayafrauen und Chinesinnen haben bereits vor über dreitausend Jahren lunare Kalender entwickelt.

Im Gegensatz zum zwölfmonatigen Kalender, den wir heute verwenden, besteht der lunare Kalender aus dreizehn Monden. Unser heutiger Gregorianische Kalender orientiert sich ebenso wie der von Cäsar eingeführte Julianische Kalender am Sonnenjahr. Es gibt die Theorie, dass die christliche Kirche die Einführung des julianischen Kalenders befürwortet hat, um den Göttinnen-orientierten, erdbasierten religiösen Glauben des Heidentums auszurotten. Bis zum heutigen Tag haftet der dreizehn der Ruf an, eine Unglückszahl zu sein; in keinem Büro- oder Hotelhochhaus gibt es ein dreizehntes Stockwerk. In unserem System allerdings behalten wir die heilige Dreizehn bei, denn genauso viele Stufen gibt es im Lebenskreis einer Frau.

Wie passen nun diese dreizehn Stufen mit den vier Gesichtern und Phasen der Göttin zusammen? Wir haben sehr bald festgestellt, dass es in jeder Phase drei Stufen gibt, Zeiten der Initiation, der Integration und der Transformation. So stehen zum Beispiel der Matrone zum einen die Amazone und zum anderen die Priesterin zur Seite. Eine Frau zieht ein in den Herbst ihres Lebens, indem sie ihre Unabhängigkeit als Amazone erklärt; sie integriert und nutzt ihre neu entdeckte

Macht als Matrone; sie verwandelt sich zur Priesterin, um sich auf die nächste Phase, den Winter und die Weisheit, vorzubereiten.

Anstatt diese Stufen in eine lineare, aufstrebende Reihenfolge zu bringen, wollten wir sie lieber in einem kreisförmigen Muster sehen, in dem der Tod zur Wiedergeburt überleitet, wie es auch in der Natur der Fall ist. Und obwohl die Stufen durchaus aufeinander aufbauen, haben wir dennoch festegestellt, dass wir einige davon mehrere Male in unserem Leben durchlaufen (die Geliebte zum Beispiel) oder manche intuitiv übersprungen haben, um in Zeiten besonderer Inspiration oder der Dringlichkeit direkt in eine reifere Phase überzugehen. Unser Kreis des Lebens brauchte etwas, mit dessen Hilfe man sich leicht zwischen den verschiedenen Stufen hin- und herbewegen konnte. Und dieses etwas wurde die dreizehnte Stufe.

Wir spürten, dass die dreizehnte Stufe in die Mitte gehörte. Aber wir gingen noch weiter und ließen diesen Aspekt mit den anderen zwölf zusammenfließen wie Leim oder Bindegewebe. Nun hatten wir ein Netzmuster, in dem man sich nicht nur der Reihe folgend im Kreis bewegen konnte, sondern auch kreuz und quer und vor und zurück. Die Verwandlerin, das Medium der Wandlung, war einfach der perfekte Name für diese dreizehnte Stufe. Der Archetyp der Verwandlerin bereichert den Kreis um die Dimension des Raumes; wir erleben sie als „die Stille jenseits der Bewegung, wenn die Zeit selbst stehen bleibt, das Zentrum, das zugleich den gesamten Kreis mit einschließt."[5]

Nachdem der Kreis nun vollständig war, stellten wir fest, dass es auffallende komplementäre Muster gab zwischen den Stufen, die einander direkt gegenüber lagen. So sind zum Beispiel die Amazone und die Tochter eng miteinander verbunden, denn die Amazone beruft sich sehr stark auf die Freiheit ihrer Mädchenzeit, um sich selbst als unabhängige Erwachsene neu zu erschaffen. Die Hebamme und die Dunkle Mutter sind beide Schwellenhüterinnen, die eine steht an der Schwelle des Lebens, die andere an der Schwelle des Todes. Bald schon haben wir erkannt, dass diese komplementären Zusammenhänge in allen Fällen gegeben sind, also haben wir beschlossen, dass es sinnvoll ist, die jeweiligen Stufen paarweise zu erläutern. Die Gegensätze sind füreinander von wesentlicher Bedeutung und in ihrer Summe sehr viel interessanter als die einzelnen Teile. Es kam uns viel zu geradlinig vor, einfach nur den Kreis abzuhandeln und eine Stufe nach der anderen zu beschreiben. Außerdem hätte man damit den Erfahrungen der Durchschnittsfrau gar nicht gerecht werden können.

Die runde Form des Kreises steht für die einzigartige Weise, auf die Frauen zu lernen und zu wachsen vermögen. Sich aus verschiedensten kleinen Informationen im „Maurer"-Stil Wissen aufzubauen, ist ein typisch männliches Verhalten. Frauen dagegen umkreisen ein Thema, betrachten es aus verschiedensten Blickwinkeln, ehe sie sich dem Zentrum oder dem Herzen der Sache nähern. Das ist die weibliche Seite des Wissens, mitten aus der Natur unserer Existenz gegriffen: unsere monatlichen Zyklen, unsere Fähigkeit, ein Kind auszutragen, unsere körperlichen Erfahrungen mit Wachstum, Heilung und Verwandlung. Wir können in unserem eigenen Leben Muster entdecken sowie im Miteinander bei der Arbeit, in der Liebe und in Beziehungen. Wir wissen um den magischen Moment, wenn die Dinge Gestalt annehmen, wenn die Antworten sich plötzlich offenbaren, wenn der Nebel sich lichtet und die stürmische See zur Ruhe kommt und sich in Schweigen hüllt. Wir glauben an die „plötzliche Erkenntnis", wie es die Zen-Philosophie ausdrückt - Erkenntnisse, die so durchdringend und unerwartet auftreten, dass man sie irrational nennen möchte. Für uns sind sie ein Geschenk des Mysteriums.

Die Frauen, die wir befragt haben, bestätigten diese fließende und nicht lineare Betrachtungsweise des Lebens durch die Art und Weise, wie sie uns ihre Erfahrungen im Kreis schilderten. Viele haben ausgesagt, dass bestimmte Stufen sie fasziniert oder abgestoßen, immer wieder zurückgeworfen oder vor ein Rätsel gestellt haben. Für uns ist der Kreis ein Spiegel für das Potenzial der Frauen, keine Abfolge von Richtlinien. Man muss nicht unbedingt jede Stufe des Kreises durchlaufen, um im Leben Erfüllung zu finden. Und man sollte die Archetypen auch nicht allzu wörtlich nehmen - die Stufe der Mutter zu erreichen muss nicht zwangsläufig mit der Geburt eines Kindes zu tun haben, sondern kann durchaus auch die Konzipierung und Ausführung eines Projektes oder irgendeiner anderen Form des Ausdrucks der eigenen Identität bedeuten. Ebenso wenig sind die verschiedenen Stufen fest an ein bestimmtes Alter gebunden, am wenigsten von allen die Weise Alte. Eine Frau kann noch jahrelang nach dem Ausbleiben ihres Mondblutes in der Rolle der Priesterin oder der Zauberin verweilen, ehe sie sich den Aufgaben der Weisen Alten gewachsen fühlt.

Wir werden zwar unsere Meinungen äußern zu den Schwierigkeiten und Freuden einer jeden Stufe, dennoch wissen wir, dass du allein, die Leserin, dieses Buch zum Leben erwecken kannst. Du selbst hältst die Schlüssel zum großen Mysterium in deinen Händen! Wir möchten dich mit dem *Kreis des Lebens* dazu ermutigen, deine Erfahrungen ganz intensiv zu betrachten und sie anzuerkennen, damit du zu deiner eigenen Wahrheit finden und diese mit anderen teilen kannst. Vertraue darauf, dass alles, was du wissen musst, dich erreichen wird und dass du es ganz intuitiv annehmen wirst. Nimm an, was immer dir gut tut - um den Rest mache dir keine Gedanken.

Kapitel 2

Dreizehn Stufen im Leben einer Frau

Jede Stufe des Lebensrades bietet ihre eigenen Freuden, Lektionen und Möglichkeiten. In diesem Kapitel möchten wir jede Stufe kurz in chronologischer Reihenfolge vorstellen, um dir eine Vorstellung von der Charakteristik der einzelnen Archetypen zu verschaffen. In späteren Kapiteln, wo wir die Archetypen in komplementären Paaren vorstellen, werden wir Frauen kennen lernen, die bestimmte Stufen mehrfach durchlebt haben oder aber sich einer Stufe eher gewidmet haben, weil sie gerade ihren Bedürfnissen am ehesten entsprach.

Die Tochter

Die erste Stufe ist die der Tochter. Dieser Archetyp steht für die Reinheit einer Mädchenseele zwischen Kindheit und Pubertät, die noch frei ist von den Hormonen der Pubertät, frei vom sozialen Druck, sich zu verbinden. In dieser ersten Phase des Lebens hat die Tochter noch eine direkte Verbindung zu ihrem Wesenskern; sie ist noch nicht darauf gepolt, den Erwartungen anderer gerecht zu werden. So ist sie eine Freude und Inspiration für Frauen jeder Generation, welche ihrerseits die Vollkommenheit der Tochter schützen und sie nach und nach unterrichten und auf das Leben vorbereiten sollten.

Ihr Mond ist ein aufsteigender, leichter Halbmond. Ihre Zeit ist der Monat Februar, wenn die Tage wieder länger werden. Und auch sie wird mit jedem Tag sichtbar stärker, ihre Zellen erneuern sich, sie steckt voller Möglichkeiten und schwelgt in purer Lebensfreude.

Irgendwo in der modernen Psychologie heißt es, man müsse sich nur erinnern, was man im Alter von sieben oder acht Jahren am meisten geliebt hat, um seine Lebensaufgabe zu entdecken. Erinnere dich daran, was du als Mädchen am liebsten gemacht hast - wobei hattest du den meisten Spaß? Warst du eher alleine unterwegs oder hast du deine Freizeit mit einer Gruppe verbracht, und wie hast du dich dabei gefühlt? Diejenigen von uns, die das Glück hatten, frei von vorzeitiger Verantwortung und ohne Tragödien aufwachsen zu können, werden in der Erinnerung an diese Jahre die ewig junge und fest entschlossene Tochter in sich wieder entdecken. Denken wir nur mal an die Frau Mitte Dreißig, die sich plötzlich daran erinnerte, wie geschickt sie immer die Nachbarskinder für irgendein Hinterhoftheater kostümiert hatte und sich nun dem professionellen Theater anschloss. Oder eine andere Frau jenseits der Menopause, die sich spontan ein rotes Cabriolet kaufte - in Erinnerung an ihr erstes Paar roter Rollschuhe oder das erste Fahrrad - nur um des Gefühls der Freiheit und der Freude wegen.

Das Streben der Tochter nach Individuation entspricht dem heidnischen Fest *Imbolc*, auch bekannt als Lichtmess oder Brigidfest. Imbolc ist ein keltisches Fest, an dem aus dem Bauch der Erde das neue Jahr erwacht. Aus dieser Feier zur Erneuerung des Lebens, der im Boden ruhenden Samen und Zwiebeln, ist der amerikanische Murmeltiertag hervorgegangen, an dem Prognosen angestellt werden für die bevorstehende landwirtschaftliche Saison. Ursprünglich war der 1. Februar ein Festtag im heidnischen Rom, an dem Juno, die jungfräuliche Mutter des Mars, geehrt wurde. Im keltischen Reich fand die dreifache Göttinnengestalt der Brigid ähnliche Verehrung für ihre jungfräuliche Reinheit und Kraft. Das Christentum schaffte es nicht, sie auszurotten, also hat man sie kurzerhand heilig gesprochen; ironischerweise wurde das Brigidsfest bekannt als Fest der Reinigung der Jungfrau, bzw. als Lichtmess.

Traditionell war Imbolc eine Zeit der Initiationen; die Töchter wurden zu den Weisen der Gemeinschaft gebracht, wo sie rituell gewürdigt und der Göttin geweiht wurden. Ganz anders als die heute vorherrschenden Vorstellungen von einer religiösen Ausbildung wurden diese Initiationen mit einer gewissen Verspieltheit vollzogen, durch die der Enthusiasmus der Jugend die ihm gebührende Ehre erfuhr.

Die Jungfrau

Die nächste Stufe ist die der Jungfrau, also des pubertierenden, jugendlichen Mädchens, das die Menarche, das erste Blutmysterium, erlebt. Ihr Mond ist das erste

Viertel, gleichermaßen hell als auch dunkel, in dem sich die Balance zwischen Tag und Nacht spiegelt, wie sie zur Frühlings-Tag-und-Nacht-Gleiche stattfindet. (Bemerkenswert ist die Verbindung zwischen dem alten nordeuropäischen Wort für die Menstruation, *oestris*, und dem Wort für die Tag-und-Nacht-Gleiche, *oestre*.)

Die Jungfrau steht für das Erwachen des Lebens in ihrem knospenden Körper und ihrer aufkeimenden Sexualität. Und doch ist sie ebenso wie ihr komplementäres Gegenüber, die Matrone, vollkommen selbstverantwortlich und niemand anderem verpflichtet. Sie erforscht nun ihr sinnliches Selbst und hat vielleicht die ersten sexuellen Begegnungen, aber dennoch bleibt sie die „jungfräuliche Geliebte", ihre Vollkommenheit bleibt undurchdringlich.

Wenn auch der Mond der Jungfrau auf Gleichgewicht hindeutet, so wird diese Phase dennoch auch von großen Konflikten geprägt sein: der Kampf zwischen dem wachsenden Bedürfnis nach Unabhängigkeit und der Angst vor der bevorstehenden Verantwortung als erwachsene Frau. Es wird für die Jungfrau viel einfacher werden, ihren Wunsch, weiterhin am Mädchentum festzuhalten, mit ihrer Sehnsucht nach erwachsenem Handeln zu vereinen, wenn ihre Menarche gebührend gefeiert und geehrt wird.

Wir verkörpern die Jungfrau immer dann, wenn wir mit jungfräulicher Unschuld an ein neues Unterfangen herangehen. Wenn wir uns auf ein Abenteuer begeben, alleine auf eine Reise gehen oder uns auf ein Risiko in unserem Berufsleben einlassen, können wir die Jungfrau in uns um Hilfe bitten, unsere Lebenskraft mit der Reinheit unserer Absichten verschmelzen zu lassen.

Der Umgang mit dem Übergangsritus der Menarche hat einen großen Einfluss darauf, in welchem Maße die Frau den bevorstehenden Phasen ihres Erwachsenenlebens mit Selbstvertrauen und Unabhängigkeit gegenübertreten kann. (Die nächste Möglichkeit zur Verwandlung und Wiedergeburt findet sich erst wieder auf der Stufe der Mutter mit dem Blutmysterium der Kindsgeburt.) Wenn die Menarche so gefeiert wird, dass sie den Platz der Jungfrau in der Gemeinschaft festigt und ihre Beziehungen zu ihren Gegenübern stärkt, dann wird ihr das sehr dabei helfen, auf der nächsten Stufe, der Blutsschwester, ihre Eigenständigkeit zu entwickeln.

Die Blutsschwester

Der Archetyp der Blutsschwester wurde in unserer Kultur - gelinde gesagt - nur ganz heimlich untersucht. Die Blutsschwester ist im späten Teenageralter, bzw. in ihren frühen Zwanzigern, kann sexuell aktiv sein (muss aber nicht) und sucht den Kontakt zu anderen Schwestern, mit denen sie ihre Erfahrungen austauschen und teilen kann. Auf dieser Stufe schließen die Frauen sich in Bünden zusammen. Darin finden sie hervorragende Möglichkeiten, den kulturell bedingten Wettbewerb und die Eifersucht zu überwinden.

Der Mond der Blutsschwester ist mehr hell als dunkel, ein Zeichen für ihre wachsende Weltoffenheit und ihren Drang, sich in die Gesellschaft einzugliedern. Sie experimentiert frech mit verschiedensten Arten des Selbstausdruckes in Kleidung und Körperschmuck. Mit offenem Herzen und unvoreingenommen, voller Wildheit und mit einem Gefühl, unbesiegbar zu sein, kann sie mit ihren Gefährtinnen sehr mächtige Verbindungen eingehen. Durch diese engen Bande gewinnt sie tieferen Einblick in ihren eigentlichen Lebenszweck und wird motiviert, ihrem Forscherdrang weiterhin nachzugehen.

Es ist wirklich Besorgnis erregend, mit welcher Ablehnung man in Amerika darauf reagiert, wenn Frauen sich gegenseitig ihre Zuneigung bekunden, wo sie sich doch in Europa ohne Weiteres bei den Händen nehmen oder Arm in Arm herumlaufen können. Trotz des neuesten Medientrends „lesbisch chic" ist der Homophobie kein Ende zu setzen, und man wünscht sich von uns, dieses natürliche und spontane Bündeschließen doch bitte bleiben zu lassen. Das ist eine Schande, denn die offene Zuneigung unter Frauen hilft diesen nicht nur dabei, den Kummer und Schmerz mit dem anderen Geschlecht besser zu bewältigen, sondern auch bei den Kämpfen, die sie in ihrem Reifungsprozess mit sich selbst austragen müssen.

Kulturell akzeptierte Alternativen zum Ausdrücken körperlicher Zuneigung sind intellektuelle Kameradschaft oder, wie es bei Blutsschwestern oft der Fall ist, das Ergründen radikalen Gedankenguts. Deshalb sind auch feministische Demonstrationen und Campusmärsche, abgesehen von ihrer politischen Funktion, sehr starke Blutsschwestern-Bündnis-Rituale. Der Wunsch, sich gegenseitig zu stärken, führt viele Frauen Anfang Zwanzig in einen Kreis mit anderen Frauen, mit dem sie regelmäßig zusammentreffen, um gemeinsam verschiedenste Aspekte ihres Frauseins zu erforschen.

Wie auch immer sie sich verbinden, je tiefer und stärker dieses Bündnis ist, desto selbstloser können die Blutsschwestern füreinander da sein. Auch später im Leben, wenn wir einer Freundin in einer schwierigen Lebenslage helfen wollen, einer Frau, die einen Verlust erlitten hat oder die ernsthaft erkrankt ist, schlüpfen wir wieder in die Rolle der Blutsschwester. Auch wenn wir uns selbst zerrissen fühlen von Traurigkeit oder Verzweiflung, wenn wir kaum noch etwas geben können und dennoch Schwierigkeiten haben, Hilfe anzunehmen, dann sind es die Blutsschwestern, die uns zu retten vermögen, denn sie nehmen uns einfach so wie wir sind und helfen uns, uns an dem festzuhalten, was wir haben.

Die Geliebte

Die Stufe der Geliebten assoziiert man mit dem Fest Beltane am 1. Mai, einen heidnischen Feiertag, berühmtberüchtigt für seine sexuellen Genüsse. Ursprünglich war Beltane den heiligen Fruchtbarkeitsriten geweiht. Der Maibaum ist das klassische Phallussymbol, und die ihn umschlingenden Bänder stellen das Weibliche dar, welches auf prächtige Weise das Männliche umkreist.

Das Fest findet zu einer Zeit statt, wo die Tage merklich länger und heller werden, wenn die „Frühlingsgefühle" ihren Höhepunkt erreichen. Die Silbe „Bel" von Beltane geht auf den keltischen Lichtgott Belenus zurück. Tane kommt von einem keltischen Wort, *tienne*, was Feuer bedeutet. Traditionell wird dieses Fest mit einem Freudenfeuer begonnen, daraufhin wird die ganze Nacht ausgelassen gefeiert und man gibt sich körperlichen Gelüsten hin.[1]

Im Lebenszyklus einer Frau entspricht das der Phase, in der sie sich einen Partner sucht, in der die Hormone (nicht unbedingt auch rationale Überlegungen) in ihr den Wunsch nach Empfängnis erwecken. Die Aufgabe der Geliebten ist es, herauszufinden, wie sie ihre Kraft zentrieren und im Tanz zwischen Mann und Frau richtig einsetzen kann - eine schwierige Aufgabe in einer Gesellschaft, in der einer Frau nur widerwillig etwas Selbstständigkeit zugestanden wird, und auch die nur die Hochzeit und das Gebären betreffend. Wenn Frauen mit Frauen zusammenleben, stoßen sie auf Vorurteile und Diskriminierung, die mindestens genauso schlimm sind, wie die, die auf jene zukommen, die sich mit ihren Männern auseinandersetzen müssen, besonders dann, wenn sie sich Kinder wünschen.

Die Geliebte ist von allen Archetypen am wenigsten an ein bestimmtes Alter gebunden - nehmen wir zum Beispiel die Frau im Altersheim, die sich unsterblich verliebt, als wäre es das erste Mal. Es gibt auch Frauen, die sich zur Geliebten ihrer Arbeit machen und alles tun würden, um die Freuden dieser Beziehung zu leben, auch wenn das bedeutet, dass sie sich selbst im Urlaub noch davonschleichen, um geschäftliche Telefonate zu führen. „Wenn das süße Sehnen sich in wildes Vergnügen ergießt", dann treten wir ein in den zeitlosen Tanz zwischen Mann und Frau, in welchem alles Leben sich erneuert.[2] Die Liebe berührt die Essenz unseres Seins; wir haben keinen Einfluss auf ihr Erscheinen und auch nicht auf die Richtung, in die sie sich wendet. Die Herausforderung besteht darin, uns ihr vollkommen hinzugeben und dennoch unsere Einzigartigkeit nicht zu verlieren.

In der griechischen Tradition vereinigen sich bei der heiligen Hochzeit, *hierosgamos*, der Mann-als-Gott mit der Frau-als-Göttin. Diese legendäre Dimension der Liebe übt eine tiefe Faszination aus auf Liebende jeden Alters; alle versuchen sie, das unglaubliche Wunder wahrer Zuneigung zu ergründen. Die entsprechende Göttin für Frauen in dieser Phase ist Aphrodite, deren treibende Kraft die Freude an der Vereinigung ist.

Die Liebe kann zu Befruchtung und Schwangerschaft führen. Wann immer wir also ein kreatives Projekt konzipieren und uns leidenschaftlich für seine Umsetzung engagieren, leben wir gerade den Archetyp der Geliebten. Leidenschaftlich Liebende drängen darauf, sich fortzupflanzen; eine leidenschaftliche Künstlerin oder sonst irgendeine kreative Frau führt einen ganz ähnlichen Ringkampf mit ihrer Muse oder anderen Quellen der Inspiration.

Diese Phase steht in Beziehung mit den späten Morgenstunden, wenn das Sonnenlicht alles durchflutet, das Wachstum anregt und die Schönheit der Natur noch verstärkt. Die lunare Phase der Geliebten ist der fast volle Mond. Und so ist die Geliebte stets voller Hoffnung und erfüllt von dem Versprechen, dass noch wunderbare Erlebnisse auf sie zukommen werden - die Magie am Horizont.

Die Mutter

Auf der Stufe der Mutter hat das Leben seinen Zenit erreicht. Zu diesem Zeitpunkt tritt die Frau der Großen Schöpferin gegenüber und verschmilzt durch das zweite Blutmysterium der Kindsgeburt mit der göttlichen Matrix des Lebens. Ganz gleich, wie die Geburt auch vonstatten geht - ob nun natürlich und spontan oder mit zahlreichen Eingriffen - das Erlebnis wird die Identität der Frau an ihren tiefsten Wurzeln berühren und sie vollständig verwandeln. Die erste Lektion dieses Blutmysteriums betrifft Hingabe und Kontrolle; es ist eine paradoxe Entdeckung, dass wir erst dann zur Meisterschaft gelangen können, wenn wir vollständig loslassen. Frauen, die keine Kinder bekommen können, bzw. wollen oder Frauen, die sich in einer anderen Phase des Lebenszyklus befinden, können diese Erfahrung dennoch machen, zum Beispiel wenn sie sich zum ersten Mal voller Leidenschaft und Hingabe einer kreativen Arbeit widmen, besonders dann, wenn die einzige Möglichkeit, die Arbeit zu beenden, darin besteht, sich auf unbekanntes Gebiet zu begeben. Eine Geburt gibt uns die Gelegenheit, einmal an der Schwelle zwischen den Welten zu stehen und jenseits allen Begreifens die tiefste Quelle unserer Kraft und Kreativität zu erspüren.

Der runde, volle Mond dieser Stufe spiegelt uns das fruchtbare Ei wider, die Fülle eines schwangeren Bauches, die gerundete vaginale Öffnung im Augenblick der Geburt, die Reife eines Projektes, das nun endlich Früchte trägt. Die Jahreszeit, die mit dieser Phase assoziiert wird, ist der Hochsommer - er bringt uns den Segen langer Tage und alles durchdringender Wärme, die uns während dieser schwierigen und anstrengenden Periode eine Wohltat und Inspiration ist.

Die Sommersonnenwende bringt den endgültigen Sieg des Lichtes, ist jedoch gleichzeitig der Wendepunkt, an dem die Dunkelheit zurückkehrt und der Blick sich wieder mehr und mehr nach innen richtet. Wir beobachten, wie unsere Kinder wachsen oder unsere künstlerischen Ambitionen beginnen, Früchte zu tragen, und ganz langsam, kaum merklich, wenden wir uns nach innen, um ein tieferes Verständnis unserer eigenen Kreativität zu erlangen. Gegenüber der Mutter sehen wir ihre Ergänzung, die Weise Alte, welche zum tiefsten Stand des Mondes und des Jahres die Gemeinschaft nährt durch ihre Gabe, sich selbst zu genügen und alles in ihr weises Selbst fließen zu lassen. Diese Aspekte stehen in starkem Gegensatz zum Verhalten der Mutter, deren Aufmerksamkeit sich vor allem in das Außen richtet, wo sie über ihre Familie wacht oder über kreative Projekte.

Mutterschaft ist Gegenwart. Man feilt an dem eigenen Verhalten oder eifert Idealen nach für den Fall, dass irgendjemand Wichtiges gerade zuschaut - und man möchte sich schließlich von der besten Seite zeigen. Manchmal stehen wir aber einfach nur da, Händeringend und wissend, dass wir einfach nichts tun können; wir können die Reife nun einmal nicht erzwingen. Starhawk beschreibt die Basis der Mutterschaft als „eine derartig allumfassende Liebe, dass alles in einem einzigen ekstatischen Lied verschmilzt, welches die ganze Welt bewegt".[3] Was eine Mutter im höchsten Sinne ausmacht, sind die Fürsorge und Wärme, das vollkommene Vertrauen und die unendliche Geduld, mit denen sie sich um ihre Lieben sorgt.

Die Hebamme

Die Hebamme entspricht ebenso der Rolle der Lehrerin und Vermittlerin, denn sie weiß aus erster Hand um die Verwandlung, die eine Geburt (die Geburt eines Kindes oder des eigenen kreativen Selbst) mit sich bringt und ist nun in der Lage, anderen Frauen während dieses Prozesses zur Seite zu stehen. Jede von uns ist sicherlich schon einmal einer solch wunderbaren Lehrerin begegnet, die uns dabei geholfen hat, tief empfundene Ideen oder unsere größten Talente zu entdecken. Sie hat uns ermutigt, einfach unsere Flügel auszubreiten und loszufliegen. Genau das ist die Rolle der Hebamme.

Charakteristisch für die Hebamme ist ihre Fähigkeit, vollkommen zu vertrauen, Gedankensprünge zu vollziehen, alles Rationale und Logische einmal vor die Tür zu setzen und sich stattdessen einfach auf ihre Intuition oder andere nichtlineare Möglichkeiten des Wissens zu verlassen. So kann die Hebamme uns das Unbekannte, das Unerwartete offenbaren, und ihre Fähigkeiten mögen all jenen, denen diese Gabe unbekannt ist, wie ein Wunder erscheinen. Es ist schon bemerkenswert, dass zu Zeiten der Inquisition und der darauf folgenden Periode der „Hexenverbrennungen" vor allem die Hebammen Folter und Tod zu fürchten hatten. Durch das Heilen im Einklang mit der Natur, geführt von intuitiven Einblicken und vertraut mit der Weisheit des Körpers, stellte die Hebamme eine ernstzunehmende Bedrohung für das Patriarchat dar - und das hat sich bis heute nicht geändert, wie sich in Kapitel 10 noch zeigen wird.

Da sie in engem Kontakt steht mit der weiblichen Art, Wissen zu erlangen, ist sie oftmals auch eine Expertin in der Frauenheilkunde, Kräuterkunde, bei Massagen und anderen Heilkünsten. Und doch stecken viele Hebammen in ziemlich vertrackten berufspolitischen und/oder politischen Situationen fest. Es ist diese überaus intime Ebene, auf der die Hebamme ihre Arbeit verrichtet, die sie so besonders macht.

In der Geschäftswelt könnte eine Hebamme eine Vermittlerin oder eine Publizistin sein, die, einem Gefühl folgend, einem Künstler oder Newcomer den

Rücken stärkt. Auch Krankenschwestern, die unerlaubt oder unbemerkt von ihren Vorgesetzten intuitive Heilmethoden einsetzen, schlüpfen in die Rolle der Hebamme. Außerdem ist jede Frau eine Hebamme, die auf professioneller Ebene die lebenswichtigsten und elementarsten Bedürfnisse ihrer Kunden aufspürt und unterstützt.

Die Hebamme lässt auch Menschen an ihrem Wissen über die Mutterschaft - also über Liebe, Verantwortung, Vertrauen und Verwandlung - teilhaben, die nicht zu ihrem engen biologischen Kreis gehören. Was also macht den Archetyp der Hebamme aus? Wenn du das Gefühl hast, dass du auch ans andere Ende der Welt gehen würdest, um einem Schützling zur Seite zu stehen, auch wenn das bedeutet, dass du dabei dein eigenes Wohl aufs Spiel setzt, dann bist du eine Hebamme. Wenn du eine Kundin dazu anspornst, tiefer zu schauen, um eine Lösung für eine schwierige Situation zu finden, bist du eine Hebamme. Wenn du Verantwortung übernimmst für die Sicherheit und das Wohlbefinden einer Freundin während einer wichtigen Übergangsphase, bist du eine Hebamme. Wenn du dich in einer tiefen Krise an die höchsten Mächte wendest, die du kennst, und sie um Rat und Beistand bittest, bist du eine Hebamme.

Die Tageszeit der Hebamme ist der frühe Nachmittag. Wenn der Tag langsam zur Neige geht, wird einer Frau vielleicht zum ersten Mal ihre Sterblichkeit bewusst. Das kann Verwirrung hervorrufen, Desorientierung, Verlustgefühle und Angst vor dem Unbekannten, selbst dann, wenn die Phase der Fürsorge der nächsten Stufe der Stärke Platz macht. Die Begegnung der Hebamme mit den Mächten der Schöpfung verbindet sie unwiderruflich mit der Dunklen Mutter, ihrem Gegenpol und Ergänzung, die um die Todesriten weiß. Das Unerbittliche ihrer Arbeit ist zugleich Segen wie auch Bürde der Hebamme; es befähigt sie, Kraft zu schöpfen auf eine allumfassende und mitfühlende Art und Weise.

Die Amazone

Die nächste Stufe ist die der Amazone, welche die Stufe der Matrone einläutet. Für die Amazone wird der Druck der Mutterschaft, der Druck zu lehren und sich zu sorgen, langsam weniger, und plötzlich hat sie wieder so viel Zeit für sich, wie schon seit Jahren nicht mehr. Ihre Kinder sind aus dem Haus, der Beruf ist gefestigt, und sie kann sich nun wieder mehr um sich selbst kümmern, sich wieder selbst entdecken oder sich auch erholen, je nachdem.

Die Amazone findet ihre Stärke in der Wiederbelebung ihrer eigentlichen Natur und ihrer ursprünglichen Entschlossenheit. Sie entzündet noch einmal das Feuer ihres komplementären Archetyps, der Tochter, und findet zurück zu einem unabhängigen Empfinden ihrer Selbst, der Vor-Geliebten und der Vor-Mutter. Mit dem Gefühl von Freiheit und Wildheit früherer Phasen kann sie bewusstseinsverändernde und -erweiternde Techniken noch einmal ganz neu erforschen (denn sie hat nun die Grundlage eines ekstatischen Geburtserlebnisses oder kreativer Höhepunkte). Und mit ihren breit gefächerten Lebenserfahrungen kann sie ihre Forschungen nun auch in einem weiten soziopolitischen Kontext betreiben und ihre Entdeckungen kundtun.

Wenn eine Amazonenfrau ganz bewusst den biologischen Wechsel von Fortpflanzungshormonen zu den Testosteron ähnlichen Androgenen erlebt, dann kann dadurch der ihr innewohnende Aspekt der Geächteten zum Vorschein kommen. Mit wachsendem Selbstbewusstsein und zunehmendem Desinteresse an der Meinung der anderen verhält sie sich immer öfter ganz offen provokativ. Weil sie es nicht leicht hat, sich am Arbeitsplatz als Mutter und Versorgerin zu behaupten, ärgert sie sich über die patriarchalischen Einschränkungen und rebelliert gegen unzulängliche Kinderbetreuung, unzureichende Löhne und die vielen anderen Steine, die ihr in den Weg gelegt werden. Sie schert sich nicht darum, das „brave Mädchen" zu mimen und setzt sich durch mit einem Verhalten, das eine sehr kraftvolle, wenn auch explosive Mischung aus traditionellen männlichen wie auch weiblichen Charakteristiken widerspiegelt. Sie muss lernen, diese Teile ihres Wesens nutzbringend zu integrieren und geltend zu machen - das ist der Schlüssel zur nächstem Stufe, die Herrschaft der Matrone.

Auch in anderen Phasen des Lebenszyklus leben Frauen den Archetyp der Amazone aus. Eine junge Frau zum Beispiel, die gerade ihre erste eigene Wohnung in Besitz genommen hat und unheimlich stolz ist auf sich selbst, lebt in dem Moment ihren Amazonenaspekt. Oder eine ältere Frau, die sich endlich aus einer unglücklichen Ehe lösen konnte, kann nun die Amazone in sich neu entdecken, indem sie sich ausprobiert in wilden Beziehungen, die bereits außerhalb der gesellschaftlichen Akzeptanz liegen. Ungeachtet des Alters lebt in jeder Frau der Archetyp der Amazone, wenn sie sich für die Unabhängigkeit entscheidet, aus reiner Freude und Genugtuung darüber, ihrem ganz eigenen Rhythmus, ihren Instinkten und kreativen Impulsen folgen zu können.

Das jahreszeitliche Fest dieser Stufe ist Lammas, ein uraltes Sommerfest am Abend des ersten August, bei dem die Getreidegöttin (Ceres, Ops, Demeter) geehrt wird. Die Amazone erntet die ersten Früchte ihrer eigenen Weiterentwicklung, um dann in der folgenden Phase der Matrone die ganze Ernte der inneren Reife einzufahren. Auch der Mond der Amazone ist noch mehr hell als dunkel; noch immer richtet sich ihr Blick mehr nach außen, doch ihre dunkle, nach innen blickende Kraft wächst bereits merklich.

Die Matrone

Die Matrone ist die Chefin ihrer Familie, das Oberhaupt des Clans, der aufgrund ihrer inneren Reife ganz natürlich die Führung überlassen wird. Ihre Phase wird eingeleitet mit der Herbst-Tag-und-Nacht-Gleiche. In der heidnisch keltischen Kultur nannte man diesen Feiertag Mabon. Die Legenden, die sich um das Mabonfest ranken, stammen aus vorpatriarchalischer Zeit, als sich die Königinnen noch selbst ihre Könige auswählten.

Autonomie und Autorität spiegeln sich in der Matrone wider; sie strahlt vollkommene Sicherheit aus, sowohl in sich selbst als auch in ihrer sozialen Position. Für die heftigen Leidenschaften und Ausschweifungen der Amazone hat sie ein passendes Ventil gefunden und wirkt nun selbst bemerkenswert ruhig und gefasst. Sie unterscheidet zwischen den Gedanken und Gefühlen, die sie wirklich zum Ausdruck bringen möchte und jenen, die sie besser für sich behält, um ihre Privatsphäre zu schützen und sich selbst besser kennen lernen zu können.

Genau wie bei ihrer Ergänzung, der Jungfrau, ist der Mond der Matrone zu gleichen Teilen hell wie dunkel. Sie hat es nun geschafft, ihr Ungeschick darin, innere Wirklichkeiten mit äußeren Erwartungen jonglieren zu müssen, zu überwinden. Dennoch können gerade in diesen Zeiten des scheinbaren Gleichgewichts neue Herausforderungen und Konflikte auf sie zukommen, denn die Matrone erntet, was sie zuvor gesät hat - im Guten wie im Schlechten. Ihr abnehmender Mond wird dunkler und dunkler, und so blickt auch sie nun auf sich herab, betrachtet ihre Irrtümer und Fehler und sehnt sich nach Auflösung. Das zieht sie unwiderstehlich in die Phase der Priesterin, wo sie ihren bislang weltlichen Blick nun auf spirituellere Dinge richten kann.

Die Matrone erlebt das Blutmysterium des Blutbundes und ergründet zusammen mit ihren Mitstreiterinnen die Kraft und Gleichzeitigkeit der Menstruation. Sie entdeckt die visionäre Kraft ihrer Mondphase und beginnt sie zu nutzen. Damit bereitet sie sich selbst den Weg zur Priesterin, als die sie das Mysterium dann noch tiefer ergründen soll. Die Schwesternschaft des Blutbundes ist essenziell für die Entwicklung der Matrone; sie ist die Quelle ihrer emotionalen Stärke in dieser Zeit, da ihre physische Stärke abzunehmen beginnt. (Mehr zum Blutbund in Kapitel 3.)

Matronen sind wir, wenn wir unserem weltlichen Wissen auf eine gereifte Art und Weise Ausdruck verleihen können, wenn wir schließlich ausgezeichnet werden für unsere Bemühungen, wenn wir in der Welt um uns herum die Früchte unserer eigenen Arbeit erkennen können und doch noch immer genug Energie besitzen, um alle Dinge am Laufen zu halten. Eine junge Frau, die bereits über ihr Alter hinaus gereift ist und gelassen und souverän gemeinnützige Projekte leitet, lebt ebenfalls den Aspekt der Matrone aus. Auch eine alte Frau, die bereits im Ruhestand ist und noch einmal aktiv wird, weil etwas an ihren tief empfundenen Glauben und an ihre natürlichen Führungsqualitäten rührt, kann erneut in die Rolle der Matrone schlüpfen.

Die Matrone in dir strebt nach dem größtmöglichen Einfluss, damit deine Arbeit möglichst weite Kreise ziehen kann. Du hast die Zügel in der Hand, und du hältst sie voller Feingefühl und Verantwortungsbewusstsein fest. Ganz gleich, wie alt du bist, wenn du dich in einer Führungsposition befindest, stark und doch frei von Konkurrenzdenken, dann spielst du die Rolle der Matrone.

Die Priesterin

Frauen, die die Stufe der Priesterin durchlaufen, stehen kurz vor der Menopause - langsam stellt sich eine gewisse hormonelle Instabilität ein, begleitet von Wellen intensiverer Emotionalität und dem Blick nach innen. Der Mond der Priesterin nimmt wieder ab, und so nimmt auch sie sich mehr Zeit für spirituelle Entdeckungen anstelle von materiellen Belangen. Die letzte Wärme ihres Monats, des Oktobers, und die Tage, die noch nicht ganz so kurz sind, machen diese Zeit besonders günstig für Innenschau und die Erforschung der Seele. Die Priesterin sucht mit großem Eifer, das Mysterium zu ergründen; sie ist eine Dienerin.

Schließlich erkennt die Priesterin, dass sie heraus muss aus ihrer Haut, um zu wirklicher Macht zu gelangen - dieser Vorgang kann allerdings ein wenig verwirrend und schmerzhaft sein, wenn er den Blicken und der Kritik Außenstehender ausgesetzt ist. Wie bereits in der früheren, komplementären Phase der Blutsschwester bedarf sie auch hier wieder dringend der Unterstützung anderer Frauen, die sie idealerweise in einem Kreis von Gesinnungsschwestern finden wird, die ihr dabei helfen, den Sprung in die Dunkle Zeit zu wagen. Wie bei der Geburt - mit zwei Schritten nach vorn und einem zurück - können die Priesterinnen sich gegenseitig dabei helfen, von der Phase der Stärke in die Phase der Weisheit überzugehen, indem sie einander an den eigenen Erfahrungen teilhaben lassen.

Dieser Zeitpunkt fällt zusammen mit dem Ende der Fruchtbarkeit und bringt so, aufgrund von hormonellen Veränderungen, auch eine geringere biologische Motivation zur Kindererziehung mit sich. Besonders dann, wenn sie eine Spätgebärende war und ihre Kinder noch sehr jung sind, kann die Priesterin in einen echten Konflikt geraten: einerseits ihre Sehnsucht nach spirituellen Erfahrungen und andererseits die Verpflichtung ihren Kindern gegenüber. Dieses Dilemma rührt vor allen Dingen von einem gesellschaftlich geprägten Schuldgefühl her, weil sie ihren persönlichen Interessen den gleichen Stellenwert beimisst wie den familiären Verpflichtungen. Es ist deshalb nicht verwunderlich, dass sie Unterstützung braucht von Frauen, die sie verstehen können und wollen.

Die Priesterin beschenkt die Gemeinschaft der Schwestern mit ihrem liebevollen Urteilsvermögen. Sie möchte nicht nur Bestätigung von ihresgleichen, sie möchte den anderen auch dabei helfen, veraltete Verhaltensmuster zu überwinden. Mit anderen Worten, sie ist nicht sparsam mit Kritik und ihrerseits gern bereit, dieselbe einzustecken. Wenn eine Freundin dich um Rat ersucht und du erfahren willst, wo ihre Schwächen liegen, damit du sie besser verstehen lernst, kannst du die Priesterin in dir rufen. Besonders gut funktioniert das in einer

Gruppe, in der jede Frau ihren eigenen kleinen Beitrag zum Puzzle des Lebens beiträgt. (In dieser Phase bist du möglicherweise auch sehr offen für zeremonielle oder rituelle Aspekte der Problemlösung; Frauen in ihrer Priesterinnenphase verwenden gerne geweihte Objekte oder Symbole, um sich besser auf ihre Aufgabe konzentrieren zu können.)

Du handelst als Priesterin, wenn du um den Rat einer Gruppe bittest bei einem persönlichen Problem, wenn du eine Gruppe zusammenführst, um jemanden in seiner Not zu unterstützen, wenn du dich auf das alte Frauenwissen besinnst und dich davon durch schwierige Zeiten tragen lässt. Manchmal kommt es vor, dass auch junge Frauen plötzlich den Sprung zur Weisheit der Priesterin machen - dann teilen sie ein Wissen, das aus dem innersten Kern ihres Wesens entspringt. Die Priesterin gibt all das, was sie selber sucht, sie ist demütig und sehnt sich danach, gereinigt und als das anerkannt zu werden, was sie ist.

Die Zauberin

Die Zauberin entspricht jener ausgeflippten Gestalt, die während des Übergangs zur Menopause ihr Gesicht zeigt; ihren Blick richtet sie sehr stark nach innen und auf sich selbst, und doch strotzt sie noch vor Energie. Während die Priesterin sich dem Mysterium verschrieben hat, übernimmt die Zauberin bereits das Kommando und tritt als Medizinfrau oder Schamanin in Erscheinung.

In unserer modernen Kultur wird man wohl nur selten einer Zauberin begegnen. Das liegt daran, dass ihre Kräfte ungeheuer stark sind; es ist die rätselhafte Kraft der Verwandlung, auch bekannt als Alchimie. In der ihr gegenüberliegenden Phase der Geliebten, deutet bereits die physische Vereinigung zwischen Mann und Frau auf Fähigkeit der Zauberin hin, ihre eigenen weiblichen und männlichen Wesensanteile miteinander verschmelzen zu lassen und somit alchimistische Kräfte hervorzubringen. Das ist weit mehr als ein rein intellektuelles Streben, es ist eine Verschmelzung, die nur durch die Liebe möglich wird, durch eine Liebe, die so übermächtig, so weise und allumfassend ist, dass sie geradezu unaufhaltsam ist. Nicht die zwischenmenschliche, eheliche Liebe aus jüngeren Jahren, sondern eine Liebe, die dem Geist angetraut ist und der Wirklichkeit des Erdenlebens: eine Liebe jenseits von Hoffnung und Illusion. Die Zauberin erkennt, dass die Alchimie von *hieros-gamos* letztendlich die Alchimie des Lebens, des Todes und der Ewigkeit darstellt.

Der Feiertag, den wir mit der Zauberin in Verbindung bringen, ist Samhain, der 1. November, kurz vor Allerseelen am 2. November, wenn der Schleier zwischen den Welten sich lichtet. Die Zauberin erkundet die heiligen Tore zwischen dieser und den anderen Dimensionen, sie bewegt sich aus der Zeit heraus und wird zum Samen ihrer eigenen Wiedergeburt. Ihr Mond zeigt nur noch wenig Licht in seiner schmalen Sichelform, und ihre Zeit neigt sich dem Ende zu.

Eine der bekanntesten Göttinnenformen, welche die Zauberin widerspiegeln, ist Medusa, die dafür gefürchtet wird, dass sie Menschen zu Stein erstarren lassen kann. Doch auf ihrem Haupt sprießen die Schlangen der Weisheit hervor, und in alten Überlieferungen verehrt man sie als „Mutter aller Götter, welche sie in einer Zeit gebar, lange bevor Kinder geboren wurden".[4] Sie steht für die Fähigkeit der Zauberin, die Mächte der Schöpfung zu spiegeln in den Dingen, die sie sagt und tut. Keinesfalls ist sie verrückt oder außer Kontrolle geraten, stattdessen geht sie sehr zielstrebig und ernsthaft an ihre Arbeit heran. Ihr Weg nähert sich seinem Ende und ihre Entscheidungen sind nun ganz klar. Wenn wir mit den Augen der Zauberin sehen, sind wir im vollkommenen Einklang mit dem Mysterium; ganz gleich, in welcher Situation wir uns wiederfinden, wir wissen genau, was zu tun ist.

Die Zauberin steckt in jeder, die mit einer lebensbedrohlichen Krankheit fertig werden muss, mit großer Not oder mit einer Behinderung und es dennoch schafft, Angst und Sorgen in bedingungslose Liebe umzuwandeln. Manchmal zeigt sich die Zauberin auch sehr früh im Leben einer Frau, wenn diese zum Beispiel einen schweren Unfall oder eine andere Katastrophe erleben musste. Wenn wir unseren tiefsten Ängsten entgegentreten, können wir der Zauberin begegnen, oder in Situationen, wo unser Überleben davon abhängt, dass wir alle fünf Sinne beieinander haben, in uns selbst ruhen. Wenn wir das Gefühl haben, dass es uns auf einen ganz bestimmten Weg zieht, den wir gehen müssen, dass die nächsten Schritte ganz klar erkennbar vor uns liegen, wenn wir uns wie berauscht fühlen und gleichzeitig mit beiden Beinen fest auf der Erde stehen und den Weg um jeden Preis beschreiten werden, dann verkörpern wir die Zauberin.

Die Weise Alte

Die Zeit der Weisen Alten entspricht der Phase des Neumonds, einer Zeit der Verborgenheit und des Rückzugs. Ihre Himmelsrichtung ist der Norden; ihr Totem nach der Überlieferung der nordamerikanischen Natives ist entweder der Bär, der für den Winterschlaf steht, oder der Adler, welcher seine Weisheit aus dem Überblick schöpft. Die Weise Alte findet sich ab mit dem Ende, das auf sie wartet; sie ist in Frieden mit sich selbst und hat dennoch einiges zu erledigen. Wie ihre Ergänzung, die Mutter, ist auch sie fürsorglich, doch sie kümmert sich um die ganze Gemeinschaft. Sie nährt die Menschen mit der Weisheit, die in jeder einzelnen Zelle ihres Körpers steckt. Das ihr zugeordnete Blutmysterium ist die abgeschlossene Menopause.

Ihr Jahreskreisfest ist die Wintersonnwende, wenn die Tage am kürzesten sind und die Dunkelheit an ihrem Höchststand. Sie kann die Macht der Dunkelheit ganz klar erkennen und webt den Faden, der sie sicher durch den Übergang des Todes geleiten wird. Sie wacht über den heiligen Kessel, wo die Samen der Wiedergeburt in ein weiteres Leben heranreifen.

Die Göttin Hekate stellt die klassische Weise Alte dar: weise, prophetisch, aktiv und Schutz bietend. Ihr Name kommt von dem Wort *heq* - die Stammesmutter des prädynastischen Ägyptens, welche über die *hekau* herrschte, bzw. „die Kraftworte der Mutter".[5] Das Symbol der Hekate ist der Frosch - und weil er seine Winterruhe tief im Schlamm vergraben zubringt, ist er gleichzeitig ein Symbol für den Fötus. Neben ihrem Ruf als Weise ist Hekate auch als Schalk bekannt, die einen ausgeprägten Sinn für Humor und Ironie besitzt. Traditionell verehrt man sie mit Geschenken oder Opfergaben, die man an Wegkreuzungen niederlegt - im Gedenken an die sarkastischen und demütigenden Verwicklungen des Schicksals, das uns mit einem Schlag meilenweit zurückwerfen kann auf unserem Weg oder aber plötzliche Antworten auf scheinbar unlösbare Probleme bereithält. Der Schalkaspekt der Weisen Alten geht außerdem noch zurück auf ein weiteres Fest - die Saturnalien, welche aus römischer Zeit stammen. Bei diesen eine Woche andauernden Feierlichkeiten wurden die gesellschaftlichen Zwänge aufgehoben, die Gerichte vertagt und die Schulen geschlossen. Beaufsichtigt vom Herrn und der Herrin der Unordnung war dies eine Zeit für Streiche, Schelmereien und den Karneval.

Wir nehmen die Gestalt der Weisen Alten an, wenn wir eine Geschichte erzählen, um etwas auf den Punkt zu bringen, wenn wir einer beunruhigenden Situation etwas Humorvolles verleihen, wenn das große Gesamtbild unsere Grundlage zur Lösung eines Problems wird. Hast du dich schon einmal zurückgehalten und jemanden in seine eigene Falle laufen oder sich in den eigenen Worten verfangen lassen? Ja? Dann trägst du ein Stück von der Weisen Alten in dir. Ganz gleich, wie alt wir sind, wenn wir das Gefühl haben, selbst am Webstuhl des Lebens zu sitzen, wenn wir das A und O des Lebens erkennen können und unser eigenes Handeln darauf abstimmen, dann tragen wir die Weisheit der Weisen Alten in uns. Die Weise Alte erteilt ihren Rat, indem sie sich selbst zum Vorbild macht, so formt sie das Verhalten der Gesellschaft, wie eine Mutter ihre Kinder formt.

Die Dunkle Mutter

Die Phase der Dunklen Mutter ist die Zeit des bevorstehenden und des tatsächlichen Todes. Sie ist die Königin der Schatten am Ende aller Sehnsucht, am Ende der ewigen Jagd des Lebens. Beim Übergang zur Dunklen Mutter wird die Weise Alte noch reifer, sie wird zur Unerbittlichen, die ihr altes Leben ziehen lässt, damit das neue Leben wachsen kann. Ebenso wie ihre Ergänzung, die Hebamme, steht auch die Dunkle Mutter an der Schwelle zwischen Leben und Tod, allerdings mit einer ganz anderen Verantwortung. Die Hebamme erleichtert diesen Übergang für andere Menschen, während die Dunkle Mutter sich ganz allein auf ihre eigene Reise ins Ungewisse macht. Ihr Weg ist voller Abschiedsschmerz, doch wenn sie dem Tod ganz bewusst und bedächtig gegenübertritt, wird sie Befreiung und Verwandlung erfahren.

In unserem Kulturraum bringt man der Dunklen Mutter leider meist nur Verachtung entgegen, weil eine übergroße Angst vor dem Tod herrscht. Doch es gibt auch Gegenden, wo man sie anerkennt und verehrt. In Indien finden wir ihr Pendant in Kali, der Zerstörerin, die all jenen Dingen ein Ende bereitet, die ihren Zweck erfüllt haben. Sie ist grimmig, leidenschaftlich und verzehrend. Der mythische Gott Vishnu nannte sie respektvoll „Mutter und Grab zugleich".[6]

In der Phase der Dunklen Mutter ergeben wir uns schließlich dem Lauf des Rades, das niemals stillsteht, und damit der Bewegung von der Dunkelheit zum Licht. Der Mond der Dunklen Mutter ist die schmalste, kaum erkennbare Sichel, welche die Wiedergeburt einläutet. Ihr Monat, der Januar, ist die Zeit im Jahr, wo die Tage wieder merklich länger werden und das Licht zurückkehrt, wenn auch zuerst kaum wahrnehmbar.

Die Sense der Dunklen Mutter (als Schnitterin) ist ein Symbol ihrer kompromisslosen Aufrichtigkeit und ihrer offenen Missachtung der Meinung anderer. Sie ist die Frau mit dem tödlichen Blick, die sich selbst und alle um sie herum reinigt, und zwar durch und durch. Durch sie wird deutlich, worauf es wirklich ankommt im Leben, der Sinn und Zweck in seiner reinsten Form, wie er für jüngere Frauen kaum fassbar wäre. Aber von dieser Erkenntnis redet sie nicht, sie lehrt sie auch nicht; sie strahlt sie einfach nur aus durch das Wesen, zu dem sie geworden ist. Sie spürt, wie sich ihr Körper langsam auflöst, sie hat also nichts mehr zu verlieren, und so wird ihr Geist vollkommen befreit.

Wir begegnen der Dunklen Mutter immer dann, wenn wir einen großen Sprung ins Unbekannte wagen, besonders dann, wenn der Sprung nicht zu vermeiden ist und wir keine Kontrolle darüber haben. Genauso wie die Geburt kommt auch der Tod, wann es ihm beliebt, und wir können ihn nicht aufhalten. Die Dunkle Mutter muss sich ihm hingeben, ob sie nun bereit dazu ist oder nicht. Wenn wir plötzlich jemanden verlieren, den wir geliebt haben, wenn eine lange Beziehung abrupt beendet wird, wenn der normale Tagesablauf des Alltäglichen gestört wird durch einen Unfall oder eine unheilbare Krankheit, wann immer wir in Betracht ziehen müssen, dass wir uns verwandeln müssen, dann blickt uns die Dunkle Mutter direkt in die Augen.

Die Dunkle Mutter kommt auch dann ins Spiel, wenn wir gezwungen sind, uns von überholten Glaubensvorstellungen zu trennen oder aufhören müssen, uns um unsere Kinder zu sorgen, damit auch sie selbstständig werden können, oder wenn wir ein geschäftliches Risiko eingehen müssen, um zu überleben. Der Glaube an unsere Fähigkeit, uns selbst neu zu beleben oder vom Leben selbst neu belebt zu werden, ist der Schlüssel zur Weisheit der Dunklen Mutter.

Die Verwandlerin

Die Verwandlerin, deren Namen niemand weiß, ist die Quelle all derer, die sind. Sie ist in der Mitte des Kreises und fließt zugleich aus allen Archetypen heraus. Sie ist die große, kosmische Gebärmutter, sie ist die Neuwerdung durch Geburt, Tod und Wiedergeburt. Im Kreis des Lebens ist sie der glühende, geschmolzene Kern, das Gerüst der Existenz und das Medium der Evolution zugleich - der Heilige Kessel, der Bluttopf in den Händen der Kali.

Die Verwandlerin steht eigentlich auf einer ganz anderen Stufe als die übrigen Archetypen. Sie ist die Leere, still und grenzenlos, in der alles möglich wird. Sie überwindet die Zeit, wenn sie die Dunkle Mutter zur kindlichen Tochter verwandelt und durch das Tor des Lebens schickt, den Geburtskanal der kosmischen Gebärmutter. Während dessen wird irgendwo auf der irdischen Ebene gerade eine stöhnende, schwitzende, keuchende Frau von ihren Gefühlen übermannt, wenn endlich ein Baby aus ihrem Bauch schlüpft und ihr in die Arme gelegt wird, und sie anschaut mit einer zeitlosen Weisheit.

Dies ist die Essenz der Verwandlerin, der Raum, wo das Leben entspringt und wohin es eines Tages wieder zurückkehrt. Als Dunkle Mutter stehen wir an der Schwelle des Todes; sobald wir sie überschreiten, wird die Verwandlerin uns zur Zuflucht, unsere Auszeit, unsere Möglichkeit, um auszuruhen und uns neu zu ordnen. Wenn unser Erdenleben zu Ende geht, geleitet sie uns durch einen Prozess der Neuwerdung. Sie schält uns die Haut unserer Vergangenheit vom Leib, sie verbrennt allen Müll, damit wir neu geboren werden können. Im Bauch der Mutter verwandeln sich alle Dinge zu etwas Neuem.

Immer dann, wenn wir an die Schwelle eines größeren Lebensabschnitts gelangen, statten wir auch der Verwandlerin einen Besuch ab, ganz besonders, wenn wir so tief erschüttert sind, dass wir zeitweilig unsere Identität verlieren. Die Verwandlerin scheint vielleicht schwer greifbar zu sein, doch wir können zu ihrem Wissen mit speziellen Hilfsmitteln und Techniken Zugang erlangen, wie wir in Kapitel 4 noch besprechen werden.

Wie verschiedene Frauen die Archetypen leben und ihnen Ausdruck verleihen, werden wir im Folgenden anhand von Beispielen berichten. So können wir der abstrakten Vorstellung von den Archetypen Leben einhauchen. Eine kleine Warnung: Einige der Schilderungen, die du gleich zu lesen bekommst, mögen dir vielleicht etwas extrem oder sogar schockierend vorkommen. Versuche einfach, offen zu sein, während du sie liest, und denke daran, dass in unserer Kultur die Frauen so lange unterdrückt wurden, dass für manche von ihnen wildes Herumexperimentieren die einzige Möglichkeit ist, zu ihrer vollen Stärke zurückzufinden und die archetypischen Rollen auszuleben. Wir sind der Ansicht, dass unsere Befragten überaus mutige Frauen sind, die bis an die Grenzen unseres Gemeinschaftspotenzials gehen. Dennoch musst du deinen eigenen Weg finden, um die Archetypen des Kreises für dich selbst zu begreifen. Finde deine persönlichen Grenzen, lass dich von den Worten der Frauen hier inspirieren und empfinde Mitgefühl für dich selbst, welches auch immer dein Platz im Kreis sein mag.

Kapitel 3

Blutbünde

Bevor wir uns einer genauen Untersuchung der Archetypen widmen, wollen wir uns mit dem Blutmysterium der Kraftphase auseinandersetzen - den Blutbünden. In den vier Phasen des Lebenskreises ist jeweils das Blutmysterium die Schatzkiste, in der die Lektionen in ihren grundlegenden Wesensmerkmalen verborgen liegen. Da die Matrone als Archetyp gerade erst neu entdeckt wurde, ist auch ihr Ritus des Blutbundes noch wenig erforscht.

Im Wesentlichen bedeutet der Blutbund, sich die Kraft des Menstruationsblutes zunutze zu machen, um sich zu reinigen und mit anderen zu verbünden. Wir haben bereits festgestellt, dass in unserer Kultur die Blutmysterien der Menarche und der Entbindung nur allzu oft mit Missachtung und Unverständnis gestraft werden; jetzt gilt es herauszufinden, warum diese menstrualen Tabus überhaupt existieren und wo sie ihren Ursprung haben.

In den alten Zeiten spielte das Menstruationsblut eine gewichtige Rolle in den Schöpfungsmythen und der Kosmologie. In der Theorie der Hindus heißt es, dass die Große Mutter das Leben erschuf, indem sie ihr Blut zu einer zähflüssigen Masse oder einem Klumpen gerinnen ließ, der dann verkrustete und zu fester Materie wurde. So brachte sie den Kosmos hervor; man stellte sich vor, dass eine Frau auf ganz ähnliche Weise ein Kind zur Welt brachte. Die Indios Südamerikas glauben, dass alles Leben aus „Mondblut" entstanden ist, eine Vorstellung, die sich auch im alten Mesopotamien findet, wo die Große Göttin die Menschheit erschaffen hatte, indem sie Lehm mit ihrem Menstruationsblut vermischte. Im Koran heißt es, der Mensch sei von Allah, die in vor-islamistischen Zeiten Al-Lat, die Göttin der Schöpfung, hieß, aus „fließendem Blut" gemacht worden. Selbst in den römischen Schöpfungsmythen wird darauf hingewiesen, dass lunare Einflüsse unerlässlich sein für die Erschaffung von Leben.[1]

Des Weiteren glaubte man, dass das Leben vieler Götter in direktem Zusammenhang mit dem Menstruationsblut stand, von ihren Kräften ganz zu schweigen. Die Hindu-Göttin Kali-Maya, die Mutter der Schöpfung, lud die Götter dazu ein, „im blutigen Fluss ihres Leibes zu baden"; wenn sie das taten und „in heiliger Kommunion von der Quelle des Lebens tranken und in ihr badeten", stiegen sie auf in den Himmel und waren überreich gesegnet. Indra (aus Indien) erlangte auf ähnliche Weise die Unsterblichkeit, indem er Soma entwendete, eine heilige Flüssigkeit, die entstand durch das Aufpeitschen des Urmeeres, Kalis blutigen Ozeans. (In einer anderen Version dieses Mythos heißt es, dass die Göttin Lakshmi Indra das Soma direkt aus ihren Brüsten zu trinken gab; so gelangte dieser zu Weisheit und Macht.[2])

Die ägyptischen Pharaonen erlangten göttlichen Status, indem sie vom *sa* (Blut der Isis) tranken, dessen Hieroglyphe übrigens dieselbe ist wie die für Vulva. In Persien hieß das Ambrosia der Unsterblichkeit *amrita* oder „Saft des Mondes", heiliges Blut. Wenn man im keltischen Britannien „blutdurchtränkt" war, bedeutete das, dass man von der Göttin zum König ernannt wurde. Doch ein König konnte erst dann Göttlichkeit erlangen, wenn er von dem „roten Met" der Feenkönigin Mab trank.[3] Das jährliche Fest der Mab fällt auf die Herbst-Tag-und-Nacht-Gleiche, was darauf hindeutet, dass die Kraft der Menstruation und der Blutbünde ganz klar in die Phase der Matriarchin gehören.

Neid und Angst vor dem „magischen Blut" der Frauen haben die Männer dazu angeregt, die Menstruation zu imitieren. Ein klassisches Beispiel dafür ist eine Art der Beschneidung (Subinzision), wie sie in Neuguinea, Australien, auf den Philippinen und in Afrika praktiziert wird. Bei dieser radikalen Operation wird die Unterseite des Penis aufgeschnitten, so dass es aussieht wie eine Vagina, wenn man das Glied gegen den Unterleib stellt. Manchmal wird diese Wunde regelmäßig wieder geöffnet, damit sie blutet, was man dann „die Menstruation des Mannes" nennt. Nach Ansicht von Phyllis Chesler sind die Schnitte im Körper von Christus sowie seine blutige Dornenkrone eine Anspielung auf die Menstrualmagie früherer spiritueller Traditionen.[4] Männliche Blutriten wie die Beschneidung oder der Sonnentanz der Native Americans sind weitere Beispiele. Auch die rituelle Ausrüstung der Priesterschaft lässt auf ein Nachahmen der Frauen schließen, das dazu dient, sich deren Magie zu eigen zu machen - der Stab wurde ursprünglich von den Frauen dazu verwendet, um ihre Menstruationszyklen zu datieren, und auch das Zeremonialgewand ist ein traditionelles Frauengewand.[5] Paula Weideger bemerkte dazu: „Offensichtlich ist man nicht überall auf der Welt der Ansicht, dass die Menstruation ein Fluch sei, aber es kann schon sein, dass sie uns überall auf der Welt geneidet wird."[6]

Andererseits gibt es auch unzählige Beispiele für extrem erniedrigende menstruelle Tabus; tatsächlich erstreckt sich die Liste schier ins Unendliche. Im Talmud heißt es, wenn eine menstruierende Frau zwischen zwei Männern hindurchgeht, wird einer von ihnen sterben. Die Brahmanen vertreten die Meinung, dass ein Mann, der bei einer menstruierenden Frau liegt, eine ebenso schwere Strafe verdient hat, wie der abscheulichste Verbrecher. In der vedischen Mythologie kopuliert Vishnu mit der Göttin Erde während ihrer Menstruation, woraufhin diese mit gefährlichen Ungeheuern schwanger ging, die beinahe die Erde zerstört hätten. Die Zoroasten erhielten diesen Glauben aufrecht, indem sie sagten, jeder Mann, der mit einer menstruierenden Frau schlafe, zeuge dabei Dämonen. Die persischen Patriarchen behaupteten, menstruierende Frauen wären giftig und des Teufels; der Blick einer menstruierenden Frau war ebenso gefürchtet, wie der Blick einer Gorgo - also in etwa so wie der Blick der Medusa.[7]

Bis zum heutigen Tage weigern sich orthodoxe Juden, einer Frau die Hand zu geben, aus Angst, sie könne gerade menstruieren. Plinius berichtete, dass die Berührung einer menstruierenden Frau die Ernte vernichten und Spiegel zerspringen lassen könne, den Wein umkippen und Eisen verrosten ließe, Messer stumpf mache und jedem Mann, der während einer Mondfinsternis bei einer menstruierenden Frau liege, den sicheren Tod einbrächte.[8]

Das Christentum hat diesen patriarchalischen Aberglauben natürlich beibehalten. Im siebten Jahrhundert erließ der Erzbischof von Canterbury ein Verbot gegen menstruierende Frauen, die Kommunion zu empfangen (was überaus ironisch ist, wie wir gleich sehen werden). Vom achten bis zum elften Jahrhundert gab es dutzende Gesetze, die menstruierenden Frauen jeglichen Zugang zu kirchlichen Einrichtungen untersagten. Ein medizinischer Text aus dem Schottland jener Zeit besagt:

> Oh! Menstruierende Frau, des Teufels bist du,
> Abschirmen soll man dich von aller Natur.[9]

Selbst im 16. Jahrhundert gab es noch angesehene Mediziner, die der Meinung waren, dass dem Menstruationsblut Dämonen entstiegen.[10] Zwar machen ländliche Traditionen und Glauben eine wesentlich positivere Haltung gegenüber der Macht des Menstruationsblutes deutlich, dennoch ist unsere Kultur tief verwurzelt in einer Angst, die Luisah Teish treffenderweise als „Hämophobie" bezeichnet.[11] Phyllis Chesler hat festgestellt, dass es einen direkten Zusammenhang gibt zwischen Kulturen, die besonders kriegsfreudig und gewalttätig sind und jenen, die große Angst haben vor dem weisen Blut der Frauen.[12]

Vicki Noble allerdings erinnert daran, dass Frauenblut das einzige Blut auf einem Altar gewesen ist, bevor die Frauen entehrt und ihre Macht degradiert wurde.[13] Eine Frau in ihrer Matronenphase sagte uns ganz kühn:

„Ich hebe mir oft etwas von meinem Blut auf. Ich halte immer etwas davon bereit. Ich bewahre es im Kühlschrank auf. Und dann mach ich Scherze darüber, dass ich, sollte ich jemals etwas Wichtiges unterzeichnen müssen, es mit Blut schreiben würde. Ich habe das Gefühl, dass die Leute Angst haben, wenn sie in meinen Kühlschrank schauen und mich fragen, was das ist, und ich ihnen antworte „Das ist mein Blut". Das ist mir so aufgefallen. Selbst wenn ich es gefroren in einem Fläschchen aufbewahre, höchstens ein paar Teelöffel voll, dann sind die Leute richtig erschrocken. Ich finde das klasse! Sie haben Schiss davor. Sie haben Schiss vor unserer Stärke. Ich habe es wirklich satt, dass unsere Stärke ständig gedemütigt und unterdrückt wird."

Denken wir einmal nach über die Zusammensetzung von Menstruationsblut. Darin steckt die unbefruchtete Eizelle, Träger des genetischen Materials für die nächste Generation. Kein Wunder, dass man es in vor-patriarchalischen Kulturen in einem Atemzug nannte mit Erleuchtung und hellseherischen Kräften! Der Omphalos von Glastonbury kann das bezeugen; das ist ein großer, eiförmiger Stein mit einer Vertiefung in der Mitte, in welcher die Priesterinnen der alten Zeit ihr Menstruationsblut sammelten. Oftmals saßen sie rittlings darauf und liehen der Großen Mutter ihre Stimme, um Prophezeiungen zu treffen. (Die christlichen Mönche der Glastonbury Abbey haben den Stein später zu einem Kerzenhalter umfunktioniert.) Das Menstruationsblut wird oft als Blume bezeichnet, die zwar noch keine Früchte trägt, doch bereits die Seele der Zukunft enthält. Wenn in Indien ein Mädchen ihre erste Blutung hat, sagt man, sie habe „die Blume geboren".[14]

Allein schon die Farbe des Menstruationsblutes macht es zu einem mächtigen Zauber. Die Maori machten Gegenstände zu Heiligtümern, indem sie sie rot färbten, entweder mit Farbe oder mit echtem Menstruationsblut. Die australischen Aborigines verwendeten roten Ocker, um sich selbst und ihre zeremoniellen Gegenstände zu bemalen, dabei erklärten sie den Ocker zu echtem Menstruationsblut. Die Inselbewohner der Adamanen sind dafür bekannt, dass sie die Körper ihrer Kranken mit einer roten Substanz bedeckten, die angeblich jede Krankheit heilen könne. In Griechenland und dem südlichen Russland bemalt man die Ostereier (klassische Symbole für die Gebärmutter) mit roter Farbe und legt sie auf die Gräber der Toten, um diese zu verjüngen oder zu stärken. Bei den Bestattungsriten paläolithischer Zeiten wurde der Leichnam mit einer roten Paste gesalbt, die ihm die Wiedergeburt ermöglichen sollte. Sowohl den roten Ton als auch das rote Hämatitgestein betrachtete man als das Blut der Mutter Erde, ihr Mondblut.[15]

Menstruationsblut wurde also als sehr kostbare Flüssigkeit erachtet, die grenzenlose magische Fähigkeiten besaß und für verschiedenste Weihe- und Konservierungszeremonien verwendet wurde. Vergleichen wir das einmal damit, was unsere Gesellschaft uns über unser Monatsblut einzureden versucht - es darf nicht berührt und muss verborgen werden, es ist schmutzig und lästig, und im Grunde genommen ist es wertlos. Wie würden wir uns wohl fühlen, wenn unser Blut als heilig angesehen würde, wie wunderbar könnten wir dann seine Kräfte nutzen, um unsere Verbindung zur Erde zu vertiefen, unsere Verbindung zu uns selbst und zueinander?

Viele der Frauen, die wir befragt haben, heben ihr Menstruationsblut auf, um damit ihre Zimmer- oder Gartenpflanzen zu düngen. Einige entleerten ihre Diaphragmen in ihre Gießkannen, andere bewahrten ihre voll gesogenen Damenbinden oder Tampons in ähnlichen Behältnissen auf. Sie alle berichteten uns, dass ihre Pflanzen wunderbar gedeihen und dass das Ritual psychologisch betrachtet sehr wohltuend ist. Hören wir einmal zu, was Brooke Medicine Eagle in dieser Sache zu sagen hat:

> Lasst mich kurz über das Mondzeitblut der Frauen sprechen und über seine Kräfte. Dieses Blut ist einer der (wenn nicht sogar *der*) nahrhaftesten, energetisierendsten Stoffe auf der Erde. Gibt man es den Pflanzen, werden sie gedeihen. Nach unserer alten Lebensart gingen bei unseren Pflanzungs- und Düngeritualen die Mondzeit-Frauen zwischen den Pflanzen umher und gaben von ihrem Blut etwas ab. Mit dem Weggeben dieses wunderbaren Blutes haben unsere Frauen der Erde Ehre erwiesen. Sie haben sich auf den Boden gesetzt und direkt in sie hinein geblutet, oder sie bluteten auf Moose und legten sie später auf die Erde, um sie damit zu nähren und zu erneuern.[26]

Eine andere Frau mit einer ganz anderen Orientierung sieht das ähnlich:

> *„Kürzlich war ich auf einer Konferenz über den derzeitigen Zustand unseres Planeten, deren Thema unter anderem der schwindende Mutterboden war. Wir werden noch ungefähr fünf Jahre lang über Mutterboden verfügen können. Deshalb sollten wir aufhören, so viele Nahrungsmittel anzubauen und uns stattdessen darum kümmern, neuen Mutterboden zu erzeugen. Wir müssen mehr zurückgeben, als wir für unser Leben genommen haben, und uns von unserer Intuition leiten lassen, welche Pflanzen wir kultivieren sollten. Ich denke, wenn Frauen die Erde mit ihrem Blut beschenken, ist das eine gute Art, damit zu beginnen.*
>
> *Ich halte es für ungeheuer wichtig, dass wir unseren Blutriten neues Leben einhauchen. Wenn wir unser Blut aufbewahren, pflegen wir unsere Beziehung zu unserem rechtmäßigen Platz in der Natur - dann werden wir selbst zu diesem Platz, nichts trennt uns mehr ab, es gibt keine Realität außerhalb der Natur. Wenn wir der Erde unser Blut schenken, schaffen wir damit einen Durchgang, der uns Zugang zu Reichen verschafft, in die wir normalerweise nicht vordringen könnten, wir integrieren den Gedanken des „anderen" und werden selbst zum Baum, zur Pflanze."*

Das ist die Gaia-Hypothese: die Erde ist ein aus sich selbst schöpfender und sich selbst erhaltender, lebendiger Organismus, und nicht einfach nur ein Gemenge aus Mineralien und Wasser. Im Gegensatz zu männerzentrierten Glaubenssystemen hat der Ökofeminismus den Ansatz, dass das menschliche Leben nicht mehr oder weniger wert ist als das Leben der Tiere, Steine, Bäume oder Pflanzen. Alles, was lebt, ist wechselseitig voneinander abhängig und befindet sich in einem empfindlichen Gleichgewicht.

> *„Wenn ich der Erde mein Blut schenke, bin ich stolz darauf, auf diesem Boden sitzen zu können, ich bin dankbar, und auch diese Gefühle sind wie ein Wechselspiel: Sie kommen vom Boden, sie kommen von mir, sie gehen zwischen uns hin und her. Ich spüre meine eigene Dankbarkeit, und ebenso spüre ich die der Erde; ich spüre meine eigene Achtung ebenso wie die der Erde. Die Erde schenkt mir mein Leben, und ich trage meinen Teil zum Leben der Erde bei.“*

Ein Blutbund mit der Erde dient als Grundlage für noch komplexere Blutbünde: mit Freunden, mit Geliebten oder mit der eigenen Kraft:

> *„Als ich gerade im Begriff war, von einem Ort wegzuziehen, an dem ich viele Jahre lang gelebt hatte, sagte mir meine innere Stimme, dass ich mein Menstruationsblut aufbewahren sollte. Und ich dachte mir: „Das ist ja interessant, aber wie stell ich das an?“ Ich habe einfach einen Schwamm in einem Diaphragma platziert und dann den voll gesogenen Schwamm in einen Behälter ausgedrückt, den ich natürlich immer in meiner Handtasche bei mir trug, denn man kann ja nie wissen ... und so trug ich meine Handtasche immer ganz vorsichtig mit mir herum, damit sie nicht etwa umfallen würde. Als ich damit fertig war, fragte ich, was ich als nächstes tun sollte, denn ich hatte ja nun dieses Fläschchen mit meinem Menstruationsblut, und es roch streng - es roch nicht etwa schlecht, aber streng. Ich hatte am Strand ein paar Steine gesammelt, aus denen ich Runen machen wollte. Jetzt erfuhr ich, dass ich etwas von dem Blut auf diese Steine geben sollte und damit mein Territorium markieren sollte, rund um das Gebäude herum, in dem ich gelebt hatte, überall, wo ich gewesen war, ein kleines bisschen, um mich zu verabschieden. Das war wohl der Grund; ich weiß nicht genau, ich hab's einfach gemacht. Es war interessant, mit meinem eigenen Blut so innig umzugehen, es nicht einfach so wegzugeben. Das hat meine Beziehung zur Menstruation wirklich verändert, zu diesem Ritus, der da Monat für Monat mit uns geschieht, diese Schönheit und die Kraft des Blutes, und wisst ihr, ich werfe meine Tampons nicht mehr einfach so weg heute. Meistens versuche ich, wenn ich menstruiere, ein wenig in die Erde zu bluten. Dadurch tauche ich ein in diese unglaublich starke Verbindung zwischen dem Menstruationsblut und der Mutter, die mich geboren hat.“*

Blutbünde zwischen Frauen werden erst seit kurzer Zeit untersucht. 1971 macht die Forscherin Martha McClintock Untersuchungen in einem Studentinnenwohnheim und stellte fest, dass Frauen, die eng zusammen leben oder arbeiten, dazu neigen, zur gleichen Zeit zu menstruieren.[17] 1986 bestätigten einige Forscher in Stanford die Gleichzeitigkeit des Zyklus und führten sie auf das Pheromon zurück. (Pheromone sind Stoffe, die von unseren Drüsen produziert werden und durch die Luft übertragen werden, ganz ähnlich wie die Stoffe, die eine Katze unter großer Hitze absondert, um andere Wesen ihrer Spezies anzuziehen oder zu beeinflussen.[18]) Allerdings hat die Erfahrung auch gezeigt, dass regelmäßiger Kontakt nicht unbedingt notwendig ist für eine solche Gleichzeitigkeit; zwischen meiner Schwester und mir konnte ich sie auch beobachten, obwohl wir uns monatelang nur einmal in der Woche sahen.

Eine weitere Erklärung für die menstruelle Gleichzeitigkeit ist eine Art Mitreißen, welches der Drummer Mickey Hart beschreibt als „die Neigung zweier zeitgleich ertönender Beats, sich miteinander zu verbinden und sich aufeinander abzustimmen".[19] Mechanische Uhren folgen diesem Muster, und wie Judy Grahn berichtet, verhalten sich Frauen ebenso. In ihrem wunderbaren Buch *Blood, Bread, and Roses* beschreibt sie, wie die Frauen in einigen Stammeskulturen „sich verbündeten durch ihr gemeinschaftliches Bluten, einschließlich des Geburtsblutes, wodurch ein stets wachsender Komplex von Riten entstand".[20] Sie merkt an, dass in einigen Fällen freiwillig eingegriffen wurde in den interaktiven Rhythmus der menstruellen Regelmäßigkeit durch die Einnahme von menstruationsfördernden Kräutern und anderer den Zyklus regulierender Mittel. Des Weiteren führt sie einige Beweise an für die Verwendung bewusstseinsverändernder Substanzen zur Intensivierung der psychischen Auswirkungen der Menstruation und der menstruellen Riten.[21]

Wenn Frauen ihre Menstruation aufeinander abstimmen, intensivieren sie damit nicht nur die physischen und emotionalen Veränderungen dieses Zeitraumes, sondern auch die Veränderungen zu anderen Zeiten des Zyklus. Auffallende inhaltliche Veränderungen unserer Träume zum Zeitpunkt unseres Eisprungs oder der Menstruation können ein zyklisches Muster verschiedener Stimmungen widerspiegeln. Wie Ernest Hartmann, Autor des Buches *The Biology of Dreams*, darlegte, berichten Frauen in der Mitte ihres Zyklus typischerweise von Träumen über Eier, Juwelen, zerbrechliche Dinge oder Sex mit ihrem Partner, während sie unmittelbar vor oder während ihrer Menstruation von Sex mit Fremden, Gewalt, düsteren Intrigen, Tieren, zerbrechenden Gegenständen und dem Tod träumen.[22] In meinem Frauenkreis konnte ich beobachten, dass sich nicht nur unsere Blutzyklen aneinander angepasst haben, sondern dass auch die Art unseres Miteinanders und sogar die Themen, die wir für die nächsten Treffen wählen, immer die Gefühle und Gedanken des jeweiligen Zeitpunkts in unserem Zyklus spiegeln. Für uns ist der Blutbund etwas, das uns sehr stark aneinander bindet, ob wir nun gerade menstruieren oder nicht, und dabei gleichzeitig unsere Individualität stärkt.

Je nachdem, an welchem Punkt des Monats wir uns gerade befinden, teilen wir miteinander unsere zärtliche Sehnsucht nach Einheit, wenn wir den Eisprung haben, und unsere intensive Leidenschaftlichkeit und visionäre Empfindlichkeit während der Menstruation. Unsere Verbindung zueinander ermöglicht es uns, uns selbst viel näher kennen zu lernen, viel näher, als man das für sich ganz allein könnte.

In vielen Eingeborenenkulturen wurden die Frauen während ihrer Menstruation isoliert. Die Menstruationshütte steht für eine Abgrenzung zu den gewöhnlichen Belangen des Alltags. Bei einigen war das eine freiwillige Sache; bei anderen wurden menstruierende Frauen aufgrund kultureller Tabus von der übrigen Gemeinschaft getrennt. Judy Grahn erwägt, dass man zu neolithischer Zeit die Frauen zum Schutz des übrigen Stammes isoliert hat, sie buchstäblich auf einen Baum geschickt hat, damit der Geruch ihres Blutes, der ganz bestimmt Raubtiere anziehen musste, das Leben der übrigen Gemeinschaftsmitglieder nicht gefährden würde.[23]

Doch in den patriarchalischen Kulturen ist der wahre Grund dafür, dass menstruierende Frauen tabuisiert werden, die explosive Mischung aus Freimütigkeit und ungezügelter Libido. Diese Freimütigkeit ist inzwischen geradezu legendär geworden: Ich erinnere mich, dass wir bei einem Abendessen über das prämenstruelle Syndrom scherzten und ich, die ich auch gerade anfing zu bluten, mich zu Wort meldete und verkündete: „Naja, es ist das einzige Mal, dass wir wirklich die Wahrheit sagen!" Und was die Libido angeht, so behauptet Mary Jane Sherfey, Autorin von *The Nature and Evolution of Female Sexuality*, dass jene Tabus, die uns Abgeschiedenheit und das Vermeiden sexueller Aktivität vorschreiben wollen, unmittelbar aus dem Verlangen heraus entstanden, „den übermäßigen Trieb und die unbändige Lust der Frauen" in dieser Zeit zu unterdrücken.[24] Der Experte Dr. Alfred Kinsey erklärt dazu:

> Die menschliche Frau hat sich im Laufe der Evolution von ihren Vorfahren, den einfachen Säugetieren, abgesondert und neue Eigenschaften entwickelt, welche den Zeitpunkt der stärksten sexuellen Erregung in unmittelbare Nähe der Menstruation versetzten.[25]

Die Autoren Penelope Shuttle und Peter Redgrove führen fort:

> Es ist, als ob das Paarungssignal des Genitalblutes sich von seiner ursprünglichen Position des Eisprungs zu einem neuen Zeitpunkt verlagert hat: zur Menstruation. Es scheint fast, als solle dieser Evolutionsschritt anzeigen, dass Sex von nun an einem anderen Zweck diene als nur der Fortpflanzung.[26]

Wenn wir noch einmal auf den Punkt zurückkommen, dass eine Frau die Isolation wählen kann während ihrer Menstruation, stellen wir fest, dass in Kulturen, in denen das Weibliche verehrt wird, die Frauen sich oftmals tatsächlich zurückziehen, zumindest während der ersten paar Tage, an denen sie bluten. Diese Freistellung von den täglichen Pflichten beinhaltet jedoch weitaus mehr, bedenkt man den besonderen Beitrag, welchen die Frauen während ihrer Blutungen an ihre Gemeinschaften geleistet haben. So heißt es zum Beispiel in den Überlieferungen der Native Americans, dass die Ankunft des weißen Mannes von den Frauen in der „Mondhütte" (Ort der menstruellen Isolation) vorhergesagt wurde. Die Griechen glaubten, dass menstruierende Frauen Einfluss hätten auf die Fruchtbarkeit des Bodens; deshalb war für sie eine Isolation während der Menstruation die Gewährleistung für eine gute Ernte. Es hat den Anschein, als sei die Gabe der Frauen, Magie zu wirken und zu nutzen, um ein vielfaches gesteigert, wenn sie gemeinschaftlich bluten. Deshalb werden durch die Blutbünde nicht nur die Frauen selbst gestärkt, sondern sie üben auch wichtige Einflüsse auf das Gemeinschaftsleben aus.

Doch wie hat man das Blut nun tatsächlich verwendet während eines solchen Vorgangs? Manchmal haben die Frauen sich damit gegenseitig Symbole auf den Körper gemalt. Man geht davon aus, dass das Menstruationsblut wahrscheinlich die erste Kosmetik darstellte; in Kulturen, in denen sich die Frauen während ihrer Blutzeit zurückzogen, malten sie sich mit ihrem Blut die Münder rot, um ihren Männern zu signalisieren, sich von ihnen fernzuhalten. Judy Grahn berichtet uns, dass sich die Frauen in den australischen Gemeinschaften der Aborigines das Blut an den Schenkeln herab laufen lassen, um ganz bewusst menstruelle Gleichzeitigkeit hervorzurufen.[27] Eine der Frauen, die wir befragt haben, erzählte uns, dass sie sich selbst mit ihrem Blut bemalt, damit die Chakren berührt, die sie gerne aktivieren oder harmonisieren möchte. In einem Kreis können die Frauen ganz spontan ein bestimmtes Symbol wählen - eine Spirale, einen Kreis, das keltische Kreuz, das Ankh, den Sichelmond - und sich gegenseitig damit bemalen, wenn alle damit einverstanden sind. Wie uns bereits eine der Befragten beschrieben hat, kann man Blut auch dazu verwenden, einen Gegenstand oder einen Ort zu weihen. Wie die grundlegenden Elemente - Erde, Wasser, Luft oder Feuer - besitzt auch das Blut sehr einfühlsame Kräfte, d.h. dass bereits eine kleine Menge ausreicht, die ihm innewohnende Essenz heraufzubeschwören. Wenn wir Regen herbeirufen wollen, vollziehen wir ein Ritual mit einer kleinen Menge Wasser; wollen wir Visionen und Hellsichtigkeit begünstigen, nehmen wir dafür ein wenig Menstruationsblut.

> *„In meinem Frauenkreis verwenden wir unser Blut für die unterschiedlichsten Zwecke. Manchmal sammeln wir alle unser Blut und vermischen es dann in einem Kelch, wenn wir uns treffen, um uns dann damit zu salben. Außerdem haben wir einen Menstruationsstab, einen einfachen hölzernen Stab. Jeden Monat nimmt ihn diejenige, die unser nächstes Treffen leiten wird, mit nach Hause und bemalt*

ihn mit ihrem Blut - der Stab ist inzwischen ziemlich blutig [lacht]. Bei der Eröffnung unseres nächsten Treffens berichtet sie dann, wie ihre Blutzeit und ihr Zyklus in diesem Monat verlaufen sind - und sehr oft stellen wir fest, dass es uns allen in der Zwischenzeit entweder gut ergangen ist oder wir alle mit denselben Schwierigkeiten zu kämpfen hatten. Wir fangen gerade erst damit an, zu erforschen, was wir mit dieser Macht alles anstellen können."

Heutzutage hemmt uns sicherlich die Gefahr von Krankheiten, die durch Blut übertragen werden, doch das Menstruationsblut scheint in früheren Zeiten rituell geschluckt worden zu sein. Die mythologischen Grundlagen dafür haben wir ja bereits untersucht: Diejenigen, die das Glück haben, von der Schöpferin zu trinken, erlangen Weisheit und Unsterblichkeit. Das Wort Eucharistie oder Kommunion könnte von *Charis* abstammen, der Göttin der geschlechtlichen Liebe, deren Blut als heilig galt. Barbara Walker vermutet: „Mittelalterliche Theologen bestanden darauf, dass der von Hexen getrunkene Abendmahlswein Menstruationsblut sei, und sie könnten Recht gehabt haben." Sie führt das Beispiel der legendären Feenkönigin Elphame an, die ihrem Initianten, Thomas dem Reimer, einem Poeten und Seher des 14. Jahrhunderts, gebot, aus einer „Flasche von rotem Wein ... hier in meinem Schoß" zu trinken.[28] Im englischen Sprachgebrauch ist das Wort *claret* (der Rotwein) zugleich ein Synonym für Blut als auch für Erleuchtung.

Unsere Faszination für Vampirgeschichten hat zweifelsohne damit zu tun, dass das Trinken von Blut ein Tabu ist, was durch das AIDS-Virus natürlich noch verschärft wurde. In vielen Mythen bedurften die Vampire nicht nur des Blutes, sondern auch gewisser lunarer Einflüsse, um zu Kräften zu kommen; oft wurden sie vom Mond aus ihrem Schlaf erweckt. Der Vampir des Autoren Dion Boucicault gab seinen Schülern die Anweisung, seinen Körper auf einen hohen Berg zu tragen, wo ihn die ersten Strahlen des Mondes berühren und wieder zu Kräften kommen lassen könnten; das griechische Wort für Vampir bedeutet wörtlich übersetzt „fleischgeworden durch den Mond".[29] Der Zusammenhang zwischen dem Menstruationsblut und den Vampirgeschichten scheint offensichtlich zu sein, aber wirklich tiefgründig untersucht wird er ausschließlich in der lesbischen Erotika (wie zum Beispiel in der Anthologie *Draculas Töchter*[30]).

Eine unserer Befragten hat sich dennoch folgendermaßen geäußert:

„*Ich liebe es, meine Partnerin oral zu befriedigen, wenn sie gerade blutet. Nein, lieben ist nicht stark genug dafür - ich bete ihn an, den Geschmack ihres Blutes; das bezwingt mich, treibt mich in Ekstase und zieht mich hinab in die Tiefen; dabei stellen sich mir die Nackenhaare auf, das ist wie zu Hause jenseits aller Heimat. Dabei entsteht definitiv eine Art Blutbund, der weit über das Emotionale hinausgeht - er ist fundamental, elementar, unglaublich stark. Ein altes karibisches Sprichwort besagt: „Wenn eine Frau eine andere Frau liebt, dann spricht aus ihr das Blut der Mutter" - genauso empfinde ich das.*"

Und wie ist es, wenn Frauen Blutbünde mit Männern eingehen? Ich bin während meiner Forschungen zur Sexualität immer wieder überrascht gewesen, wie die Männer sich bis heute weigern, mit ihren menstruierenden Partnerinnen Liebe zu machen und damit den alten Tabus immer neuen Nährstoff geben. Diese Aversion rührt eindeutig daher, dass das Menstruationsblut als etwas Unreines, etwas Schmutziges galt. Leider bleibt den meisten Männern auch heute noch die Kraft des weiblichen Blutes verborgen - man hat sie so säuberlich unwirksam gemacht, dass Sex während der Menstruation als nichts anderes empfunden wird, denn als schmutzig.

Und trotzdem hungern die Männer förmlich nach Blut. Jagen als Sport ist nicht viel mehr als eine zeitgemäße Form eines Blutritus, strotzend vor rituellen Elementen. Die Lust auf Blut spiegelt sich auch in der Darstellung von Gewalt und den blutigen Bildern, die unsere Medien beherrschen - und Männer finden das weitaus reizvoller als Frauen. Arthur Bleakley, Autor von *Früchte des Mondbaumes*, vermutet, dass „die Neigung der Männer, in blutige Kriege zu ziehen, die Folge eines ungelösten und projizierten Menstruationsneides" ist und schlägt als Gegenmittel vor, „den Menstruationsrhythmus miteinander zu teilen, indem die Frauen ihre Männer in dieses Mysterium einweihen".[31] Wie aber soll die Frau das anstellen? Bleakley bringt das Ganze folgendermaßen auf den Punkt:

> *Betrachtet man die Periode als einen Zeitraum, in dem die kreativen Kräfte der Frau ihren Höhepunkt erreichen - und dabei kann sich der Mann sehr hilfreich und unterstützend mit einbringen -, dann kann sich die Energie der Periode, die sich bislang oft in Niedergeschlagenheit ausdrückt, verwandeln in eine Energie, die man kreativ nutzen kann. Der Mann kann während dieser Zeit nur reicher werden an Erfahrungen ... er wird zwangsläufig um einiges offener, sanfter ... und entdeckt ganz neue Perspektiven in seiner Entwicklung. Dann kann der Mann auch wesentlich besser auf den Zyklus der Frau reagieren, und beide können dabei mehr gewinnen als durch die Abtrennung voneinander oder durch das Ablehnen der Kraft des anderen. Der Mann erhält seine symbolische Wunde (das Potenzial, das in seiner Verletzlichkeit steckt) und entfaltet die Kräfte seiner inneren Frau, und die Frau löst das potenzielle Leiden ihrer eigenen „Wunde", indem sie deren Heilenergie fließen lässt.*[32]

Tantrische Traditionen haben die Kraft dieser alchimistischen Methode in spezielle sexuelle Praktiken integriert. Im Tantra heißt es, dass Frauen über mehr spirituelle Energie verfügen als Männer; deshalb kann ein Mann nur durch die emotionale und sexuelle Verschmelzung mit der Frau zur Erleuchtung gelangen. Die beiden wichtigsten Bestandteile für den Großen Ritus sind *sukra* (Sperma) und *rukta* (Menstruationsblut). Die folgende Beschreibung soll einige Punkte etwas deutlicher machen:

> Wenn der Samen, geschmolzen durch das Feuer der Leidenschaft, in den Lotus der Mutter hinab fällt und sich dort mit ihrem roten Element vermischt, ist das konventionelle Mantra der gedanklichen Erleuchtung erreicht. Die vereinigte Vater-Mutter (YabYum) kostet von der so entstandenen Mischung, und wenn sie die Kehle herab rinnt, stellt sich ein ganz besonderes Gefühl der Seligkeit ein, das Bodhicitta. Der Ausdruck „geheime Initiation" rührt vom Kosten dieser geheimen Substanz her.[33]

Eines der bekanntesten Symbole für die alchimistische Vereinigung des Männlichen mit dem Weiblichen, Yin und Yang, Sperma und Menstruationsblut, ist die *Vesica Piscis. Vesica Piscis* bedeutet wörtlich „Fischgefäß" und sieht aus wie zwei ineinander greifende Kreise, die sich in der Mitte überschneiden und so ein spitz zulaufendes Oval bilden, welches die Yoni oder Vulva der Göttin bildet. Dieses alte yonische Symbol nannte man dann *piscis* aufgrund der Beobachtung, dass die weiblichen Genitalien nach Fisch riechen. (Die Christen kehrten den Fisch später in die Horizontale um als Symbol für das Christentum.)

In den herrlichen Gärten von Chalice Well in Glastonbury, England, kann man die berühmten Becken der *Vesica Piscis* bestaunen. Diese beiden flachen Steinbecken wurden streng nach der Gematria oder der Heiligen Geometrie des Symbols errichtet. Die Quelle des einen Beckens ist ein Brunnen, der als Blutbrunnen bekannt ist und aus dem durch Eisenablagerung hellrot gefärbtes Wasser fließt. Aus der Quelle strömen gleich bleibend 1000 Gallonen in der Stunde - ihr Wasser steht für das Blut der Geburt und der Menstruation. Heilkräfte werden diesem Wasser zugeschrieben, und so kommen Jahr für Jahr Tausende Menschen dorthin, um von der Quelle zu trinken und darin zu baden. Das andere Becken wird ebenfalls von einer ewigen Quelle gespeist, von der Weißen Quelle, welche unterhalb des mächtigen Glastonbury Tors entspringt. Aus dieser Quelle fließen zwischen fünfzig- und siebzigtausend Gallonen am Tag - ihr Wasser, welches durch Kalkablagerungen ganz weiß gefärbt ist, verehrt man als den Samen des Mannes. Die beiden Wasser fließen im mittleren Becken zusammen zu einer alchimistischen Mischung aus Rot und Weiß, Menstruationsblut und Sperma - eine heilige Verschmelzung der männlichen und weiblichen Prinzipien. In der Glastonbury Sage heißt es, diese Heilige Quelle stehe für die Vulva der Großen Mutter, die uns einst in diese Welt hinein geboren hat.[34]

Bedenken wir einmal die Intensität des weiblichen Sexualtriebes unmittelbar vor und während der Menstruation, überrascht es wenig, dass man das Menstruationsblut schon seit langer Zeit für ein Aphrodisiakum hält. Madame de Montespan verwendete ihr Blut, um die Leidenschaft ihres Liebhabers, Ludwigs XIV., zu entfachen. In den Geschichten der Sinti und Roma heißt es, dass eine Frau die Liebe eines jeden Mannes gewinnen könne, wenn sie ihm einen Trank aus ihrem Menstruationsblut verabreiche. Und wie uns tibetanische Überlieferungen berichten, ist Menstruationsblut, vermischt mit der Nahrung oder dem Getränk eines Mannes, die einfachste Methode, diesen zu unterwerfen.[35]

Es scheint von höchster Bedeutung zu sein, dass wir die Macht unseres Menstruationsblutes mit klaren und liebevollen Absichten nutzen und Rituale kreieren, durch welche die Heiligkeit der Mysterien der Blutbünde bewahrt wird. Macht ist ein gefährliches Werkzeug, wenn sie nicht gelenkt wird durch Weisheit, und Frauen, die sich in dieser Phase der Macht in ihrem Kreis des Lebens befinden, werden möglicherweise einige sehr wichtige Lektionen in dieser Sache zu lernen haben. Zum Glück aber wohnt jeder Stufe in dieser Phase der Macht auch irgendeine Eigenschaft inne, die dem Missbrauch der Macht auf ganz natürliche Weise vorbeugt: bei der Amazone schließen Neugier und Wanderlust die Gefahr von Machtbesessenheit grundsätzlich aus; die Matrone wird durch ihre Generationen übergreifende Verantwortung und Verpflichtung kaum dazu neigen, ihre Macht auszunutzen; und die Priesterin lehrt durch ihre Erfahrung des Abstieges in die Tiefen, dass es besser ist, auf Macht zu verzichten, um das empfindliche Gleichgewicht zwischen Leben und Tod nicht zu stören.

Blut ist Leben; unser Menstruationsblut ist das Leben der Zukunft. Wir sollten ohne Furcht und voller Stolz damit umgehen, um die Beziehung zwischen Schicksal und Macht, die für jede von uns einzigartig ist, entdecken zu können und so zur Weisheit zu gelangen.

Kapitel 4

Die Rolle der Verwandlerin

Die Verwandlerin ist der Ursprung von allem, sie ist der Kontext des Lebens. Sie steht für die grundlegende und fundamentale Basis unseres Wesens, die Quintessenz unserer Fähigkeit zum Wachstum und zur Veränderung. Im Kreis fließt die Energie der Verwandlerin vom Zentrum hin zu jeder Stufe und zwischen den Stufen hin und her, wodurch das Gefüge multidimensional wird und nicht länger in linearer Steifheit gefangen bleibt. Damit sind wir frei, die Grenzen der einzelnen Stufen jederzeit zu überschreiten und in eine andere Phase überzugehen. So kann eine Frau chronologisch gerade eine Amazone sein und dennoch emotional zurückspringen auf die Stufe der Geliebten, wenn sie gerade eine neue Romanze durchlebt. Oder eine Frau mitten in ihrer Verantwortung als Mutter macht einen intuitiven Sprung, um ihren Idealen in der weiten sozialen Umgebung der Weisen Alten Ausdruck zu verleihen. Eine unserer Befragten sagte uns: „Je mehr du im Kreis hin und her springst, desto besser lebst du die Rolle der Verwandlerin."

Der Schlüssel zur Verwandlung ist stets in unseren Händen. Wir können uns geistig öffnen für eventuelle dramatische Veränderungen in unserem Leben, aber nur unser Herz wird uns den richtigen Zeitpunkt sagen. Vielleicht können wir das Mysterium der Verwandlung niemals begreifen, aber wir können lernen, die Anzeichen dafür richtig zu deuten - ein Gefühl von Langeweile, Verlust der Kreativität oder der Richtung, das Unbehagen darüber, in einer Sackgasse festzustecken und die übermächtige Sehnsucht nach etwas Neuem. Und wenn die Tür zur Verwandlung sich langsam öffnet, können wir förmlich spüren, wie auch unser Herz sich öffnet, eine plötzliche Erkenntnis uns trifft und wir einen unwiderstehlichen Tatendrang verspüren.

Kulturell bedingte Hindernisse hemmen diesen Prozess allerdings ungemein. In den meisten industrialisierten Ländern ist man geradezu süchtig nach Veränderung, aber voller Angst vor der Verwandlung. In den USA sind sämtliche Medien zerfressen vom Konsumdenken - wir werden permanent bombardiert mit neuen Produkten, Dienstleistungen und unbegrenzten Möglichkeiten, die uns einladen, unser Aussehen, unseren Lebensstil und sogar unseren Glauben und unsere Prinzipien zu verändern, wenn uns gerade mal danach ist. Das ist ein Ausnutzen unseres ewigen Strebens nach Jugend, und so verändern wir uns (oder kaufen ein) in der Hoffnung, uns damit neu zu beleben, wieder attraktiver und jünger zu werden. Aber diese Art von Veränderung ist nur ein billiger Ersatz, ein Austausch und ein Ersetzen des Einen durch etwas anderes - genau das Gegenteil von Verwandlung, die etwas wirklich Neues ermöglicht.

Der Kern einer Verwandlung ist das Paradoxon gleichzeitiger Hingabe und Kontrolle. Kontrollieren bedeutet, bestimmte Erwartungen zu erzwingen, man strukturiert, ordnet und presst Dinge in Formen. Vielleicht kann man damit Veränderungen erreichen, ganz bestimmt aber keine Verwandlung. Verwandlung gibt es nur jenseits aller Kontrolle und man begegnet ihr am besten mit Hingabe. Veränderungen, die auf Kontrolle basieren, führen zu Isolierung und Zerstückelung, Verwandlung dagegen bedeutet Integration und kann uns in einen Zustand tiefen Bewusstseins versetzen, der universal, zeitlos und vielleicht sogar ekstatisch ist.

Warum also fürchten wir die Verwandlung? Unserer kulturellen Neigung zur Kontrolle liegen jüdisch-christlich geprägte Glaubensmuster zugrunde, die eine Teilung von Körper und Seele beinhalten und uns Selbstbeherrschung und Selbstverleugnung lehren wollen, was ein persönliches Wachstum schier unmöglich macht. Loslassen und sich „Gottes Führung" hinzugeben ist akzeptabel, aber Loslassen und sich sich selbst hinzugeben wird als höchst verwerflich erachtet, der reinste Hedonismus. Eine Verwandlung, die das Selbst betrifft, gilt als suspekt, ebenso wie all jene, die sich auch noch wohl fühlen in diesem unbegrenzten Zustand. Folgende Anmerkung einer tüchtigen Frau in den Siebzigern wird das deutlich machen:

> *„Im Kreis kann ich mich bis zur Weisen Alten vorwärts bewegen - auf intellektueller Ebene nähere ich mich bereits der Dunklen Mutter, obwohl ich mich physisch noch nicht in ihrer Nähe sehe. Wo befinde ich mich also wirklich? Wenn ich mich selbst mit einem Wort beschreiben sollte, dann hieße das Wort Neugierde. Aber an welche Stelle im Kreis gehört denn die Neugierde? Zur Verwandlerin, würde ich meinen. Ich als Musikerin scheine mich genau da aufzuhalten, obwohl ich dann und wann auch einmal in die Welt hinausgehe, auf andere Stufen des Kreises. Meine Neugier beschert mir oft Begegnungen mit Menschen, die eine*

ganz andere Sicht der Dinge haben als ich - nicht etwa, weil ich mich gern streite, sondern weil ich etwas lernen möchte. Und da gibt es einen großen Unterschied - manchmal denken die Menschen, dass ich Streit suche, obwohl ich wirklich nur neugierig bin. Menschen, die glauben, ihre religiösen oder politischen Ansichten verteidigen zu müssen, haben es sehr schwer; sie stellen sich auf eine bestimmte Seite und wollen mich in Schubladen stecken. Aber ich passe in keine Schublade, denn ich bin einfach nur neugierig.

Auch der Schalk sitzt mir ganz deutlich im Nacken. Manchmal veräppele ich mich selber in einem bestimmten Denkmuster und merke es noch nicht einmal - erst hinterher. Flexibel zu sein ist für mich das allerwichtigste - das ist die Quelle meiner Musik, meiner Kreativität.“

Betrachten wir einmal die Verwandlungen in der Natur etwas näher. Die Schlange häutet sich in regelmäßigen Abständen: dieser Prozess kann nicht kontrolliert werden und ist dennoch nicht zu vermeiden. Noch dramatischer und dazu noch unumkehrbar ist die Verwandlung von der Raupe zum Schmetterling, die bereits in der DNS festgelegt wird. Als Teil der Natur sind auch wir Frauen gewissen biologischen Veränderungen unterlegen, die uns verwandeln, ob wir nun wollen oder nicht - und das sind unsere Blutmysterien.

Das Blutmysterium der Kindsgeburt stellt den Höhepunkt der Ereignisse dar, in dem die Qualen und die Ekstase der Verwandlung mehr als deutlich werden. Und wie zu erwarten war, legt man bei der Geburtsvorbereitung in den USA größten Wert darauf, den Vorgang zu kontrollieren, indem man verschiedenste Atem- und Entspannungstechniken zu beherrschen lernt. Die Schwangerschaft selbst wird dabei nicht so sehr als eine Zeit der Verwandlung im Leben einer Frau betrachtet, deshalb konzentriert man sich auch vor allem auf das Wohl des Babys. Die psychischen und spirituellen Veränderungen der Frau in dieser Übergangsphase werden als sachfremd behandelt, wenn nicht sogar vollkommen ignoriert. Aber man kommt einfach nicht herum um die Tatsache, dass die Wehen eines der größten Ereignisse im Leben sind, bei dem es eine Menge zu lernen gibt: Sobald die Frau irgendeine Methode oder Technik gefunden hat, mit der sie zurechtkommt, muss sie sie schon wieder fallen lassen, weil sie einfach nicht mehr anwendbar ist - und so muss sie immer wieder und wieder loslassen. Ist sie aber hellwach, blickt der Angst ins Gesicht und geht auf sie zu, wenn sie sich auf den Prozess einlässt statt gegen ihn zu arbeiten, dann wird sie auch mit dem Wehenschmerz fertig werden und sich seine Intensität zunutze machen. Indem sie „kapituliert“ und sich einlässt, wird sie eins mit uralten, biologisch festgelegten Rhythmen und kann in sich selbst neu geboren werden.

Wenn eine Verwandlung wirklich an die Wurzeln geht, dann gehen damit immer große anfängliche Schwierigkeiten einher. Das liegt einfach daran, dass es niemals das ist, was wir erwarten, wenn wir auseinander genommen und zu einer neuen Form wieder zusammengesetzt werden. Zuerst muss das, was uns bekannt ist, verschwinden, damit das Unbekannte Gestalt annehmen kann. Wie schon Demetra George bemerkte: „Es kann nichts Neues geboren werden, solange nicht etwas Altes gestorben ist."[1] Manchmal werden wir durch den Tod eines geliebten Menschen, durch eine Naturkatastrophe oder sonst einen schmerzlichen Verlust direkt in die Arme der Verwandlerin geschleudert; manchmal wehren wir uns und kämpfen an gegen das Unvermeidliche. Aber wenn wir den Ruf des Unbekannten ignorieren, berauben wir uns selbst des Zaubers und des Wunders unserer eigenen Existenz: richtungslos, leidenschaftslos und vertrocknet. Niemand hat es besser auf den Punkt gebracht, was passiert, wenn man etwas zurückhält, als Clarissa Pinkola Estés in ihrem Buch *Die Wolfsfrau. Die Kraft der weiblichen Urinstinkte*:

> Wenn du ängstlich bist, lahm oder schwach, ohne Inspiration, unbeweglich, seelenlos, bedeutungslos, beschämt, chronisch wütend, cholerisch, festgefahren, unkreativ, niedergeschlagen, wahnsinnig.
>
> Wenn du kraftlos bist, ewig zweifelnd, zittrig, blockiert, unfähig, einem Gespräch zu folgen, dein kreatives Leben anderen überlässt, die immer falschen Partner, Berufe oder Freunde wählst, darunter leidest, jenseits des eigenen Rhythmus leben zu müssen, dich immerzu verteidigst, träge, unsicher, schwankend, unfähig, dir selbst zu folgen oder Grenzen zu setzen.
>
> Wenn du nicht deinem eigenen Tempo folgst, gehemmt bist, weit weg von deinem Gott oder deiner Göttin, unfähig, dich zu regenerieren, gefangen in deiner Häuslichkeit, deinem Intellekt, in der Arbeit oder deiner Trägheit, einfach weil das der sicherste Ort ist für jemanden, der seine Instinkte verloren hat.
>
> Wenn du das Risiko scheust oder die Entdeckung deiner selbst, dich scheust, einen Mentor aufzusuchen, deinen Vater, deine Mutter, wenn du Angst hast, deine eigene unvollkommene Arbeit zu präsentieren, noch bevor sie zu einem Opus wird, wenn du Angst hast, auf eine Reise zu gehen, dich um andere zu kümmern, davor weiter zu machen, aufzuhören, dich auszulaugen, wenn du kriechst vor der Autorität, vor kreativen Projekten plötzlich deine Kreativität vermisst, dich ständig duckst, erniedrigt wirst, Existenzangst hast, Starrheit, Furcht.
>
> Wenn du es nicht wagst, zurückzuschlagen, wenn du keine andere Wahl hast, wenn du dich nicht traust, etwas Neues zu probieren, jemandem die Stirn zu bieten, deine Stimme zu erheben, Widerworte zu geben, wenn dein Magen schmerzt oder kribbelt oder übersäuert ist, wenn du zerrissen bist, erstickt, dich zu schnell versöhnlich gibst oder zu freundlich, Rache.[2]

Die Angst spielt tatsächlich eine ungemein wichtige Rolle bei der Verwandlung, denn sie dient als Katalysator. Der Yaqui-Schamane Don Juan lehrt uns, dass die Angst zu unseren natürlichen Feinden gehört, denn wenn wir uns ihr nicht stellen, können wir keine Fortschritte machen.[3] Die Angst macht sich körperlich bemerkbar, sie holt uns heraus aus unseren Gedanken, heraus aus der Abstraktion. Wenn man bedenkt, wie schwer es uns fällt, auf unseren Körper zu hören und ihm zu vertrauen, ist es nicht weiter verwunderlich, dass Ausdrücke wie „gelähmt vor Angst" oder „versteinert vor Angst" in unserer Sprache auftauchen.

Und doch kann die Angst auch ein Verbündeter sein, wenn wir sie dazu machen. Wenn wir Angst bekommen, dann liegt das nur an der Erkenntnis, dass unsere bisherigen Erfahrungen und Ansichten eine neue Situation einfach nicht entschlüsseln können - unsere Wirklichkeit verschiebt sich, und wir haben keinerlei Kontrolle darüber. Die Angst ist der Vorbote des Wachstums, sie kündigt an, dass wir heraustreten müssen aus den Grenzen dessen, was wir bislang für die Wahrheit gehalten haben. Wenn eine Beziehung in die Brüche geht, von der wir dachten, dass sie ewig halten würde, dann ändert sich damit auch der Kontext für alle anderen Beziehungen in unserem Leben. Wenn eine Beschäftigung, die bislang unsere Lebensaufgabe gewesen ist, plötzlich ihre Bedeutung verliert und wir uns nach mehr sehnen, dann verändert sich auch unsere soziale Identität ganz dramatisch.

Die Angst ist ein Verbündeter, denn sie warnt uns, sie gibt uns Energie und hält uns wach. Wenn ich meine Hebammenschülerinnen unterrichte, sehe ich es inzwischen als meine schwierigste Aufgabe an, sie ein gesundes Verhältnis zur Angst zu lehren. Ich habe bei meiner eigenen Arbeit festgestellt, dass ich eine Wahl habe, wenn eine Situation lebensbedrohlich wird - ich kann in Panik geraten, meine Energie verschleudern und nach einem Ausweg suchen, oder ich kann mich meiner Angst hingeben und ihre gewaltige Kraft dazu nutzen, mit höchster Konzentration zu handeln. Ich habe eine Technik: Ich stelle mir einfach bildlich vor, dass ich meine Angst packe, sie unter den Arm klemme und ganz fest an meinen Körper presse; ich mache sie einfach zu meinem Partner. Um es noch deutlicher zu machen, möchte ich daran erinnern, dass das, was wir den Frauen sagen, wenn sie ihre heftigsten Wehen ertragen müssen - „Lass einfach los, lass dich einfach drauf ein, kämpf nicht dagegen an, hab Vertrauen, du schaffst das schon." - ebenso gut auf uns Geburtshelfer zutrifft, ganz besonders bei einem Notfall. Im Gegensatz dazu hatte ich oft Gelegenheit, Krankenhauspersonal dabei zu beobachten, wie sie in bedrohlichen Situationen gegen die Angst ankämpfen, wodurch sie die Krise noch verschärften, weil niemand in der Lage war, die notwendigen Schritte zu unternehmen, bis schließlich wertvolle Zeit verstrichen war.

Das Gegenmittel zur Angst ist der Mut, und der kommt direkt aus dem Herzen. Wenn wir Angst haben und trotzdem unser Herz öffnen, dann kann das ein euphorisches und berauschendes Erlebnis werden. Schon in der täglichen Auseinandersetzung mit kleineren Ängsten, die durch subtile Veränderungen in unserem

Körper angezeigt werden, können wir das Mutigsein üben. Luisah Teish hat beobachtet, dass Ängste oftmals in Wellen oder in Schüben auftreten und dabei tief verwurzelten Verhaltensmustern Ausdruck verleihen.[4] Wenn wir beispielsweise in einer Beziehung auf gewisse Stolpersteine stoßen und sie bis zu ihren Ursprüngen zurückverfolgen, begegnen wir möglicherweise noch größeren Ängsten und Abwehr, bis wir schließlich ein tieferes Verständnis erlangen und den Mut fassen, weiterzugehen.

Je öfter wir unseren Ängsten begegnen, desto angenehmer und wohler fühlen wir uns in der Nähe der Verwandlerin, wie diese Frau in den Vierzigern bestätigen kann:

> *„Die Furcht jagt mir inzwischen keine Angst mehr ein. Das hat wahrscheinlich damit zu tun, dass ich einfach genügend Erfahrungen gemacht habe, um mich sicher fühlen zu können, um zu wissen, dass ich nicht umkommen werde. Ich habe tiefes Vertrauen, ich weiß, wie es ist, wenn man in die Dunkelheit abtaucht, und ich weiß auch, wie es ist, dann wieder aufzutauchen. Ich bin mir dieses Kreislaufs bewusst, dass ich denke, ich hätte etwas hinter mir, nur um es dann immer wieder zu durchleben, aber diesmal aus einer viel mächtigeren Position heraus. Ich habe Vertrauen in diesen Vorgang - ich freue mich darauf."*

Anders als unsere alltäglichen Sorgen kann uns eine größere Krise - wie der Tod eines geliebten Menschen, das plötzliche Ende einer wichtigen Beziehung, ein schlimmer Unfall oder eine schwere Krankheit - so durcheinander bringen, dass wir über unsere Grenzen hinaus gestoßen werden, ob wir nun wollen oder nicht. In solchen Momenten spielt das Adrenalin eine gewichtige Rolle (was jedoch nicht allgemein anerkannt wird). Helen Palmer, eine anerkannte Autorität auf dem Gebiet der Intuition, verwendet ein Bild von einem Löwen und stellt es mitten auf die Straße, um zu demonstrieren, wie Schock und Schrecken uns dazu bringen, durch unsere kognitive Reaktion hindurch zu innerer Stärke und Klarheit zu finden.[5] Immer dann, wenn wir Todesangst haben, treten wir in Kontakt mit diesen Überlebensinstinkten.

Die Angst öffnet die Tore zwischen den Welten, lüftet für einen kurzen Moment den Vorhang zwischen dieser und anderen Dimensionen, manchmal sogar über einen längeren Zeitraum hinweg. Wenn wir diese Schwellen erforschen wollen, müssen wir sie wieder und wieder überschreiten, um zu sterben in dem, was uns bereits bekannt ist, damit wir unsere Verwandlung vollenden können. Eine der Frauen, die wir befragt haben, sah sich selbst auf der Stufe der Verwandlerin und erklärte uns weinend, dass sie dort feststecke. Sie fühlte sich unfähig, sich von ihrer derzeitigen Rolle als Blutsschwester weiterzuentwickeln und in die Rolle der Geliebten zu schlüpfen, was auf eine lange Geschichte sexuellen Missbrauchs zurückgeht. Hin und her schwankend zwischen diesen beiden Stufen, begann sie, in der Verwandlerin eine Möglichkeit zu sehen, ihren Übergang vollziehen zu können.

Eine andere Frau beschrieb uns, wie sie einen Großteil des Jahres im Reich der Verwandlerin verbracht hatte, nachdem ihr Mann gewaltsam ums Leben gekommen war; dann und wann kam sie heraus und konnte sich sicher fühlen in ihrer chronologischen Phase als Hebamme auf dem Weg zur Amazone. So können Erfahrungen von Verlust und Rückzug auch Perioden der Wiedereingliederung mit sich bringen, die einen allmählich zurückbringen zum normalen Leben. Dieser Vorgang wird hervorragend beschrieben im I-Ging-Hexagramm des Wendepunktes:

> Das mächtige Licht, dass verbannt wurde, kehrt nun zurück ... doch geschieht dies nicht durch Gewalt. Der Gedanke der Wiederkehr basiert auf dem Lauf der Natur. Die Bewegung ist zyklisch und der Lauf der Dinge vervollständigt sich selbst. Deshalb ergibt es auch keinen Sinn, die Dinge künstlich vorantreiben zu wollen. Alles kommt von selbst, wenn die Zeit reif ist. Das ist die Bedeutung von Himmel und Erde.[6]

Es ist kein Zufall, dass die Verwandlerin ebenso wie die Karte des Todes im Tarot auf der Position 13 liegt. In dem von Waite und Pamela Coleman-Smith gestalteten Tarot sieht man ein Skelett rittlings auf einem Pferd sitzen, das in Siegerpose mit den Vorderhufen aufsteigt. Der Reiter trägt ein schwarzes Banner im Arm, auf dem die weiße Rose des Lebens prangt. Im *Motherpeace*/Noble-Vogel-Tarot windet sich eine lebhafte, sich hautende Schlange um einige Knochenreste herum. Beide stellen den Tod und das Leben dar als „bewegliche Pole desselben Phänomens, eine Drehtür zwischen den Welten".[7]

Mit den Worten von Joan Halifax besteht die Herausforderung der Verwandlung darin, „das Mysterium zu entschlüsseln, indem man selbst zum Mysterium wird, man muss den Tod transzendieren, indem man im Leben stirbt, die Dualität durchbrechen, indem man die Gegensätze zulässt und die zerstreuten Teile wieder zu einem Ganzen zusammenfügt."[8] „Im Leben sterben" bedeutet Herabsteigen, in die Tiefen gehen und den Kern unseres eigenen Wesens begreifen. Diese Wiedervereinigung des Selbst mit dem höheren Selbst kann man nur ganz allein bewerkstelligen; Jean Bolen beschreibt das mit dem Bild eines einsamen Wanderers, der einen Wald an der finstersten Stelle betritt.[9] Wir sind richtungslos und unserer üblichen Verteidigungstaktiken beraubt und blicken nun unseren archetypischen Ängsten, unseren einander bekämpfenden, widersprechenden Aspekten ins Gesicht. Wenn wir mit dem Wiederaufstieg beginnen, vereinen wir diese „zerstreuten Teile" erneut miteinander und setzen unsere Einzelteile wieder zusammen. Ist das erst getan, erblicken wir auch wieder Licht am Rande des Waldes und finden den Weg hinaus.

Der finstere Wald der Verwandlung ist ein Ort, an dem uns Visionen heimsuchen können, wo Bilder auftauchen in unserem Geist, die uns den Weg weisen können. Schon seit dem Altertum gibt es bestimmte Symbole und Darstellungen, die mit Verwandlung assoziiert werden. Diese können in unseren Träumen und Tagträumen auftauchen, in unserer Kunst oder der Welt um uns herum. Wenn wir genau beobachten, welche Symbole uns in welchem Kontext begegnen, bekommen wir ein Gefühl für den Sinn und die Richtung, welche uns die sonst so beunruhigende Verwandlung weisen will.

Zu diesen klassischen Bildern gehört unter anderem der *Schmetterling*. Die Verwandlung der Raupe zum Schmetterling besteht aus vier Phasen, von denen jede eine metaphorische Bedeutung hat:

1. Das Ei - der Anfang, die Basis des Seins.
2. Die Larve - der Impuls zur Neugestaltung.
3. Der Kokon - Entwicklung des Neuen, Heranreifen.
4. Der Schmetterling - Auftauchen, Hinausfliegen in die Welt.

Die Phase des Eis ist eine Wiederkehr in die Gebärmutter, zurück zur Verwandlerin in Gestalt der Großen Mutter. Dies ist der Ruhepunkt, der Moment der totalen Finsternis beim Eintritt in den Wald, die Pause vor dem ersten Schritt in die Dunkelheit. Die Phase der Larve ist der erste Atemzug, die Inspiration zum Neubeginn, der Impuls, sich in Bewegung zu setzen und die Trägheit zu überwinden. Die Phase des Kokons ist die greifbar gewordene Veränderung, der Neuwerdungsprozess, der erste Schritt (und alle folgenden Schritte) durch das Land der Schatten. Die Phase des Schmetterlings ist die der Wiedergeburt, des Wiederauftauchens, des Heraustretens aus der Dunkelheit als umgeformtes, erneuertes Wesen, das sich nun der Welt zeigen will.

Das Bild des Schmetterlings wird oftmals in Zusammenhang gebracht mit Unsterblichkeit. In der christlichen Symbolik steht er für die Auferstehung. In keltischen Traditionen symbolisiert er die Ewigkeit der Seele. Auch im mykenischen Kunsthandwerk (1500 v. Chr.) begegnen uns Schmetterlingsmotive; sie stehen für die Große Mutter in all ihren vergangenen und zukünftigen Inkarnationen. Diese Darstellungen erinnern an die minoische Doppelaxt, in der sich die Fähigkeit der Großen Mutter spiegelt, sich selbst immer wieder neu zu erschaffen.

Die Schlange repräsentiert die Verwandlung durch Veränderung. Indem sie sich regelmäßig häutet, erneuert sich die Schlange routinemäßig selbst, ohne dabei ihre grundlegende Natur zu verändern. So verkörpert sie das Mysterium vom Sterben ohne Zerfall - die Macht, die Altes in Neues verwandelt, offenbart sich durch die glänzende, frische Haut der Schlange nach ihrer Häutung.

Im Mythos vom Garten Eden wird Eva von der Schlange mit dem Wissen um Gut und Böse beschenkt. Das ist die Essenz der Umwandlung: die Weisheit, das, was schädlich ist und seinen Nutzen verloren hat, in etwas Lebensspendendes und Gutes zu verwandeln. Wie Jamie Samms und David Carsons bemerkt haben, kann die Schlange uns lehren, dass „alle Dinge derselben Schöpfung unterliegen und alles, was wir als giftig erachten, können wir auch essen, einnehmen, integrieren und verwandeln, wenn wir nur das entsprechende Bewusstsein dafür aufbringen können."[10] Wollen wir echte Alternativen entdecken, müssen wir uns der Herausforderung stellen, nicht mehr zu urteilen und stattdessen die Wahrheit unserer Situation aufzuspüren, ganz gleich wie schwierig oder schlimm diese ist. Nur dann, wenn wir uns selbst ganz ohne Illusionen betrachten, können wir uns auf das freuen, was wir einmal werden könnten.

Außerdem ist die Schlange ein Symbol für Sexualität, Leidenschaft, Vitalität und Fortpflanzung. Sie steht für das Aufsteigen der Kundalini (des heiligen Feuers) entlang der Wirbelsäule bis hinauf zum Kronenchakra auf unserem Kopf - ein Erlebnis von Vereinigung, Erleuchtung und physischer Ekstase. Um die eigene Sexualität als Möglichkeit zur Verwandlung zu begreifen und zu integrieren, muss man Körper und Geist in einem heiligen Akt miteinander vereinen.

In allen Kulturen gibt es reichlich Hinweise auf die Bedeutung der Schlange als Wächterin des Mysteriums um Leben und Tod. Die Schlangenmutter der Hindus, Ananta die Unendliche, umfängt die Götter im Tode und entfacht neues Leben in ihnen. Die chinesische Schlangengöttin Mat Chinoi nährte in ihrem Bauch die Engel, welche abwechselnd die Seelen der Toten erhielten. Die indische Schlangengöttin Kadru gebar einst die Unsterblichen, die Nagas, Wächter der geheimen Lehren. Die Schlangengöttin der Ägypter war Mehen, die Verhüllende, und jede Nacht verhüllte sie den Auf-Ra (Phallus des Ra), wenn dieser in die Unterwelt reiste. Kleopatra war als „Schlange des Nils" bekannt, denn sie benutzte ihre Sexualität, um das Schicksal der Menschen zu beeinflussen.[11]

Für eine Frau ist die Schlange ein Symbol für die Verschmelzung von Sinnlichkeit und Weisheit. Der Tanz in der Dunkelheit, sich anmutig und kraftvoll durch das Ödland und die saftigen Wälder des Begehrens zu schlängeln - das gibt uns das Gefühl der Einheit mit der Großen Mutter in all ihrer Fruchtbarkeit.

Auch der Phoenix steht für Reinigung. Wenn er in Flammen aufgeht, zerstört er dabei nichts, und er ernährt sich ausschließlich von Tau, das gibt ihm einen königlichen und gleichzeitig ätherischen Anschein. Die Maya nennen ihn Quetzal, den langschwänzigen Vogel der Freiheit und des Glücks. Bei den Chinesen ist er als Fen-huang bekannt, ein Geistervogel, der sowohl männliche wie weibliche als auch solare und lunare Energien in sich vereint.[12] In der Peyote-Tradition gilt er als Symbol der Wiederauferstehung, denn er erwacht zu neuem Leben aus der Asche des heiligen Feuers.

Manchmal stecken auch wir in der Haut des Phoenix, wenn wir zum Beispiel mit einem plötzlichen Todesfall oder einem anderen Verlust konfrontiert werden. Oder auch wenn wir eine Entscheidung ewig hinauszögern, schlüpfen wir in seine Rolle, indem wir uns aus freien Stücken auf unbekanntes Gebiet begeben. So einen archetypischen „Gedankensprung" findet man in Fabeln und Volksmärchen der ganzen Welt; der Held oder die Heldin begibt sich tapfer in irgendeine lebensbedrohliche Situation und betritt so eine zeitlose Dimension, in der scheinbar alles Mögliche geschehen kann. Wenn man sich dem eigenen Schicksal hingibt, seiner Leidenschaft einfach freien Lauf lässt, dann ist das eine Verwandlung nach Phoenix-Art, die darin gipfelt, dass man seine Schwingen ausbreitet und sich prachtvoll in die Lüfte erhebt.

Eine junge Frau erklärte uns dazu:

> *„Mein Verwandlungserlebnis hat wenig mit einer sanften Metamorphose zu tun. Es war eher, als sei ich mitten in einem lodernden Feuer von Baum zu Baum gesprungen, während der Wind wie verrückt tobte und alles um mich herum zum Schwanken brachte. Ab und zu gab es eine kurze Pause, ich war dann im Auge des Sturms, ekstatisch durch die Lüfte gleitend.“*

Sich im Zustand der Trance oder der Hellsichtigkeit in einen Vogel zu verwandeln, gilt schon seit Langem als Zeichen von spirituellem Tod und darauf folgender Wiedergeburt, oder als Zeichen besonderer paranormaler Fähigkeiten. Von der trojanischen Prophetin erzählt man sich, dass heilige Schlangen ihre Ohren abgeleckt und ihr so die Gabe geschenkt hätten, die Sprache der Vögel zu verstehen und so deren visionäre Botschaften empfangen zu können. Viele Kulturen bewahren den Glauben daran, dass sich die Seele im Moment des Todes in die Lüfte erhebt und andere Reiche bereist. Eine unserer Befragten, die gerade mitten in einer abrupten Scheidung steckte, beschrieb sich selbst „wie heraus gefallen, als würde ich fliegen und nicht mehr landen können“. Sie erzählte uns auch, dass sie „Zeit in anderen Dimensionen zubringe, die sich von der gewöhnlichen Realität unterscheiden“ und beschreibt diese Erfahrung mit den Worten „so befriedigend wie Sex“. Ganz ähnlich beschreibt Jean Bolen den Dunklen Wald, nämlich als „ein Ort, an den du dich vor der gewöhnlichen Welt zurückziehst und in eine Art Zauberreich eintrittst, in dem es zwar einerseits unheimlich ist, das andererseits aber doch deutliche Elemente aufweist, in denen du selbst irgendwie *ganzer* wirst.“[13]

Wenn die Zeit gekommen ist, wieder aus der Dunkelheit herauszutreten, dann tun wir das auch. Das I Ging erzählt uns über diesen Wendepunkt „Man sollte die Dinge am Anfang sehr behutsam und vorsichtig angehen, damit die Rückkehr zu einem Aufblühen werden kann.“[14]

Wie wir bereits erwähnt hatten, ist das Schlüsselsymbol der Verwandlerin der Heilige Kessel, der in vielen spirituellen Traditionen beschrieben wird als ein magisches Gefäß, aus dem Inspiration und Wiederbelebung hervorgehen. In Babylon ist die Hüterin des Kessels Siris, die Schicksalsgöttin, welche die Wasser der Erneuerung umrührt. Die Ägypter nannten diesen Leben schaffenden Kessel den „Feuersee“. Die walisische Göttin Branwen war Hüterin des „Kessels der Erneuerung“, in welchem die Toten über Nacht wieder belebt werden konnten. Im Allgemeinen stehen der sphärische Kessel und sein wirbelnder Inhalt für „zyklische Wiederkehr, im Gegensatz zur patriarchalischen Denkweise der linearen Zeit.“[15]

In den Zivilisationen der Frühzeit repräsentierte der Kessel die Große Mutter in ihrer Rolle als Schöpferin - eine Parthenogenese* also, die sowohl dem biblischen Genesis-Mythos als auch der Urknalltheorie widerspricht. Ihr Reich war finster, flüssig und voller Potenzial, ganz ähnlich der Gebärmutter.

Diese Vorstellung von der Verwandlerin als große, kosmische Gebärmutter ist wahrscheinlich die angenehmste von allen. So wie die menschliche Gebärmutter das befruchtete Ei in sich aufnimmt, so nimmt uns auch die Verwandlerin auf, wenn wir reif sind für die Veränderung und des Schutzes und der Fürsorge bedürfen. Sie ist der sichere Hafen, ein Ort des Trostes jenseits aller Gedanken und Taten. Sie zieht uns an, so wie ein schwarzes Loch die Materie anzieht und umkehrt, sie krempelt uns komplett um und lässt uns auf der anderen Seite wieder heraus, verbessert und verwandelt.

Die elementaren Inhalte des Kessels, Feuer und Wasser, vermischen sich miteinander zum Blut des Lebens. Dies ist der Wein im heiligen Kelch, von dem man behauptet, er könne dem Suchenden die Wahrheit enthüllen. Der Kelch oder Heilige Gral ist ein weiteres Symbol für die Verwandlerin - wie in den Mythen deutlich wird, ist er ein magischer und schwer fassbarer Ausdruck ihrer Gaben an uns.

Doch neben abstrakter Symbolik bedienen sich viele spirituelle Traditionen auch ganz praktischer Hilfsmittel für die Verwandlung. Dazu gehören zum Beispiel Orakel, wie das Tarot, das I Ging und die Runen, welche die Zukunft oder den Ausgang einer Geschichte vorhersagen können, basierend auf der Wahrnehmung der gegenwärtigen Lage. Diese Hilfsmittel können uns dabei helfen, herauszufinden, wie die Muster der menschlichen Existenz funktionieren; sie dienen als symbolische Landkarten unseres persönlichen Wachstums und unserer Entwicklung, sie spenden uns Trost und inspirieren uns mit ihren archetypischen Darstellungen und Bildern von Macht und Schönheit.

Auch einige Praktiken wie Yoga, Tantra, Meditation, Atemarbeit und Trance kann man verwenden, um ganz bewusst eine Verwandlung heraufzubeschwören. Viele Eingeborenen-Kulturen nutzen außerdem rituelle Feste und Übergangsriten, um die Herausforderungen von Geburt, Reife und Tod in einen höheren Kontext zu betten. Wenn wir derartige Zeremonien in unseren eigenen Zirkeln und Gemeinschaften vollziehen, können wir so eine der größten Ängste vor der Verwandlung überwinden - verloren und allein zu sein. Welch ein Segen, welch ein Geschenk diese Hilfsmittel doch für uns sind!

Doch ebenso wie beim Handwerk, müssen wir auch hier das richtige Werkzeug für den richtigen Anlass auswählen. Es ist ganz wichtig, flexibel zu bleiben, wenn wir unsere Hilfsmittel auswählen. Wir sollten es vermeiden, immer dasselbe Werkzeug zu verwenden, besonders dann, wenn es anscheinend gar nicht mehr

---

*Anm. d. Übers.: Parthenogenese (griech. *parthenos* „Jungfrau" und Genese) ist die Geburt eines Gottes, eines Religionsstifters oder eines Helden durch eine Jungfrau.

nützlich für uns ist. Jedes Werkzeug hat seinen eigenen besonderen Wert und auch Grenzen; deshalb ist es klug, sich einen gut gefüllten Werkzeugkasten mit verschiedensten Werkzeugen zuzulegen.

Tarotkarten gehören zu diesen spirituellen Werkzeugen. Sie enthalten Lehren, die einstmals mündlich überliefert wurden und bis in die Zeit frühester Zivilisationen zurückreichen. In den alten Mysterienschulen Ägyptens, in den Weisheiten der Druiden, der Maya und der arktischen Völker finden wir immer wieder eine Betrachtung des Lebenszyklus, die symbolische Stufen von Tod und Wiedergeburt beinhaltet. Als es schließlich gefährlich wurde, derartiges Wissen mündlich weiterzureichen, schuf man Bilder, die bewahren sollten, was mit Worten nicht mehr gesagt werden durfte. Zigeuner aus Hindustan führten solche Karten in Europa ein; ihr „Spiel der Menschen" nannten sie *Faro* (von Pharao), da in ihren Karten vor allem ägyptische Figuren und Symbolik dominierten.[16]

Unsere heutigen Spielkarten basieren auf den Tarot-Farben Stäbe, Schwerter, Kelche und Scheiben (oder Münzen), welche den Farben Kreuz, Pik, Herz und Karo entsprechen. Was allerdings vollständig fehlt in unseren Kartenspielen, sind die 22 Großen Arkana, die Schlüsselbilder des Tarots. Arkana leitet sich ab von *arcanum*, dem lateinischen Wort für Geheimnis. Das Wort *Arkanum* wurde auch als Bezeichnung für Heil- und Wundermittel verwendet. Ein Gefäß, in dem alchimistische Heilmittel hergestellt werden, ähnelt somit also dem Kessel der Verwandlerin.[17] Die Großen Arkana sind die mächtigsten Karten des Tarots, denn in ihnen spiegelt sich das Erleben der Menschen in Bildern mit Titeln wie: die Mäßigkeit, die Gerechtigkeit, der Tod, die Liebenden.

Legt man die Karten in einer bestimmten Art und Weise aus, kann uns das helfen, verschiedene Aspekte einer Situation aufzuspalten und zu bestimmen, damit wir sie besser verstehen können. Die meisten Informationen erhalten wir dann vom Tarot (und auch von jeder anderen Form der Divination), wenn wir uns weniger auf unser Problem konzentrieren, sondern auf den Punkt in unserer Seele, an dem es entsteht, also auf den Kern unserer Befragung. Am besten beginnt man damit, sowohl seine Wunschvorstellungen als auch den Unglauben aufzugeben, um dann in den „Dunklen Wald" bzw. die kausale Substanz der Verwandlerin einzutreten, wo sich fernab von normalem Zeitverständnis alles selbst erklärt.

Eine hervorragende Hilfe kann uns das Tarot in Situationen sein, in denen wir uns blockiert fühlen, unfähig, vorherrschende Einflüsse von unserer wahren Bestimmung zu unterscheiden. Das Faszinierende daran ist, dass man, basierend auf der Karte, die wir zu Beginn der Lesung gewählt haben (der Signifikator), eine Entwicklungskurve erkennen kann, die zeigt, wie es überhaupt zu dieser Situation gekommen ist, in der wir uns nun befinden. Dieser Signifikator kann jede erdenkliche Karte aus dem Deck sein, und sie kann eine Person anzeigen, einen Bewusstseinszustand oder auch das Problem. Um diese Karte herum legt man dann verschiedene andere Karten, die uns zu verstehen helfen, was unserer gegenwärtigen Situation zugrunde liegt und was uns noch bevorsteht.

Mein favorisiertes Legesystem ist das Keltische Kreuz, denn es ist unkompliziert und leicht zu lesen. Der Signifikator liegt in der Mitte, dann wird der Rest der Karten dreimal gemischt, in drei Stapel geteilt und wieder zusammengefügt. Nun legt man die oberste Karte auf den Signifikator, die nächste quer über die beiden, die dritte oberhalb davon, die vierte unterhalb, die fünfte links, die sechste rechts, die siebte ganz rechts am Rand des Legesystems, die achte oberhalb von der siebten, die neunte oberhalb von der achten und die zehnte oberhalb von der neunten. Hier die Zuordnungen für die Positionen:

1. Was dich bedeckt - starke, momentane Einflüsse.
2. Was dich kreuzt - widersprüchliche Einflüsse.
3. Was dich krönt - das Ideal, welches bereits erreicht wurde oder auch nicht.
4. Was unter dir liegt - das, was bereits geschehen ist, das Fundament der Fragestellung.
5. Was hinter dir liegt - vergangene Einflüsse.
6. Was vor dir liegt - bevorstehende Einflüsse.
7. Du selbst - deine Einstellung oder dein „Selbstporträt" in dieser Sache.
8. Dein Haus - Umgebung, Familie und Freunde.
9. Hoffnungen und Ängste - bewusste und unbewusste Projektionen.
10. Was kommen wird - das Ergebnis, der Gipfel.

Für dieses Legesystem kann man jedes beliebige Deck verwenden. Meine persönlichen Lieblingsdecks sind das Waite-Deck (emotional sinnträchtige Darstellungen), das Crowley-Deck (kraftvolle, energetische ägyptische Darstellungen) und das *Motherpeace* Deck (runde Karten, matriarchale Darstellungen). Du wirst dein eigenes Lieblingsdeck finden; dennoch ist es sinnvoll, bei einem besonders faszinierenden oder schwierigen Bild noch andere Decks zu Rate zu ziehen, um dessen Bedeutung zu entschlüsseln. Mir gefällt dabei besonders gut Vicki Nobles Umgang mit den Kleinen Arkana (Farbenkarten); sie entschlüsselt zuerst die numerologische Bedeutung und beleuchtet sie dann im Zusammenhang mit der jeweiligen Farbe. Zum Beispiel erklärt sie, dass alle Fünfen für Kampf stehen, um dann fortzuführen, dass dieser Kampf in der Farbe der Kelche einen emotionalen Verlust betrifft, wohingegen er sich bei den Schwertern als Demütigung und mentale Niederlage äußert. Die Achten stehen für Veränderung, deuten aber in Zusammenhang mit den Stäben an, dass es sinnvoll wäre, ein großes Risiko einzugehen; im Kontext der Scheiben allerdings stehen sie für das Ziel eines sicheren Lebensunterhaltes.

Man kann das Deuten des Tarots ein wenig vereinfachen, indem man nur eine Karte zieht, vielleicht auch drei, repräsentativ für Vergangenheit, Gegenwart und Zukunft. Eine Frau berichtete uns:

„Jedes Jahr ziehe ich an meinem Geburtstag drei Tarotkarten als Wegweiser für das kommende Jahr. Ich sehe sie mir im Laufe des Jahres immer wieder an, um zu schauen, was sie mir über das sich stetig wandelnde Jetzt sagen können. Immer wieder geben sie mir Zeichen, weisen mir den Weg oder bringen Licht in eine Sache, bei der ich sonst im Dunkeln tappe.

In diesem Jahr habe ich alle Karten auf dem balinesischen Tempeltuch ausgebreitet, in das ich sie immer einwickele, bevor ich sie in einen schwarzen Samtbeutel lege. Am Nachmittag habe ich sie verwischt, wieder eingepackt und bin dann zum Labyrinth gegangen, das sich auf meinem Grundstück befindet. Ich bin immer wieder im Kreis gelaufen mit der Absicht, die Karten auszuwählen, die mich am besten durch die kommenden Monate begleiten und mir wahre Einblicke gewähren würden. Als ich in der Mitte des Labyrinths angekommen war, setzte ich mich in der warmen Wintersonne nieder, breitete das Tuch aus und nahm die Karten in die Hand. Ich benutze das Stormrider-Tarot, das meine Freundin Requa Tolbert entworfen hat. Die erste Karte, die ich zog, war das Muster: „Was der Geist verehrt ... Welle, Kreis, Spirale, Verzweigung, Mosaik. Der Pfad in die Wildnis, der Spalt zwischen den Welten.“

Gegen Ende jeden Jahres blicke ich zurück und schreibe über meine Karten. Es war ein Jahr voller Muster, die nicht mehr funktionierten. Ich habe versucht, einige von ihnen zu durchbrechen. Der kleine blaue Spalt zwischen den Felsen, das Licht des Tages, das Ende des Tunnels - all das sind Muster, die mich aus einer tiefen Depression heraus getragen haben ins Licht. Muster können so verführerisch sein, so süß, sie fühlen sich so sicher an in ihrer Vertrautheit. Das Muster eines Hauses zum Beispiel, in dem ich selbst im Dunkeln umherlaufen könnte, ohne mich irgendwo zu stoßen. Ein Haus, in dem ich jeden Zentimeter schon einmal mit den Händen berührt habe - gestrichen hab ich es, tapeziert, oder zumindest geputzt. Doch dieses Muster, an diesem Ort zu leben, wo ich schon mein ganzes verheiratetes Erwachsenenleben lang wohne, hat nun etwas Klaustrophobisches angenommen. Ich höre mich selbst schreien: „Ich will das nicht mehr!“ Natürlich hat das rein gar nichts *zu tun mit meiner Menopause, oder damit, dass meine beiden Mädchen nun erwachsen sind, oder mit den grauen, Gelenk reißenden, kalten kalifornischen Wintern, oder damit, dass meine Freundin Deborah mir ganz unerhörte Emails über ihr einjähriges Abenteuer in der Mongolei schickt, oder mit meiner Busenfreundin, die nun ihren Körper verlassen hat (wenn wir schon davon reden, Muster zu überwinden!).*

Oh nein, es hat überhaupt nichts *damit zu tun, dass ich im Herzen eine Zigeunerin bin - eine Zigeunerin, die schon viel zu lange ihren Planwagen nicht bewegt hat.“*

Es ist von größter Bedeutung, dass wir zu erkennen lernen, wann wir den Drang verspüren, mit unserem Orakel zu verschmelzen, den richtigen Moment abzupassen, wenn Neugier und Aufnahmebereitschaft am höchsten sind. Manchmal ist es nicht leicht, zu akzeptieren, was wir da sehen, und die Versuchung ist groß, es einfach noch mal zu probieren. In so einem Moment ist es wahrscheinlich am besten, die Karten wegzuräumen und die Bilder erst einmal zu vergessen, bis sie nicht mehr so schmerzlich lebendig sind. Ist eine Deutung aber sehr positiv und bestätigend, kann man dieses Gefühl länger genießen, indem man die Karten einfach in der richtigen Reihenfolge oben auf den Stapel legt, wo man sie jederzeit herausnehmen und noch einmal betrachten kann. Manchmal brauchen die Bilder auch eine längere Zeit, um sich einzuprägen, dann kann man die gelegten Karten auch einfach liegenlassen und sie sich immer wieder einmal ansehen.

Es kann ganz interessant sein, wenn eine Freundin, der du vertraust, für dich das Tarot liest. Du wählst den Signifikator aus, mischst die Karten und teilst sie, lässt sie dann aber von deiner Freundin auslegen und interpretieren, während du selbst dich einfach nur zurücklehnst und zuhörst. Das kann zu einem sehr starken, verbündenden Erlebnis werden, das die Intimität zwischen euch beiden noch verstärkt.

Das I Ging oder *Buch der Wandlungen* ist das A und O unter den Orakeln, denn es klärt und beleuchtet die wahre Natur einer Situation oder eines Problems. Im Gegensatz zum Tarot konzentriert sich das I Ging auf die sich vollziehende oder kurz bevorstehende Veränderung und macht deutlich, wie eine bestimmte Handlungsweise oder bestimmte Vorstellungen sich zum Guten oder auch zum Schlechten wenden können. Bei diesem Orakel werden drei Münzen wie Würfel geworfen und bilden dann, je nachdem, ob Kopf oder Zahl sichtbar werden, eine vollständige oder eine unterbrochene Linie. Bei sechs Würfen ergeben sich die sechs Linien, die das Hexagramm (oder die Legung) bilden. Wenn in der Linie nur Köpfe oder nur Zahlen auftauchen, dann nennt man das eine Veränderungslinie, für die es im Text eine spezielle Interpretation gibt. Außerdem verwandelt sich jede Veränderungslinie auch in ihr Gegenstück - ist sie unterbrochen, dann wird sie stabil, ist sie stabil, wird sie unterbrochen werden. Daraus ergibt sich ein neues Hexagramm, welches beschreibt, was geschehen kann, wenn wir den Anweisungen, die uns unsere Veränderungslinie anzeigt, folgen (oder aber an unseren Fehlern festhalten). Insgesamt gibt es 64 Hexagramme, innerhalb derer acht elementare Trigramme existieren:

1. Das Schöpferische - Himmel.
2. Das Empfangende - Erde.
3. Das Erregende - Donner.
4. Das Entsetzliche - Wasser.
5. Das Sanfte, Durchdringende - Wind.
6. Das Fröhliche - See.
7. Stillhalten - Berg.
8. Das Umklammernde - Feuer.

Die Kombination zweier dieser Trigramme innerhalb eines Hexagramms erzeugt eine visuelle und energetische Bildsprache, ebenso wie die Platzierung jedes einzelnen - also welches Trigramm oben, welches unten liegt.

Das I Ging existierte schon, bevor die Geschichtsschreibung begann, obwohl über die Jahre noch viele chinesische Weise und politische Führer ihre Kommentare beigefügt haben. Der erste, der so seinen Beitrag leistete, soll Fu Hsi gewesen sein, eine legendäre Figur, die für die Ära des Jagens, Fischens und der Erfindung des Kochens steht. Doch die Namen der acht Trigramme entsprechen keinem der chinesischen Dialekte; das ursprüngliche Werk kann also seine Wurzeln ganz woanders haben.[18] Das Buch wurde zwar Jahrhunderte lang für Weissagungen an der Straßenecke benutzt, doch es gilt in erster Linie immer noch als ein Buch der Weisheit. Wenn wir allein nur die Hexagramme lesen und die Bilder betrachten würden, die sie erzeugen, würden wir uns Gedanken machen um die Anmerkungen, die es für jedes Hexagramm gibt, dann würden wir weit mehr über die Natur und die Gesundheit des Menschen erfahren, als wir normalerweise von einem einzelnen Buch erwarten dürften. Wenn wir weise mit seinen Lehren umgehen und sie für unser persönliches Wachstum nutzen, dann gehört das I Ging wahrhaftig zu den besten Verbündeten, die wir kriegen können.

Die angesehenste und bekannteste Übersetzung stammt von Richard Wilhelm und Cary Baynes (mit einem Vorwort von Carl Gustav Jung), doch einige Frauen können sich mit der konsequent verwendeten sexistischen Terminologie nicht anfreunden. Eine Alternative wäre das *I Ging für Frauen* von Diane Stein. Ich persönlich arbeite nun schon seit fast dreißig Jahren mit dem I Ging und habe festegestellt, dass die Führung, die es mir schenkt, gerade in Zeiten des Zwanges, in denen es mir an Objektivität mangelt, von unschätzbarem Wert ist.

Eine nordische Form der Divination sind die Runen, verbreitet durch den Gott Odin, der sich auf der Suche nach der Wahrheit selbst neun Tage lang in einen Baum hängte, um Erleuchtung zu erfahren. Während dieser Tortur erblickte er Muster zwischen den Ästen, die sich zu 25 jeweils gekreuzten Formen zusammenfügten. Diese Runen gibt es in Steine oder Holz geritzt, und man kann sie blind aus einem Säckchen ziehen und auslegen, wo sie dann verschiedene Lebenssituationen oder spirituelle Aufgaben darstellen. In Zeiten inneren Aufruhrs wirken die Runen sehr eindeutig und bekräftigend, heilsam und tröstend in ihrer Aussage. Es erfordert keinen besonderen Mut oder innere Stärke, wenn man die Runen befragen will; sie gewähren eine sehr eindeutige und nachsichtige Interpretation menschlicher Schwächen und Probleme. Das könnte zurückzuführen sein auf das große Opfer und die Qualen, die Odin auf sich genommen hat, um die Runen zu erhalten; als Gehängter zahlte er den Preis dafür, dass die Runen das Leid der Menschen lindern sollten.

Das Wort Rune rührt von dem gotischen *runa* her, was soviel bedeutet wie „etwas Geheimes, ein Rätsel". Wie Ralph Blum, Autor von *The Book of Runes*, beschreibt, ist der eigentliche Zweck des Runenorakels, dass wir selbst uns eine

Karte unseres eigenen Schicksals zeichnen können: „So wie die Wikinger die Runen dazu verwendeten, ihre Schiffe unter dem von Wolken verhangenen Himmel hindurch zu navigieren, so können auch wir heute die Runen nutzen, um den Lauf unseres Lebens zu verändern. Eine winzige Abweichung vom Kurs, nur wenige Grade, am Beginn einer Reise, hat zur Folge, dass man dann auf See eine vollkommen andere Position ansteuert."[19]

Die einfachste Methode, die Runen zu nutzen, ist, eine einzelne Rune zu ziehen. Es gibt Legesysteme, die mehr in die Tiefe gehen, doch auch eine einzige Rune gibt schon weiten Einblick. Der fühlbare Aspekt bei der Verwendung der Runen gründet sich aus sich selbst: man fährt solange mit der Hand durch die Steine, Holzscheiben oder Geweihstücke in ihrem Beutel, bis schließlich eins davon plötzlich wichtiger scheint und rein nach dem Gefühl ausgewählt wird. Die Zeichnungen darauf sehen aus wie alte Hieroglyphen. Man liest sie auf eine Weise, die weit über die lineare Natur der zeitgenössischen Sprache hinausgeht. Als Symbole für Durchbruch, Ganzheit, Schutz, Zwang, Initiation, Partnerschaft und Ernte erwecken die Runen präkognitive Urerinnerungen und ein Gefühl von Achtung für den Naturstoff, aus dem diese Symbole hervorgingen.

Bemerkenswert ist, dass die meisten Runenwerfer der Germanen und Wikinger Frauen gewesen sind. Der anonyme Autor der *Saga von Erik dem Roten* (13. Jahrhundert) beschreibt sehr eindrücklich eine solche Meisterin der Runen:

> Sie trug einen Mantel, am Saum besetzt mit Steinen. Um ihren Hals, ihren Kopf bedeckend, schlang sich eine Kapuze, die mit weißem Katzenfell gesäumt war. In der einen Hand hielt sie einen Stab mit einem Knauf am Ende, und an ihrem Gürtel, der ihr langes Kleid zusammenhielt, hing ein Zauberbeutel.[20]

Die Runen sind trügerisch leicht zu lesen, denn sie erzeugen eine kindliche Direktheit in unserer Wahrnehmung. Wann immer wir das Bedürfnis haben, etwas deutlich zu machen und das Durcheinander belangloser Informationen zu beseitigen, können die Runen uns dabei helfen.

All diese Werkzeuge haben eines gemeinsam - sie dienen dazu, einen Trancezustand herbeizuführen, in dem sich unser Bewusstsein über die einfache lineare Wahrnehmung hinaus ausbreitet. Im Allgemeinen beschreibt man die Trance als einen Zustand vollständigen mentalen Abtauchens in eine Welt irgendwo zwischen Wachen und Schlafen; tiefstes Nachsinnen, Verzückung. Das Wort „Trance" und das Präfix *trans-* haben dieselbe Wurzel, die im Lateinischen soviel heißt wie *kreuzen*, *übermitteln*. Unsere Sprache fügt dem noch weitere Bedeutungen hinzu, wie *hinübergehen*, *über etwas hinausgehen*, *etwas ändern*, was sich in den Worten *transferieren*, *transformieren*, *transmutieren* widerspiegelt. Im Grunde genommen steckt in jedem Wort mit der Vorsilbe *trans-* etwas von der Energie der Verwandlerin (Transformerin), welche gleichzeitig das Medium als auch die Methode der Veränderung darstellt.

Wir können die Verwandlerin ganz bewusst herbeirufen, indem wir uns in einen Trancezustand begeben. Wir müssen nicht erst auf Todesangst oder eine Lebenskrise warten, die uns in ihre Arme treibt. Trancezustände vertiefen und verstärken den Einfluss der Verwandlerin, sie sind der Nährboden für ihren anhaltenden Input.

Eine weitere Methode, die Verwandlerin hervorzulocken, ist eine *Visionssuche.* Dabei macht sich der/die Suchende für einen längeren Zeitraum von den alltäglichen Anforderungen frei in der Hoffnung, Inspiration und Führung zu finden. Die Visionssuche stammt von den amerikanischen Ureinwohnern, traditionell sucht man dabei einen einsamen Ort auf, an dem man dann fastet oder sich anderweitig reinigt, ehe man im Gebet all jene Geister, Verbündete oder Gottheiten anruft, die man gut kennt und denen man vertraut. Dieser Vorgang ist auch als Rückzug/Zuflucht bekannt - das Beste, was man tun kann, wenn man chronisch müde, traurig oder sehnsüchtig ist. Während dieser Zeit der Abtrennung können wir einmal bewusst in die Unterwelt hinabsteigen, um die Verwandlung ganz direkt herbeizurufen. Und während unserer Rückkehr oder unseres Aufstiegs können wir unsere Wirklichkeit selbst neu weben und erschaffen. Hier das Erlebnis einer Frau:

„An meinem vierzigsten Geburtstag beschloss ich, auf eine Visionssuche zu gehen, um den Beginn der zweiten Hälfte meines Lebensweges zu ehren. Ich habe diese Suche sehr ernst genommen, denn ein Freund hatte mich vorher gewarnt, wenn ich mich für derartige Lektionen öffnete, würden sie dann auch auf mich einstürmen, und einige davon wären vielleicht nicht sehr erfreulich. Ich wusste nicht wirklich, was ich mir davon versprach - ich war ein Großstadtmädchen und nicht daran gewöhnt, im Wald zu schlafen, deshalb würde es zumindest eine Herausforderung werden, dachte ich mir.

Ich machte mich auf in einen dunklen, unbekannten Wald nahe der Küste von Oregon. Ich lief bis zur Dämmerung, bis ich eine Lichtung fand, wo die Kiefern in einem perfekten Kreis standen, mit einer Vertiefung in der Mitte, die genau die Größe meines Körpers hatte, wie ein Nest. An dieser Stelle habe ich mich ganz nackt hingelegt, auf einem weichen Bett aus Kiefernnadeln und Moos. Ich schloss meine Augen und bat um Führung. Auch bat ich die Kiefern um Erlaubnis, diesen heiligen Ort mit ihnen teilen zu dürfen.

Als mein Atem ruhiger wurde, beschlich mich ein unheilvolles Gefühl - ein paranoides Gefühl, das schnell zu einer ausgewachsenen Panikattacke wurde. Mein Herz hämmerte gegen meinen Brustkorb, dann riss ich meine Augen auf und sah undeutlich die höchste Kiefer über mir, die haargenau so aussah, wie der Baum, unter dem sich einige Jahre zuvor mein Freund, mit dem ich eine Menge Ärger und ungelöste sexuelle Probleme hatte, das Leben genommen hatte. Ich fühlte mich klaustrophobisch, und als ich meine Finger in die Erde gruben, um aus dem Loch zu kriechen, umschlossen sie eine Patrone für eine Schrotflinte - genauso eine, wie sie mein Freund genommen hatte. Heilige Scheiße! So war das aber nicht abgemacht! Meine Angst steigerte sich zu einem Brechreiz. Ich war starr vor Angst und fühlte mich, als würde ich in der Erde versinken, und mein Nest wurde zu einem Grab. Ich glaube, für eine Weile war ich tatsächlich bewusstlos; meine Lippen, Arme und Beine waren taub vom Hyperventilieren. Doch dann floss langsam etwas Mildes durch mich hindurch - ein warmes Pulsieren in meinem Körper, das sich fast elektrisch anfühlte. Die Erde, beruhigend und tröstlich, war dabei, mich zu heilen. Ich hatte das Gefühl, als sänke ich in ihren weichen Körper, in ihren Bauch. Und dann weinte ich vor lauter Hingabe und Seligkeit.

Mein Körper wurde zur Erde. Als ich hinaufblickte zur Milchstraße, konnte ich endlich sterben - es starben all das Leiden und die Schuldgefühle, die ich mit mir herumgetragen hatte, mein altes Wesen starb in mir. Neue Perspektiven strömten nun auf mich ein, bis ich schließlich vor Erschöpfung einschlief. Als die Vögel über mir ihr Morgenlied anstimmten, krabbelte ich langsam und steif aus meinem Nest und machte mich auf zum Strand. Der Dunst über dem Wasser ließ die Landschaft prähistorisch erscheinen, wie Nebel aus längst vergangenen Zeiten. Ich weinte über die Schönheit und die Liebe, die in mir aufblühten, und ich weinte vor Freude über meine Wiedergeburt."

Im Gegensatz zu obiger Schilderung finden die meisten Visionssuchen gewöhnlich unter der Leitung eines erfahrenen Vermittlers statt. Der ganze Prozess ist gut strukturiert, so dass es nur äußerst selten zu einer solchen Desorientierung kommt wie oben beschrieben. Eine Visionssuche kann zehn Tage oder länger dauern, man kann sie aber sicherlich auch kürzer gestalten, wenn man nicht so lange von der Arbeit oder den täglichen Pflichten entbunden werden kann. Einen ähnlichen Effekt hat es schon, wenn wir einfach mal das liegenlassen, was wir gerade getan haben, und irgendwo hinfahren oder wandern gehen. Der Lehrer und Philosoph George Gurdjieff hat seine Schüler immer wieder daran erinnert, dass ein Schlüssel zum Wachbleiben (im Leben) darin bestand, sich neuen Eindrücken auszusetzen. Er liebte das Reisen und war dafür bekannt, dass er sich mit unbekanntem Fahrtziel in einen Zug setzte, um seinem dringenden Bedürfnis nachzugeben, sich selbst durcheinander zu bringen.

Das Reisen ist der moderne Versuch einer Visionssuche, besonders dann, wenn man sich keinen speziellen Plan macht und einfach auf den Nebenstraßen drauf los wandert. Wenn wir nicht darauf aus sind, sämtliche Höhepunkte und Sehenswürdigkeiten mitzunehmen, bekommen wir einen Eindruck von dem, was der Autor Ed Buryn mit *Vagabundieren* meinte.[21] Das Vagabundieren ähnelt dem Umherziehen. Es ist eine Art nomadischen Wanderns, ohne Plan oder Ziel. Eine Frau, die wir befragt haben, erzählte uns von einer Übergangsphase in ihrem Leben, in der sie ununterbrochen umzog - sie hatte zwar noch einen festen Wohnsitz, verbrachte dort allerdings sehr wenig Zeit und zog stattdessen vom Sofa (oder Gästezimmer) der einen Freundin zum Sofa der nächsten, machte Ausflüge aufs Land und freute sich der ungewöhnlichen Erfahrungen, die sie machte (ganz ähnlich wie jene Frau, die wir bereits zu Wort kommen ließen, die nicht wusste, wo sie landen sollte und sich ganz wohl damit fühlte). Das Vagabundieren ist sowohl eine Metapher für als auch ein Mittel zur Verwandlung, wohingegen das herkömmliche Reisen nicht viel mehr ist, als die Verlagerung altbekannter Muster und Hemmungen an einen anderen Ort, die durch den Reisestress nur noch extremer wird. Kein Wunder, dass wir nur allzu oft erschöpft sind, wenn wir aus dem Urlaub kommen! Das Vagabundieren dagegen verjüngt, denn es ist interaktiv und eine Herausforderung. Es hilft uns dabei, flexibler zu werden und fördert den Mut zur Veränderung.

Wenn wir Vagabunden werden wollen, müssen wir lernen, ein Gleichgewicht zu finden zwischen Arbeit (Konzentration) und Spiel (Entspannung), damit wir das Lustprinzip eines „Veränderungsagenten" erfahren können. Das birgt allerdings auch ein gewisses Risiko, bedenkt man die frustrierenden und scheinbar negativen Erlebnisse, die einem auf der Straße begegnen können. Man kann sie entweder als Blockaden empfinden oder aber darin eine wunderbare Gelegenheit erkennen, die Richtung zu ändern - ein Crashkurs in Transmutation sozusagen. Das ist Schlangenmedizin: Das Gift wird geschluckt und dadurch unschädlich, ja sogar nahrhaft gemacht. Um es auf den Punkt zu bringen: Vagabundieren ist eine höchst effektive Möglichkeit, fest verankerte Verhaltensmuster aufzuspüren, um dann die Mythologie der eigenen Persönlichkeit neu zu schreiben.

Dasselbe gilt auch für die Sexualität als Mittel zur Transmutation und Transzendenz. In Kapitel 8 werden wir uns mit der Alchimie des Sex und der heiligen Hochzeit des Weiblichen mit dem Männlichen beschäftigen, wie es die philosophischen Schriften des Tantra lehren. Barbara Walker definiert das Tantra als „System der Yoni-Verehrung, ein frauenzentrierter Sexualkult", der vor Tausenden Jahren gegründet wurde von den Vratyas, die später als die Tempelhuren bekannt wurden. Die Hauptlehre des Tantra ist, dass die Frau das spirituelle Zentrum hütet; deshalb muss der Mann sich sowohl sexuell als auch emotional mit ihr vereinigen, um Erleuchtung zu erlangen. Bekannt ist der heilige tantrische Ritus des *coitus reservatus* oder *maithuna*, doch Tantra kann man auch praktizieren, indem man den Geschlechtsverkehr bewusst in die Länge zieht, so dass sich das Verlangen zur Ekstase steigert - und dabei ist auch die Ejakulation erlaubt. Frühe gnostische Christen nannten ihre Religion *Shaktismus* oder Shakti-Weg. Wörtlich übersetzt bedeutet Shakti „kosmische Energie" und entspricht auch dem indischen Wort für Yoni. Eine Shakti war eine Geist-Frau oder ein weiblicher Schutzengel, gleichzeitig körperlich wie auch unsterblich. Die endgültige Vereinigung mit Shakti erfolgte im Moment des Todes.[22]

Eine unserer Befragten beschäftigt sich aktiv mit tantrischen Praktiken, wobei sie sowohl ihren Partner als auch einen größeren Kreis von Vertrauten mit einbezieht. Hier einige ihrer Anmerkungen:

> *„Beim Tantra schaust du dir wirklich jeden einzelnen Punkt einer Sache an, jedenfalls dann, wenn du lange genug dran bleibst. Dass wir uns in den letzten beiden Jahren so viel näher gekommen sind, liegt unter anderem daran, dass mein Mann die Nase voll hat von den Spielchen, die Männer so oft spielen - obwohl er sie selber noch manchmal spielt - und sich mit mir eher auf einer seelischen Ebene verbindet, mich anders betrachtet, als es eine männliche Definition gebietet. Er bemüht sich jetzt mehr um eine weibliche Perspektive, wir beide tun das. Das bedeutete für mich, dass ich mich von kulturellen Vorurteilen verabschieden musste, die mir sagen wollten, wie nah ich mir selbst oder anderen Frauen wirklich kommen kann. Was ich am Tantra so mag, ist der rituelle Raum, in dem man mit anderen Paaren arbeiten kann und das Geschlecht an Bedeutung verliert. Wir sehen uns eher als androgyne Wesen, damit umgeht man männlich-weibliche Gegensätze und richtet den Blick mehr auf die männlichen und weiblichen Teile in jedem einzelnen Menschen und darauf, ob diese sich im Gleichgewicht befinden oder nicht. Mit Frauen ist das einfacher, denn die meisten Männer haben kein Verhältnis zu ihrer weiblichen Seite, und halten sie schon gar nicht in Ehren.“*

Eine andere Frau in den Fünfzigern sprach mit uns darüber, wie sie lernte, ein sexuelles Verhältnis zu sich selbst aufzubauen:

> *„Ich hatte mich von meinem Partner getrennt, so richtig entfremdet, und wenn meine Traurigkeit am heftigsten war, hatte ich ein Verlangen danach, mir selbst auf sexueller Ebene zu begegnen - wenn der Wein mich nicht mehr befriedigt hat, sehnte ich mich nach Sex mit mir selbst. Und damit fühlte ich mich wesentlich besser, denn ich berührte mich nun, anstatt mich zu betäuben, ich wurde lebendig, anstatt tot herumzusitzen. Als ich das entdeckte, bekam ich auch ein Gefühl dafür, wie ich mich besser um mein Leben kümmern konnte, auch um mein Sexualleben. Ich beobachtete mich selbst, wie ich mit mir ins Gespräch kam, wie ich mir selbst eine immer bessere, einfühlsamere Liebhaberin wurde - das war wirklich interessant. Denn es geht darum - was ich wirklich hören möchte ... was ich wirklich ins Ohr geflüstert kriege, wenn ich komme.“*

Neben den emotionalen kann man auch viele der körperlichen Freuden des Sexes - das Aufgeben der Spannung, Tranceatmung, vollkommene Entspannung - in Bewegungstherapien wie Yoga, Tai Chi und anderen Kampfsportarten sowie verschiedenen athletischen Sportarten wieder finden. Jede dieser Künste kann man in einem meditativen Geisteszustand ausüben, mit Blick auf die Transzendenz.

Trancetanz ist eine weitere Möglichkeit, die besondere Aufmerksamkeit verdient. Im Laufe der Jahrtausende haben die Frauen verschiedene Formen des Tanzens entwickelt, welche die Transzendenz leichter machen sollen, ganz gleich, ob man alleine tanzt oder in einer Gruppe. Die Tänze der Urvölker, wie afrikanische

Tänze, keltische Reigentänze, Bauchtanz und der hawaiianische Hula sind voller Zauber in ihren Bewegungen. Im Einklang mit den einzigartigen Klängen traditioneller Musik, spüren wir, wie unser Körper sich auf eine Weise bewegt, die erstaunlich subtil anmutet, ausdrucksstark oder gänzlich ungewöhnlich, dann ist es nicht mehr schwer, in Trance zu geraten und sich in Ekstase zu steigern.

In Kulturen, die eine Göttin verehrten, war das Tanzen Teil des Alltags und die wichtigste Methode, um Energie heraufzubeschwören - für die Kunst, die Arbeit oder die Heilung. Doch der Tanz musste nicht immer einer bestimmten Struktur folgen; oftmals waren es ganz einfach spontane Bewegungen, angeregt durch tiefe Gefühle oder Leidenschaft. Diese Art von Tanzen ist mir am vertrautesten; genau das tue ich, wenn mir nichts anderes mehr einfällt, was meiner unendlichen Traurigkeit, meinem Ärger oder meiner Freude Ausdruck verleihen könnte. Manchmal zünde ich mir dazu ein paar Kerzen an und schaffe eine zeremonielle Stimmung, manchmal tanze ich einfach nackt vor einem Spiegel - es vertieft meine Trance, wenn ich die Veränderung meiner Bewegungen beobachten kann. Je intensiver ich mich beobachte, desto tiefer wird meine Trance.

In einigen Eingeborenenstämmen gibt es bis heute etwas, das die Anthropologen „Besessenheitskult“ nennen, wobei ältere Frauen ihr Wissen weitergeben, indem sie junge Mädchen in einen Heilkreis aufnehmen. In Gegenden, wo das Patriarchat die Oberhand hat, verschleiert man diesen Prozess, indem man vorgibt, die Mädchen seien von bösen Geistern besessen und müssten nun von erfahrenen Frauen erlöst werden. Das Hauptmerkmal dieser weit verbreiteten Praxis ist die Ekstase; jede im Kreis nimmt die Geister in sich auf und tanzt sich wieder von ihnen frei, was zur Heilung führt. Solche Feiern der ekstatischen Kräfte der Frauen werden von den Männern dieser Kulturen akzeptiert, denn sie fürchten und achten die Magie und räumen den Frauen wegen ihrer offenbare Begabung dafür gewisse Privilegien ein.[23]

Eine weitere Komponente des Trancetanzes ist der Trancegesang - man lässt jeden Ton, jedes Wort, Leid, Ruf oder Schrei, der in einem aufsteigt, einfach heraus als Reaktion auf die Bewegung. Der Gesang selbst ist eine Hilfe, um in Trance zu gelangen; er ist klassischer Bestandteil bestimmter Meditationsarten. Die Geräusche, die wir ganz spontan erzeugen, wenn wir Liebe machen, wenn wir großes Leid oder Schmerzen ertragen müssen, wenn wir gebären oder etwas Wunderschönes erblicken, sind Ausdruck unserer allertiefsten Gefühle. Wenn wir in Trance ähnliche Geräusche machen, verbindet uns das mit dem Kern des menschlichen Erlebens, und wir sind der Basis unseres Wesens näher denn je.

Noch ein weiterer Weg zur Verwandlung ist die *Atemarbeit.* Trance erzeugende Atemübungen findet man in zahlreichen Kulturen, außerdem sind sie Bestandteil verschiedenster spiritueller Traditionen. Die Trance-Atemarbeit verändert die chemischen Abläufe im Körper; sie verändert die Sauerstoff- und Kohlendioxidwerte, wodurch sich auch das Bewusstsein verändert.

Es gibt mehrere Methoden der Atemarbeit; ich möchte zwei davon vorstellen. Die erste, man nennt sie Rebirthing, ist ein langsames, bedächtiges Muster der Zirkulationsatmung, wobei weder das Einatmen noch das Ausatmen unterbrochen werden. Die Atmung wird nicht unterbrochen, sie ist rund. Diese Technik ruft eine tiefe Entspannung hervor und einen feinen, scharfsinnigen Geisteszustand. Die Übung ist überaus erfrischend, reicht in große Tiefen hinab und eignet sich hervorragend, wenn man seine Fähigkeit zur Konzentration verbessern möchte. Menschen, die diese Atemtechnik praktizieren, berichten von angenehmen, sanften Erfahrungen. Ich habe sie einmal mit einem Liebhaber angewendet und bekam Visionen von zwei Schlangen, die sich in perfekter Synchronizität um einen Stab herum wanden und einander bei jedem Ausatmen begegneten. Später habe ich in einem alchimistischen Text gelesen, dass Zwillingsschlangen um den Stab des Lebens gewunden ein Symbol für gleichgewichtiges sexuelles Zusammenspiel darstellen.

Die zweite Atemtechnik wirkt sich etwas dramatischer aus. Sie ähnelt der Feueratmung der Kundalini und dem Holotropen Atmen, die durch den Psychotherapeuten Stan Grof bekannt gemacht wurde.[24] Diese Technik besteht aus gezwungenem Einatmen und kurzem, spontanen Ausatmen; das führt zur Hyperventilation und zur Ausschüttung von DMT (eine biochemische Substanz, die Visionen hervorruft) im Gehirn und der Wirbelsäule. Vereinzelt können auch Muskelkrämpfe auftreten. Als ich die Technik zum ersten Mal ausprobierte, verspürte ich große Schmerzen an einer bestimmten Stelle meines Armes, mit der ich schon Schwierigkeiten hatte, als ich mich vor Jahren einmal mit Rolfing* hatte behandeln lassen. Doch jetzt erst war ich in der Lage, an die Wurzeln meines Traumas zu gelangen. Nonverbale Offenbarungen rauschten durch meinen gesamten Körper; ich hatte das Gefühl, als würde ich auf zellulärer Ebene neu geschrieben.

Es ist besser, wenn man für diese Arbeit einen erfahrenen Helfer oder Partner hat, besonders beim ersten Mal. Dann können beide sich abwechseln - der eine atmet, und der andere passt auf. Wenn du gerade aufpasst, dann berühre deinen Partner möglichst nicht, auch dann nicht, wenn er brüllt und schreit; das sind ganz normale Reaktionen auf die Intensität dieser Arbeit. Eine Berührung, ganz gleich wie sanft und gut gemeint sie auch ist, kann seinen Durchbruch behindern oder sogar verhindern. Wenn der Durchbruch erfolgt ist, wirst du eine spontane Veränderung der Atmung und des Gesichtsausdrucks bemerken, einhergehend mit tiefer körperlicher Entspannung und ekstatischem Gebaren.

Meine erste Erfahrung mit dieser Arbeit markierte einen Wendepunkt in meinem Leben. Ich fühlte mich damals richtungslos und unsicher, was meine Aktivitäten anging, wusste jedoch nicht, warum das so war und was ich verändern musste. Als ich mit dem Atmen begann, verspürte ich nichts als Qualen und versuchte beständig, einen Weg zu finden, um meinem Schmerz zu entrinnen oder durch ihn hindurch zu kommen. Als Carol (sie führte mich durch die Übung) mir bedeutete, ich solle mich entspannen, lernte ich eine Lektion, die das Leben mich schon so oft lehren wollte, nämlich dass der direkte Weg nicht immer der kürzeste oder der beste ist. Nachdem ich also aufgegeben hatte, brach ich durch in ein visionäres Reich. Ich steckte im Körper eines Tieres - ich spürte, wie ich durch zerklüftetes Gelände rannte, unglaublich schnell und souverän, da dämmerte mir, dass ich zu einem Wolf geworden sein musste. (Das war übrigens lange vor Erscheinen des Buches *Die Wolfsfrau. Die Kraft der weiblichen Urinstinkte*). Schließlich gelangte ich auf eine Lichtung, wo gerade ein Rat abgehalten wurde; mehrere Wölfe saßen dort in einem Halbkreis versammelt und sahen mich an. Eine Wölfin kam auf mich zu und mit ihrem Gesicht ganz nah an mich heran. Sie sagte nichts, doch ihre Augen erzählten mir die Geschichte meines Schicksals und beruhigte mich, dass ich meinen Platz in diesem Leben gefunden hatte. An dieser Stelle sagte Carol ganz leise zu mir, dass ich nun vielleicht einem Totemtier begegnen würde, und nach ein paar tiefen Atemzügen war ich in der Lage, ihr mitzuteilen, dass dies gerade geschehen war.

Das zweite Mal praktizierte ich diese Atemarbeit in einem großen Kreis von Frauen, nach einem ganzen Tag vorbereitender Rituale. Diesmal machte ich eine vollkommen andere Erfahrung, nicht ganz so visionär wie die erste, dafür aber um einiges ekstatischer. Carol war einmal mehr an meiner Seite und berichtete mir später, dass ich währenddessen geschwebt war! Alles, woran ich mich erinnern kann, ist, dass ich totale Erfüllung empfand, ein Zustand höchster sexueller und gleichzeitig spiritueller Transzendenz. Ich schaffte es an einem bestimmten Punkt, die Atmung soweit herunterzufahren, dass ich die Ekstase richtig auskosten konnte, dann nahm ich den Rhythmus wieder auf, um noch weiter zu gehen, noch höher zu steigen. Die größte Offenbarung war für mich, dass ich gelernt hatte, wie man stirbt - ich begriff, wie ich den Schmerz transzendieren und die Verwandlung des Todes erleben konnte.

Nach meinem ersten Erlebnis schlug ich nach, welche Bedeutung die Wölfin als Totemtier hatte. Ich erfuhr, dass sie einen Lehrer repräsentierte; jemanden, der loyal und fürsorglich ist, zugleich aber auch wild und überschäumend vor Neugier. Einige Monate später kam eine Native-Frau zu mir, um bei mir die Hebammenkunst zu erlernen; gleich bei unserer ersten Begegnung sagte sie mir, dass eine Wölfin an meiner Seite ginge. Ein anderes Mal, ich genoss gerade die Nachwirkungen einer wunderbar zärtlichen und spielerischen sexuellen Begegnung, hatte ich Visionen von Wolfswelpen, die miteinander tollten und tobten. Einmal habe ich die Wölfin zu einer nächtlichen Zeremonie eingeladen, und sie kam: zu mir und zu allen anderen, die dabei waren.

Es gibt noch jede Menge andere Hilfsmittel und Übungen zur Verwandlung. Indianische Medizinkarten oder die Sacred Path Cards (von ähnlicher Abstammung) sind zum Beispiel sehr mächtige Divinationsmethoden. Kunsttherapie, Hypnotherapie, Trancereisen, rituelles Trommeln, Singen und viele weitere spirituelle Übungen und Disziplinen können ebenfalls eine Verwandlung herbeiführen. Der Schlüssel liegt möglicherweise im Werkzeugkasten; wenn wir lernen zu erkennen, wann ein Werkzeug alt und abgenutzt ist, können wir es entweder wieder aufpolieren oder durch ein neues ersetzen. Man braucht verschiedene Werkzeuge an verschiedenen Stationen im Kreis des Lebens. Leider neigen wir dazu, uns eine einzige Ausdrucksweise anzueignen und an dieser dann festzuhalten; deshalb müssen wir paradoxerweise hart daran arbeiten, statt vielmehr spielerisch mit unseren Möglichkeiten umzugehen, wie ein Kind, das immer gern etwas Neues ausprobiert.

Kapitel 5

Die Tochter und die Amazone

Hin und wieder nehme ich an einer die ganze Nacht dauernden Gesangs-Zeremonie im Kreise einiger Freundinnen teil. Häufig beobachte ich dann, dass ich dabei eine besondere Verbindung eingehe mit der Frau, die mir gegenüber sitzt. Das muss zweifelsohne daran liegen, dass wir über einen längeren Zeitraum hinweg in direktem Augenkontakt miteinander stehen, außerdem hat es den Anschein, als hätten wir immer ergänzende Botschaften füreinander, möglicherweise wird das durch unsere Polarität innerhalb des Kreises hervorgerufen.

Auch die Archetypen, die im Kreis des Lebens einander gegenüberliegen, sind eng miteinander verbunden. Die frühere Phase trägt die Samen in sich, die in der späteren Phase zur Reifung gelangen, gleichzeitig nutzt die spätere Phase die frühere als Quelle für Energie, Erinnerung und Verjüngung.

So haben beispielsweise die Tochter und die Amazone viel gemeinsam. In beiden pulsiert die initiatorische Energie ihrer jeweiligen Phase - die Tochter ist Ausdruck der Unschuld am Anfang des Lebenskreises, während die Amazone ihr ursprüngliches, unabhängiges Selbst erneuert, welches schließlich die Grundlage ihrer Kraftphase bildet. Beide durchleben ein schnelles, drängendes Wachstum - die Tochter im wörtlichen Sinne, nämlich körperlich, die Amazone mittels seelischer Reife. Ihr Verlangen, sich Hals über Kopf ins Leben zu stürzen, wird geschürt von feuriger Leidenschaft; beide sind schier unersättlich in ihrer Neugier auf neue Erfahrungen, unbekannte Gefühle und neue, aufregende Beziehungen. Die Zügellosigkeit ihrer Sehnsüchte hat oft zur Folge, dass sie von anderen unterdrückt werden, besonders in der Amazonenphase, denn die Gesellschaft empfindet ihr Sehnen nach Freiheit als eine Rückentwicklung vom Erwachsenendasein. Amazonenfrauen können tatsächlich manchmal unreif erscheinen, wenn man sie nicht versteht, denn sie können einfach ihre Klappe nicht halten, benehmen sich in der Öffentlichkeit daneben, experimentieren wild mit ihrer Kleidung und ihrer Sprache herum und nehmen sich frech einen neuen, vielleicht sogar jüngeren Liebhaber. Doch all das sind nur Wege, die die Frau in dieser Phase beschreitet, um wieder in Kontakt zu treten mit dem Wesen der Tochter, ihrer hochgeistigen Intelligenz, ihrer Verspieltheit und Autonomie. Eine Frau, 45 Jahre alt, die sich selbst als Amazone empfindet, berichtete folgendes:

> *„Ich habe ganz stark das „jungfräuliche" Bedürfnis, mich vor allem um mich selbst zu kümmern. Ich kann ja Beziehungen eingehen mit Männern oder Frauen, aber ich selbst bin mir momentan einfach am wichtigsten, und das ist gar nicht so einfach, wenn man sich auf Liebesbeziehungen einlässt. Man muss sich selbst ständig zur Ordnung rufen - das ist eine ganz bewusste Sache, für mich jedenfalls, und das geht wahrhaftig nicht von allein."*

Tochter und Amazone entdecken schon sehr bald, wovon sie sich wahrhaft nähren können, so dringend ist ihr Bedürfnis nach ständiger Erneuerung. Die Tochter benötigt Nahrung, Bewegung, genügend Schlaf und viel Zeit zum Spielen, damit sie aufblühen kann. Die Amazone muss sich ganz auf ihre Leidenschaft besinnen, um die intensiven Gefühle hervorzulocken, die sie sich wünscht. Dabei experimentiert sie gar nicht viel herum, sondern ist ganz direkt, sie geht Verbindungen ein, die sie unterstützen, und hält so lange an ihnen fest, wie sie ihr nützen - dann zieht sie weiter. Deshalb assoziieren wir die Amazone auch mit dem Archetyp des Kriegers; sie ist ganz und gar auf sich selbst konzentriert, aktiviert alle ihr innewohnenden Kräfte, um zu überleben, und kämpft todesmutig um ihre Freiheit.

Ein klassisches Beispiel der Amazonenkriegerin ist Johanna von Orléans. Sie behauptete, ihre Mission habe sich ihr in einer Vision gezeigt, und zwar unter dem „Feenbaum", einem Kraftort der Mitglieder des französischen Dianakultes.[1] Dianakulte gab es im 15. Jahrhundert überall in Europa, im Grunde genommen waren das frühe Feministengruppen, deren Hauptaugenmerk sich auf die Verehrung der Göttin richtete. Zuerst wurde Johanna von Orléans von der katholischen Kirche gefeiert für ihr Heldentum, später aber wurde sie als Ketzerin verbrannt. Ich glaube, dass viele Frauen eine Art zelluläre Erinnerung an diese Zeit der Verbrennungen haben und sich deshalb so schwer tun damit, um ihre Freiheit zu kämpfen. Außerdem werden sie ruhig gehalten von kulturellen Zwängen, die sie für den Rest ihres Lebens an die Mutterschaft binden wollen - und wenn es keine eigenen Kinder gibt, dann wird eben die gesamte Gesellschaft bemuttert. Daran könnte es liegen, dass nur sehr wenige Frauen den Mut finden, im Lebenszyklus über die Erziehungsphase hinauszugehen, denn sie fürchten Spott, den Verlust ihrer Position oder sogar eine schwerere Strafe.

> *„Ich glaube, im Moment versuche ich, mich selbst wieder zu finden, und zwar nicht in meiner Rolle als Mutter. Und seit ich nicht mehr mit dem Vater meiner Kinder zusammen bin, kann ich mir auch viel mehr Freiheiten erlauben. Ich finde endlich wieder zu meiner Stärke, und es ist mir gleich, was die Gesellschaft dazu sagt. Gut, ich muss schon ein wenig aufpassen, denn ich habe ja auch Kinder, die noch in staatliche Schulen gehen und darf in der Gemeinschaft meine Glaubwürdigkeit nicht verlieren. Ich spiele eine bestimmte Rolle in der Öffentlichkeit, und ich möchte, dass man diese Rolle akzeptiert, dennoch* entscheide *ich darüber, was ich zeige und was nicht. Ich weiß, wie ich das verbergen kann, was ich nicht zeigen sollte, und wie ich das ausspiele, was die Leute sehen wollen - das ist aber dann meine Entscheidung, nicht die der Gesellschaft."*

Vicki Noble hat in ihrem Tarot die Amazone der Karte des Wagens zugeordnet, „Den eigenen Weg beschreiten".[2] Auch sie verbindet Jungfrau und Amazone, denn beiden geht es nicht vordergründig darum, Beziehungen zu knüpfen, sie kümmern sich vor allem um sich selbst. Im Falle der Tochter geht es dabei um die Individuation von der Mutter, und auch die Amazone versucht sich abzutrennen von der Mutterrolle. Eine Frau Ende Sechzig erinnert sich:

> *„Wenn ich so an meine Phase als Hebamme denke, dann war es die Zeit in meinem Leben, als ich wieder zu lehren anfing, ich ging hinaus aus meinem kleinen, familiären Kreis und begab mich auf eine sozialere Ebene. Die kleinen Kinder, mit denen ich arbeitete, sind mir sehr ans Herz gewachsen. Als Mutter habe ich mich nie besonders stark gefühlt. Nicht dass ich das vermisst hätte, doch als ich zu arbeiten begann und sich erste Erfolge einstellten, stieg auch dieses Gefühl der Stärke in mir auf. Der Höhepunkt war vermutlich der Moment, in dem man meine Fähigkeiten bemerkte und mich zu einer Lehrmeisterin machte. Das war der Beginn meiner Amazonenzeit, ich verspürte Stolz und Befriedigung und hatte das Gefühl, wirklich etwas geleistet zu haben. Und dann war da noch ein anderer Punkt - ich sah zu dieser Zeit immer noch sehr gut aus, und diese Kombination aus dem Wissen darum, dass ich gut war in dem, was ich tat und noch dazu gut aussah, und all diese Männer um mich herum, die auf mich angewiesen waren [lacht] ... Ja, das war die Amazone in mir. Das war ein ziemlich neues Gefühl für mich. Ich finde, das ist das Tolle an den Vierzigern - man hat dieses unglaubliche Gefühl von persönlicher Stärke und Wertgefühl und Achtung vor sich selbst."*

Wenn man seinen Selbstwert finden möchte, ist manchmal einfach eine Auszeit nötig, ein Bruch mit der Vergangenheit. Aber auch das widerspricht wieder einmal heftigst den Erwartungen der Gesellschaft - wie kann eine Frau es wagen, Zeit für sich selbst in Anspruch zu nehmen? Dieser Bericht von einer achtundvierzigjährigen Frau wird das verdeutlichen:

> *„Ich habe zwei Jahre lang in diesem System funktioniert, aber dann sagte ich: „Das mach ich nicht mehr, das dient weder mir selbst noch irgendwem sonst." Also nahm ich mir einige Zeit frei und ging auf Reisen. Während dieser Zeit ist mein Vater gestorben. Wir beide hatten eine unglaubliche karmische Verbindung, sehr turbulent, und als er starb, fühlte ich mich wie von einer Last befreit. Das hat mich direkt in meine Amazonenzeit hineingeschleudert. Ich eröffnete eine private Praxis für ganzheitliche Heilung. Das war ganz definitiv die Amazone in mir - ich hatte zwar eine Beziehung, aber die war nicht der Mittelpunkt meines Lebens. Der Mittelpunkt meines Lebens war es, mit meiner Arbeit etwas zu schaffen, das sich gewaltig von dem abhob, was man sonst geboten bekam. Das hat mich immens befriedigt, und es war verdammt schwierig."*

Eine andere Frau (43) berichtet uns:

> *„Ich war schon alt, als ich noch jung war; ich hatte nie die Zeit, die ich heute habe. Heute, wenn ich durch die Gegend fahre und mich frei fühle und nicht mehr um drei Uhr am Nachmittag irgendeinen Termin wahrnehmen muss und solange arbeiten oder mich um soziale Projekte kümmern kann, wie ich will, fühle ich mich wie der Teenager, der ich nie sein konnte. Ich muss mich nicht mehr so sehr in meine Rolle als Mutter fügen, denn meine Kinder leben bei ihrem Vater, und ich habe die Freiheit, zu tun, was ich will: Ich kann meine Kraft in die Dinge investieren, die mich interessieren. Ich bin 25 Jahre lang meinen Mutterpflichten nachgekommen... Jetzt sitze ich nicht mehr rum und schnitze Kürbisse. Ich versorge mit meiner Firma 58 Geschäfte mit einer Reihe botanischer Produkte. Das nährt mich, und zwar nicht nur finanziell, sondern auch seelisch, weil ich mich erfolgreich fühle.*
>
> *Ich fühle mich ein bisschen wie ein Kerl. Ich fahre in meinem Wagen rum, kaufe mir Kaffee und Donuts zum Mitnehmen, dann weiter zu einem Laden, wo ich meine Produkte vorstelle und vielleicht ein neues Geschäft abschließe. Dann gehe ich da raus und denke mir „Wow, ich fühl' mich wie ein Kerl!" Vielleicht hab ich am Wochenende die Kinder, vielleicht auch nicht. Ich muss nicht unbedingt Mutter sein. Ich fühle mich ziemlich männlich. Ich verfolge konsequent meine Ziele, das ist es, was ich tue.* Meine *Ziele. Das ist noch ganz neu für mich. Aufregend. Interessant. Manchmal auch unheimlich. In diesem Geschäft sind neben mir vielleicht noch fünf weitere Frauen tätig, und wir treffen uns oft und reden miteinander.*
>
> *Aber ich habe mich in letzter Zeit auch ziemlich verarscht gefühlt. Während der Scheidung vertrat ich mich selbst vor Gericht, und ich kam mir vor wie ein*

Bürger zweiter Klasse; ich hatte das Gefühl, dass sie mir viel weniger Zeit zur Verfügung stellten. Bei der letzten Anhörung ist man mir geradezu herablassend gegenübergetreten, weil ich mich selbst vertrat. Frauen werden im Gericht definitiv anders behandelt als ein weißer Mann. Ich hab keine Ahnung, wohin mich all diese Amazonenenergie noch führen wird - ich genieße meine Freiheit, doch wenn ich daran denke, was ich in den letzten zwanzig Jahren als Frau und als Mutter alles mitmachen musste, werde ich echt wütend."

In der römischen und griechischen Kunst finden sich massenhaft Darstellungen von Amazonen. Herodot brachte sie in seinen Schriften in Verbindung mit der Übergangszeit von Matriarchat zu Patriarchat. Diese Frauen fanden ihren Lebenssinn ohne Männer; viele von ihnen lebten in reinen Frauenstämmen. Heute ist man der Ansicht, dass die Frauen diesen Lebensstil nur deshalb wählen, weil sie sich zu unattraktiv vorkommen oder zu unstet sind für eine heterosexuelle Beziehung. Die Kunst spricht allerdings dagegen - Amazonen werden als elegante, mächtige Frauen dargestellt, die so voller Stärke und Visionen waren, dass sie sich dem häuslichen Leben ihrer Ära wahrscheinlich einfach nicht fügen konnten. Die klassische Amazonengöttin ist Demeter/Diana; sie steht für Autonomie und eigenständiges körperliches Arbeiten. Als unbarmherzige Jägerin vernichtete sie die männlichen Götter, die ihre Macht und ihre Vorrechte ausgenutzt hatten. Gleichzeitig nahm sie sich liebevoll all derer an, die nicht für sich selbst sorgen konnten, wie zerbrechliche oder neugeborene Lebewesen. Sie war die Königin der wilden Tiere und der kleinen Kinder - stark, zärtlich und schön.

Eine weitere Vertreterin der Amazonen ist die Fantasy-Figur Eowyn aus J. R. R. Tolkiens Trilogie „Der Herr der Ringe". Enttäuscht von der Liebe und des Mannes beraubt, von dem sie glaubte, dass er ihr bestimmt sei, besinnt sie sich zurück auf sich selbst und findet ihre Stärke in der Verteidigung ihrer Heimat und ihres Volkes. Es gibt eine unvergessliche Szene fast am Ende der Trilogie, wo sie, vollkommen verlassen und schwankend vor Schmerz und Erschöpfung, noch einen letzten Schlag gegen die Kräfte des Bösen führt. Weder Hoffnung noch Verzweiflung sind in ihr lebendig, und so konzentriert sie sich ganz und gar auf den Moment und tritt dieser letzten Herausforderung entgegen mit allem, was sie hat - das ist die Quintessenz der Amazone.

Eowyns Abstieg zu ihren tiefsten inneren Quellen ist eine reifere Entsprechung von Persephones Abstieg in die Unterwelt. In der allgemein bekannten Version des Persephone-Mythos heißt es, dass sie von Hades vergewaltigt und entführt wurde, doch eigentlich war Persephone die Königin der Unterwelt, lange Zeit, bevor Hades überhaupt in Erscheinung trat. Charlene Spretnak hat glücklicherweise eine vor-olympische Version von Persephones Reise für uns rekonstruiert, welche das prä-indo-europäische Glaubenssystem der Griechen zur Grundlage hat, kombiniert mit ägyptischer Mythologie. Sie kam zu dem Schluss, dass die Vergewaltigung Persephones später hinzugefügt wurde, als Griechenland von patriarchalischen Stämmen besetzt wurde. In ihrer Version ist Persephone mitfühlend und überaus empfindsam, und zwar nicht nur dem neugeborenen Leben gegenüber, sondern auch mit den Seelen der gerade Verstorbenen, weshalb sie aus vollkommen freien Stücken in die Unterwelt hinab stieg. In ihrer Todesangst versuchte Demeter, Persephones Mutter, ihre Tochter zu entmutigen; als diese dennoch ihre Reise antrat, entzog Demeter der Natur ihre Leben spendenden Kräfte, und so kam es zum Ausbruch des ersten Winters. Persephones Arbeit mit den Toten war kompliziert und emotional aufreibend, doch sie überlebte und kehrte zu ihrer Mutter zurück, deren unbändige Freude sofort den Frühling einläutete.[3]

Ganz ähnlich ist auch die Tochter, die ja gerade erst der Verwandlerin selbst entsprungen ist, in der Lage, ganz ohne Angst und aus freiem Willen einen solchen Abstieg zu wagen. Ihr ist die vorhergehende Phase der Dunklen Mutter, die das Tor zum Tode öffnet, noch gut in Erinnerung, ebenso wie die Amazone noch weiß, was die Hebamme sie gelehrt hat, nämlich dass Hingabe das Geheimnis des Gebärens ist, nicht Gewalt.

Hier die Erfahrung einer Achtunddreißigjährigen:

> *„Ich hatte gerade mein viertes Kind bekommen und wollte wieder in meinen Beruf zurück. Aus irgendeinem Grund hatte ich dann beschlossen, an einer Konferenz zum Thema Intuition teilzunehmen, welches definitiv außerhalb meines Arbeitsbereiches lag. Ich hatte das Gefühl, dass ich nun an einem Punkt in meinem Leben angekommen war, wo sich etwas ändern musste, ein neues Ich wollte geboren werden. In einem der Workshops habe ich eine ausgedehnte, geführte Visualisierung gemacht, die ich später als den Abstieg der Persephone erkannte. Wir wurden in eine Trance geführt, bei der wir tief in die Erde hinab stiegen, durch felsige Tunnel und eine Reihe von Toren hindurch. An jedem Tor ließen wir ein Kleidungsstück zurück, das einen Aspekt unseres Wesens in der äußeren Welt repräsentierte, und so wurden wir immer ein Stück freier. Schließlich waren wir ganz nackt und rein und wurden, als wir ganz unten angelangt waren, zu einer Art Führer gebracht. Bei mir war das eine alte Frau, steinalt und hager. Ich werde niemals vergessen, wie ihr Gewand raschelte und wie das trübe Licht die Falten ihres Handgelenks beschien, als sie in ihr Kleid griff und eine Rose hervorzog - taufrisch, zartrosa und leuchtend. „Die Blume meiner Mädchenjahre“ - das wurde mir da bewusst, und das war eines der größten Geschenke, die mir je gemacht wurden. Auch heute noch gehe ich zu ihr, wenn ich nach Führung suche und sie nirgends finden kann - heute weiß ich, dass sie immer da ist.“*

Es ist von größter Wichtigkeit für die Amazone, dass sie sich wieder mit ihrem Tochterselbst verbinden kann. Eine andere Frau bestätigt das:

> *„Ich war die jüngste von vier Geschwistern, ich war hübsch und klug und fröhlich, und alle liebten mich. Vielleicht war ich deshalb, weil ich schon von Anfang an*

die Zuneigung meiner Mutter spürte und auch große Achtung entgegengebracht bekam, als ich selbst Mutter war, schließlich in der Lage, diese kraftvollen Gefühle und Erlebnisse meiner späteren Amazonenzeit genießen und akzeptieren zu können."

Manchmal lassen wir auch in unserem späteren Leben die Tochter in uns noch einmal lebendig werden, einfach um ein bisschen Spaß zu haben. Hast du dich schon mal nach ganz einfachen Mädchenspielereien zurückgesehnt, Lust gehabt auf Buntstifte oder Wasserfarben, auf Reiten oder Rollschuhlaufen nach all der Zeit? Eine Frau in den Vierzigern erzählt uns:

„Ich habe erst recht spät meine Kinder bekommen; meine Jüngste ist gerade vier geworden. Wenn wir zusammen spielen, fallen mir plötzlich Spiele ein, an die ich schon seit Ewigkeiten nicht mehr gedacht habe, Momente der Freude und des Glücks, die tief in meiner Erinnerung vergraben liegen. Ich habe stundenlang gemalt als Mädchen, dabei war ich höchst konzentriert und machte mir mehr aus dem Vorgang an sich als aus dem Ergebnis. Diese Erinnerungen noch einmal leben zu können, hat das Bild, das ich von mir selbst hatte, noch einmal total verändert - ich bin wirklich ein verspielter Mensch, ich hatte nur verlernt, wie das geht!"

Andererseits kann eine nicht ganz so schöne Kindheit vorzeitige Amazonentendenzen auslösen:

„Was meine Zeit als Tochter betrifft, so habe ich nie das Gefühl gehabt, als wäre ich aus dem Körper meiner Mutter gekommen. Das ist interessant - ich habe einmal gelesen, dass Athene aus dem Kopf des Zeus geboren wurde. So ungefähr habe ich mich auch gefühlt - ich habe nicht besonders viel Mutterliebe erfahren als ich klein war. Ich habe diese ganzen kleinen Mädchendinge nicht gehabt, die ich heute meinen eigenen Töchtern zu bieten versuche. Meine Mutter wollte mich eigentlich zur Adoption freigeben - vielleicht hätte sie das mal tun sollen. Die einzige, die mich „bemuttert" hat, war meine Großmutter, aber da waren noch so viele Machtkämpfe zwischen meiner Mutter und meiner Großmutter, und mein Großvater war ein unheimlicher Kontrollfreak und ein Macho. Es hat mich traurig gemacht, all diese Dinge schon so früh miterleben zu müssen. Meine Großmutter hat mich beschützt, ja geradezu behütet. Eine Zeit lang hat sie mich zu Hause unterrichtet, doch als ich dann endlich in eine staatliche Schule gehen konnte, kam ich heim und verkündete: „Ich hau' hier ab". Und damit begann eigentlich meine Amazonenphase."

Eine andere Frau, siebzig Jahre alt:

> *„Ich erinnere mich an etwas, das mir passiert ist, als ich gerade sechs oder sieben Jahre alt war. Mein Vater ging mit mir los, um mir Schuhe für die Schule zu kaufen. Ihm war es besonders wichtig, dass ich anständige Schuhe trug, denn er war selber Schuhverkäufer. Ich hatte mich in ein Paar Lederschuhe verliebt, doch das entsprach ganz und gar nicht seinen Vorstellungen. Und so kam ich nach Hause mit ein Paar Schnürschuhen oder Sportschuhen. Ich mochte diese Dinger nicht, und so ließ ich die Badewanne voller Wasser und stellte die Schuhe hinein.*
>
> *Heute fühle ich mich nicht großartig anders als damals, abgesehen davon, dass ich mich ein wenig freier fühle. Ich hab nicht das Gefühl, als wäre ich heute weiser als damals - nur freier - ich kann eben machen, was ich will, weil ich nicht die Verantwortung für eine Familie trage; ich bin mein eigener Herr. Ich habe keine besonders enge Bindung zu meinen Kindern; jeder scheint sein eigenes Leben zu leben - ich glaube nicht, dass sie mich brauchen. Ich bin bestimmt nicht so eingespannt wie einige meiner Freundinnen, die sehr viel Zeit mit ihren Enkelkindern verbringen. Ich bin einfach nicht so. Ob das selbstsüchtig ist? Ich glaube, wenn sie mich brauchen würden, wäre ich schon für sie da, aber sie scheinen alle ganz gut allein zurechtzukommen.*
>
> *Seit meine Mutter gestorben ist, bin ich allein - und damals war ich gerade acht. Ich glaube, ich bin so eine richtige Amazone, ganz auf mich allein gestellt. Vielleicht hab ich deshalb kein besonders großes Verlangen danach, im Mittelpunkt der Familie zu stehen. Ich bin noch keine Weise Alte - ich bin noch nicht bereit dazu, meine Laufschuhe oder Cowboystiefel an den Nagel zu hängen. Ich werde mein Ritual für die Weise Alte erst im Altersheim feiern!“*

Manchmal muss auch die Tochter erst von tiefen Wunden geheilt werden, damit ihr Gegenstück, die Amazone, ihr Leben selbst in die Hand nehmen kann. So eine Heilung lässt sich umsetzen mit einem Abstiegserlebnis, wobei die Tochter noch einmal kontaktiert und ihre Verletzung geheilt wird. Eine Frau Mitte Dreißig erzählt uns von ihrem Übergang:

> *„Im Moment fühle ich mich, als wäre ich gleichzeitig vier und vierzig Jahre alt. Ich denke an die, die ich war, als ich hierher kam, bevor ich Kontakte knüpfen konnte. Ich suchte die Plätze meiner Kindheit auf, an denen ich immer gespielt hatte.*
>
> *Mein Übergang in die Amazonenphase vollzog sich letztes Jahr während meiner Ausbildung zur Krankenpflegerin. Ich wurde mit derartig heftigen patriarchalischen Energien konfrontiert, dass ich das in meiner Rolle als „Nährende“ nicht überlebt hätte - so wäre ich niemals ernst genommen worden, das ging einfach nicht. Alles wurde plötzlich so extrem, dass ich keine Wahl mehr hatte - ich musste meine Kraft entweder nutzen oder aufgeben. Ich hatte damals sehr viel zu*

tun mit der Unterdrückung von Frauen und deren Sexualität, mit der Erniedrigung von Frauen während der Geburt.

Zur selben Zeit löste ich mich auch in anderen Bereichen meines Lebens von den Fesseln der ewig „Nährenden". Schon als Tochter wurde ich erniedrigt, als mein Bruder mir meine Unschuld raubte, indem er seinen Penis in meinen Mund steckte - und ich hab das Problem einfach minimiert, ich redete mir ein, es sei nicht viel anders als der Besuch beim Zahnarzt: unangenehm, aber man überlebt's. Meine Mutter hat weggeschaut und mich damit gezwungen, sowohl sie selbst als auch meinen Bruder zu „nähren". Ich gebe wirklich sehr gern, aber in diesem Fall war es die einzige Möglichkeit für mich, mein Schicksal in die eigenen Hände zu nehmen. Geben hat mit Macht nichts zu tun, es ist vielmehr ein Geschenk; man muss freiwillig geben können. Wenn du nicht aus freien Stücken geben kannst und nur dann gibst, wenn es dich schneller an dein Ziel bringt, dann funktioniert es auch nicht. Meine Seele wurde in der Schule zerbrochen. Dadurch kamen plötzlich verrückte, lange Zeit unterdrückte Bilder von meiner Mutter in mir hoch, und so wurde ich in die Arme der Amazone und gleichzeitig in die der Tochter getrieben.

Als ich in diese Welt kam, steckte ich voller Dunkle-Mutter-Energie; schon ganz früh war ich fasziniert von Sexualität, Geburt, Schöpfung, Zuchtbecken, Fisch putzen - alles, was in irgendeiner Weise mit Enthüllung zu tun hatte. Ich glaube, dass die meisten Kleinen so sind, bevor man sie „sozialisiert". Als mir meine Unschuld geraubt wurde, wurde mir der Weg zur Jungfrau versperrt. Inzwischen denke ich, dass ich genug Kraft habe, meinen eigenen Schmerz zu tragen; ich muss die Schuld nicht mehr auf andere schieben - wenn ich also meine Jungfernzeit nicht lebe, ist es meine eigene Entscheidung."

Der Bericht dieser Frau wird noch verständlicher, wenn wir uns einmal die Feiertage von Tochter und Amazone näher ansehen. Zu Imbolc bzw. zum Brigidfest werden die Töchter auf dem Pfad der Göttin initiiert (für ältere Frauen ist es eine Zeit, in der sie sich ihren höchsten Idealen zuwenden). Zu Lammas, dem Feiertag der Amazone, wird die erste Ernte gefeiert. Dies offenbart im spirituellen Sinne, wie gut das Selbst mit all den Schwierigkeiten des Reifens zurechtgekommen ist. Die Gesundheit dieser ersten Früchte hängt zum Großteil davon ab, wie ein junges Mädchen einstmals als Tochter initiiert worden ist - wird sie ihre Ernte voller Stärke und Sicherheit einbringen oder pflückt sie ihre Früchte zaghaft und verwirrt?

Erntet die Amazone solche Früchte wie Selbstbestimmung, Inspiration und Freiheit, dann qualifiziert sie das für eine besondere Art der Führung. Im besten Falle ist die Amazone inspiriert, ganz und gar sie selbst zu sein und wird so auch zu einer Inspiration für andere. Sie führt die Menschen mit reinsten Absichten - sie lässt quasi die Unschuld der Tochter erneut in sich aufleben. Egal, wem oder was sie begegnet, sie ermutigt alle zu offenem Selbstausdruck. Sie drängt die Menschen, sich ihrer Macht bewusst zu werden und sie zum Wohle aller zu nutzen, so wie auch sie es getan hat. Im Gegensatz zu den Führungsqualitäten der Geber-Phase, wo das Unvollkommene beklagt wird und man das Erschütterte und Zerbrochene zu heilen sucht, sind die Führungsqualitäten der Amazonenphase ganz einfach und direkt: Sie nimmt die Dinge in Angriff und steuert die nächste Herausforderung an.

Ich erinnere mich an ein Lied aus einer unserer nächtlichen Zeremonien, ein trauriges Lied für alle Frauen auf der Welt, die Schmerzen leiden müssen, die unterdrückt werden oder sich unterdrücken lassen. Während ich sang, setzte plötzlich eine andere Frau im Kreis ein mit den Worten „Befrei' deine Schwester, befreie dich selbst", und diese Zeile wurde zum Refrain in dieser Nacht (und für mich persönlich auch zum Thema meines Lebens in den folgenden Monaten). Einige Strophen später fügte ich hinzu „Und es ist so einfach", denn mir wurde klar, dass ich anderen nur helfen konnte, wenn ich wirklich ich selbst war, authentisch. Die traditionelle Anrufung der Göttin (meist verwendet in Zeremonien ihr zu Ehren) besagt:

> Ihr, die ihr mich zu erkennen sucht, wisset, dass euer Suchen und Sehnen vergebens ist, solange ihr nicht das Geheimnis kennt: Wenn du das, was du suchst, nicht in dir selbst finden kannst, dann wirst du es auch niemals anderswo finden.

Amazone und Tochter sind beide sehr eigenwillig, spontan und unverblümt. Diese Eigenschaften können ihnen auch ab und zu einigen Ärger einfahren - besonders der Amazone, die sich stets gegen die Konventionen stellt und mit allen Mitteln ihren Standpunkt verteidigt. Die Tochter ist jedoch aufgrund ihrer Jugend und Unschuld weitaus verletzlicher. Wahrscheinlich hat jede von uns schon einmal in ihrer Kindheit eine ganz offensichtliche Wahrheit ausgesprochen, nur um dann von einem Erwachsenen den Mund verboten zu bekommen. Zahlreiche Studien haben gezeigt, dass in unserem Bildungssystem Jungs eindeutig bevorzugt werden: Sie werden im Unterricht öfter drangenommen, und die üblichen Lehrmethoden beinhalten eine männliche Art der Problemlösung. Davon lassen sich aber kleine Mädchen nicht abhalten, lauthals zu verkünden, was ihnen intuitiv eingegeben ist - leider werden sie dann nur verspottet, weil sie nicht erklären können, woher oder warum sie wissen, was sie eben wissen. In dieser Hinsicht ist die Göttin Athene ein Leitstern sowohl für die Tochter als auch für die Amazone, denn sie verkörpert nicht nur die Weisheit des Geistes, sondern auch die des Herzens. Ihr Schattenaspekt ist Medusa, deren Schlangenhaar symbolisch ist für nicht-intellektuelles Wissen. Ebenso die Eule, die Herrin der Dunkelheit und treue Begleiterin der Athene. Mit ihrem Beinamen Pallas, was soviel bedeutet wie Sturm oder Schlacht, verkörpert die Göttin auch die Amazone selbst (und auch die Tochter, die darum kämpfen muss, dass man ihr zuhört).

Christine Downing zufolge, Autorin von *The Goddess: Mythological Images of the Feminine*, ist „Athene nicht nur eine Jungfrau in der Hinsicht, dass sie alleine ist, sondern vor allem deshalb, weil sie mit anderen zusammen sein kann, ohne sich gleich zu binden". Sie ist „androgyn ... keine Fruchtbarkeitsgöttin, sondern eine Göttin der Schöpfung selbst."[5] Deshalb ist auch die Amazone in der Lage, tiefe Bündnisse und Freundschaften, manchmal sogar intime Beziehungen mit anderen Frauen einzugehen, ganz gleich, ob sie diese Erfahrungen früher schon einmal gemacht hat oder nicht.

In dem Punkt ist sie der Artemis sehr ähnlich, die Zsuzsanna Budapest in ihrem Buch *The Grandmother of Time* sprechen lässt:

> Ich stehe in Flammen. Ich liebe alle liebesfähigen Kreaturen dieser Welt ... Von einer Bärin aufgezogen, hoch in den Bergen, bin ich ein wildes Wesen und liebe das Herumstreunen ... Eine hungrige, gereifte Art von Liebe hat von mir Besitz ergriffen. Ich sehne mich nach meiner Gefährtin, nach meiner Bärengeliebten ... Ich schenke den Frauen Mut und Selbsterkenntnis. Meine Stärke rührt nur aus der Liebe zu mir selbst, und auch für dich ist noch genug übrig.[6]

Die veränderten sexuellen Bedürfnisse und Sehnsüchte der Amazonenfrauen könnten teilweise auf die hormonellen Veränderungen zurückzuführen sein, die für diese Phase zwischen fünfunddreißig und vierzig ganz bezeichnend sind. In dieser Zeit werden der Östrogen- und der Progesteronspiegel geringer, während der Androgenspiegel (ein dem Testosteron ähnliches Hormon, das von den Nebennieren produziert wird) zunimmt. Diese Androgene machen uns durchsetzungsfähiger, was sich unter anderem auf die Sexualität auswirkt. Unsere Fortpflanzungshormone gehen langsam zurück, und so verliert auch die Partnerschaft ihre Funktion der Fortpflanzung und dient nun vielmehr der Selbstverwirklichung und dem persönlichen Wachstum. Daraus erwächst eine größere Selbstständigkeit in unseren Beziehungen zu Männern sowie auch eine intensivere Intimität mit Frauen.

Die Schule des Erdmysteriums

In den letzten Jahren habe ich im Sommer ein Camp veranstaltet für junge Frauen zwischen sieben und vierzehn: die Schule des Erdmysteriums. Die Idee basiert auf den alten Mysterientraditionen, wonach junge Mädchen etwas über ihre Macht und ihre „andersweltlichen" Begabungen erfahren sollten, ehe sie in das Alter kommen, in dem sie sich der allgemeingültigen Wirklichkeit anpassen und „erwachsen" werden. Ironischerweise verwandelten sich die ursprünglichen Mysterienschulen für junge Frauen mit der Christianisierung Europas in Konvente.

Mein Camp erstreckt sich über zwei Wochen. In der letzten Nacht, die wir meist für Vollmond planen, übernachten auch die weiblichen Verwandten der Mädchen im Camp, und wir halten für sie eine Vorstellung ab.

Als ich zum ersten Mal mit meinen Freundinnen zusammenkam, um den Lehrplan zu erstellen, waren wir uns alle einig darüber, dass *Freiheit* das Ziel war, das wir uns für die Mädchen gesetzt hatten. Mit unserer Schule wollen wir die spirituelle Entwicklung fördern, wir wollen das Weibliche feiern und die Göttin in uns. Wir halten es für ungeheuer wichtig, dass junge Frauen ihre Weiblichkeit als etwas Heiliges, das Weibliche Prinzip als göttlich und die Kunst des Frauenhandwerks als etwas Ganzheitliches und Ermächtigendes wahrnehmen. Wir möchten einen Schwerpunkt auf das Weibliche legen, um ein gesundes Gleichgewicht zu schaffen zwischen den männlichen und weiblichen Energien und Handlungen in der Gesellschaft.

Im ersten Jahr stellten wir verschiedene Göttinnentraditionen und Zeremonien vor, wobei wir uns jeden Tag einem anderen Kulturkreis zuwandten. Wir betrachteten einheimische amerikanische, afrikanische, griechische, keltische und Mondgöttinnen sowie auch die Gaia-Hypothese. Jeden Tag erarbeiteten wir auch etwas Handwerkliches oder Künstlerisches, zum Beispiel mit Ton oder Perlen, wir stellten schamanische Masken her oder banden Kränze, flochten Körbe, bastelten Spiritpüppchen oder einfache Musikinstrumente und erstellten ein Medizinrad. Wir veranstalteten geführte Visualisierungen zur Totemtierfindung, lehrten einige Yoga-Übungen, unternahmen Kräuterspaziergänge, tanzten Kreistänze und afrikanische Tänze, machten Körperarbeit mit heilenden Händen und erzählten viele Geschichten. In der Letzten Nacht veranstalteten wir ein Vollmondritual, zu dem auch eine sanfte Schwitzhütte gehörte.

Im zweiten Jahr konzentrierte sich unser Lehrplan auf die Feiertage im Jahresrad, einschließlich der Sabbate und deren entsprechenden Zeremonien. Wir wanden Blumenkronen und stellten Maiwein, Medizinbeutel, Trommeln und Traumfänger her; wir übten Chanting und Trommeln und studierten die Kräuterkunde. Am letzten Tag gingen wir schwimmen, segeln und führten in der Nacht eine Performance auf. Die Mädchen entwickelten eine wunderschöne und bewegende Choreographie bei Fackelschein zu dem Video *The Burning Times*. Da blieb kein Auge trocken!

Im vergangenen Jahr lautete unser Thema „Wir heilen uns selbst und Mutter Erde/Die Weibliche Art von Wissen“. Unser tägliches Handwerk bestand aus dem Fertigen von Kräuterhalsbändern, Papierschilden und Schutzschilden. Wir lernten, verschiedene Blumen zu erkennen und zu pressen sowie das „Wortweben", eine Form des magischen Umgangs mit Worten. Darüber hinaus beschäftigten wir uns mit Ökologie und machten Trancearbeit. Für die Performance am letzten Abend suchte sich jedes der Mädchen einen Grünen Helfer und eine Göttin aus, die sie untersuchen wollten. Wir lernten etwas über die Chakren und ihre Farben und nahmen verschiedene Heilmethoden, wie Meditation, Kunsttherapie, Kräuterkunde und Homöopathie, unter die Lupe. Dieser Lehrplan war recht anspruchsvoll, und wir hatten ein wenig Angst, dass die kleinen Mädchen vielleicht unruhig werden könnten während der langen Phasen, in denen sie sich konzentrieren mussten. Doch sie waren phantastisch! Wir bauten in unsere Unterrichtsstunden auch ein paar anstrengende körperliche Aktivitäten, wie Bogenschießen, mit ein, um ein bisschen aufgestaute Energie aufzulösen. In der letzten Nacht verkleideten sich die Mädchen als Göttinnen (eigentlich sind sie selbst zu Göttinnen geworden) und führten einen Tanz auf, den wir „Die vielen Gesichter des Weiblichen" nannten. Die Earth Mystery School funktioniert deshalb so gut, weil sie mächtiges Wissen mit ungezügelter Freude zu verbinden versteht.

Diese Schule zu leiten und dort zu lehren, war ein großes Privileg für mich, denn ich hatte die Ehre, vielen dieser jungen Frauen auf die Welt zu verhelfen, als sie geboren wurden, und darf sie nun noch einmal als Hebamme an ihrer Schwelle zur Jungfernschaft begleiten. Es ist ein großes Geschenk, diese Mädchen zu betrachten, die so kräftig und zuversichtlich sind. Sie haben eine überaus gesunde Vorstellung von sich selbst und ihrem Platz in der Welt.

Auch in anderen Gemeinden haben einige Frauen begonnen, ähnliche Sommercamps für ihre Töchter zu veranstalten. Das ist ein sehr schöner Weg, diesen heranwachsenden Mädchen ihre natürliche Schönheit und Stärke vor Augen zu halten, damit sie sich dessen bewusst werden und nicht bis Mitte vierzig mit sich kämpfen, nur um dann herauszufinden, wie wunderbar sie eigentlich sind.

— C. Leonard

Die Amazonen begegnen nun dem dritten Blutmysterium der Blutbünde, denn sie erkennen die Macht der Menstruation und die gewaltige Verbindung, die dadurch zu anderen Frauen geschaffen wird. Besonders dann, wenn Frauen zusammen leben, arbeiten oder sich regelmäßig treffen, können ihre Zyklen synchron verlaufen, wodurch sich für sie ganz neue emotionale und psychische Dimensionen ihrer Blutszeit eröffnen:

„Kürzlich hat mich mein Partner gefragt, wie ich zu meinem Blut stehe, und ich sagte ihm: „Ich bin ganz verrückt danach!" Als ich fünfzehn war, ging mir das nicht so, heute dafür umso mehr. Manchmal möchte ich mein Gesicht damit bemalen; ich liebe mein Blut. Ich glaube, es ist einfach dieses ganze Wunder des Zyklus, die Verbindung zum Mond, zu den Gezeiten. Das alles mag ich an meinem Blut - seine herrliche Farbe, seinen Geruch, außerdem spüre ich, dass es etwas absolut Magisches und Rätselhaftes an sich hat. Ich finde es spannend, dass mein Partner danach fragt. Von meinem Blut geht so eine Macht aus, dass ich wirklich den Drang verspüre, irgendwas damit zu tun, bevor mich die Menopause heimsucht. Irgendwann habe ich dieses Blut nicht mehr, und bevor es soweit ist, möchte ich etwas tun, um ihm Ehre zu erweisen."

Diese Wildheit der Amazonenzeit rührt daher, dass in unserem Kulturkreis die Menarche und die Kindsgeburt gar nicht als Übergangsriten wahrgenommen werden, sie rührt aus dem ewigen Abgetrenntsein von der Natur, vom Mangel an rituellen Feiern, in denen die Traditionen der Frauen gewürdigt werden und von der zunehmenden Entweihung des Lebens im Allgemeinen. Der Kern dieser Phase besteht in der unerschütterlichen Entschlossenheit, sich über die gängigen Definitionen von Wirklichkeit hinwegzusetzen, um endlich zu Freiheit und Unterstützung zu gelangen. Die Amazonenphase ist eine Zeit der Wiedergeburt; es ist die erste Phase in der zweiten Hälfte des Lebens, der Beginn des wahrhaftig selbstbestimmten Erwachsenendaseins. Um das Potenzial dieses Zeitraums vollends ausschöpfen zu können, müssen sich die Frauen von den Fesseln der Nährenden befreien, mit denen sie die Gesellschaft am liebsten bis zu ihrem Lebensende binden würde. Eventuell ruft das die alte Experimentierfreude der Jugendzeit wieder hervor, ein wieder auflebendes Interesse an Philosophie, Spiritualität, alternativen Heilmethoden, alternativem Lebensstil, verändertem Bewusstsein. In diesem Punkt gleicht die Amazone der Blutsschwester, die in vollen Zügen ihre erste Unabhängigkeit genießt und sich gierig in die Erforschung ihrer Sinnlichkeit, ihrer Sexualität, ihrer Macht und ihrer Intelligenz stürzt.

Eine Frau, fünfundvierzig, berichtet uns von einem ganz außergewöhnlichen Erlebnis, das sie zusammen mit einer Freundin während ihrer Amazonenzeit gehabt hat:

„Mein Frauenkreis kommt zu jedem Vollmond zusammen, manchmal treffen wir uns aber auch zum Neumond, wo wir dann einen Workshop machen, bei dem wir uns gegenseitig irgendein Frauenhandwerk beibringen. Manchmal konzentriert sich unsere Arbeit auf rituelle Tiefentrance und intensive Atemtechniken, dann wieder verwenden wir bewusstseinsverändernde Substanzen, die unser Handeln intensivieren.

Eine jüngere Frau aus dem Kreis und ich hatten beschlossen, in einem ähnlichen Rahmen für sie ein Ritual zum Erwachsenwerden zu zelebrieren, ehe sie nach Kalifornien gehen würde. Wir schafften uns also einen heiligen Raum an einem stillen, verlassenen Ort im Wald und verwendeten eine Kombination der oben genannten Methoden, um eine tiefer gehende Erfahrung zu bewirken. Es dauerte nicht lange, da wurde mir übel und ich bekam große Angst - irgendetwas geschah da mit mir, das zuvor noch nie geschehen war. Mir war heiß - viel zu heiß. Meine Extremitäten und mein Mund waren wie betäubt. Ich schaffte es noch, meine Kleider auszuziehen und die Schlucht hinunter zu kriechen, die zu einem Bach führte. Ich rollte mich im Schlamm herum, um mich abzukühlen, und wie ich mich so wälzte, machte ich gespenstische Geräusche, so ein tiefes Schnauben. Mein Gesicht fühlte sich ganz schwer an und irgendwie unförmig, verlängert, und bald verwandelte sich mein nervöses Lachen in ein kehliges Grunzen. Ich war überrascht und verängstigt, bis ich schließlich begriff, was da mit mir geschah: Ich wurde zu meinem Totemtier, zur Wildsau. Ich schlug mich wieder die Schlucht hinauf, mit klappernden Hufen - ich spürte meinen harten, muskulösen Körper und einer Matte von dicken, drahtigen Borsten, und an meinem Bauch schaukelten viele kleine, spitze Zitzen als ich den Berg hinauf rannte.

Als ich wieder auf der Lichtung angekommen war, schaute ich auf in das Geäst über mir und sah meine Freundin. Ihre Beine hingen lässig über einen Ast, dann und wann drehte sich ihr Kopf, wenn sie mit ihrer langen, rauen Zunge ihren Pelz ableckte. Das Sonnenlicht reflektierte sich auf ihrer dicken, kupferfarbenen Mähne, und als sie gähnte, entblößte sie messerscharfe Reißzähne. Dann sprang sie herunter und wir zogen zusammen los.

Den restlichen Tag trotteten wir gemütlich durch den Wald und erforschten ihn. Dann und wann rannte die Löwin vorneweg, ein Flecken gelbbrauner Farbe, sehnige Muskeln. Ich pflügte derweil den Waldboden um mit meinen Stoßzähnen und kaute an Baumstämmen herum auf der Suche nach fetten Würmern, Insekten und Schnecken. Nach vielen Stunden brach dann ein heftiger Regen und Sturm über uns herein und wir fanden uns ziemlich desorientiert auf dem Feld eines Nachbarn wieder.

Am nächsten Morgen hatte ich wahnsinnige Schmerzen in meinem Mund, wo meine Eckzähne sich verlängert hatten, und meine Freundin hatte Schnittwunden an ihren Füßen. Diese gemeinsame Erfahrung der Gestaltwandlung hat Schwestern aus uns gemacht, es hat uns auf eine Art und Weise miteinander verbunden, wie wir sie nie vergessen werden.“

Die Amazone ist definitiv eine Wegbereiterin, eine Pionierin. Sie wird aufstehen und nicht übersehen werden, sie wird ihre Stimme erheben, bis sie sich Gehör verschaffen konnte, und sie wird kein Nein akzeptieren. Mutig wird sie alles verteidigen, was unschuldig ist, denn sie ehrt die Jugend und die Tochter, die in ihr steckt. Sie wird die Freude genießen, wenn sie ihr begegnet - in der Liebe schenkt sie ihr Herz nur denen, die aufrichtig mit ihr sind. Sie wird weit reisen, um ihrer strotzenden Kraft genügend Nahrung zu verschaffen. Und sie wird sich diese Kraft zunutze machen, um in die gefestigtere Rolle der Matrone übergehen zu können, wo sie dann auf das Wissen zurückgreifen können wird, das sie auf ihren Wanderungen und Entdeckungen als wilde Amazonenfrau sammeln konnte.

KAPITEL 6

Die Jungfrau und die Matrone

Jungfrau und Matrone befinden sich auf dem Höhepunkt ihrer jeweiligen Phasen von Unschuld und Macht. Die Jungfrau durchlebt die Entwicklung vom Mädchen zur Frau, ganz speziell während des Blutritus der Menarche. Ähnlich verwandelt auch die Matrone all ihre Erfahrungen aus früheren Phasen in einen neuen, ausgeglichenen Ausdruck ihrer Macht, der seine Wurzeln tief in ihrer Weiblichkeit hat.

Bei beiden ist der entsprechende Mond gleichermaßen hell und dunkel. Die Jungfrau wird zunehmen und die Matrone abnehmen, doch im Moment befinden sich beide im absoluten Gleichgewicht, in absoluter Harmonie. Diese Harmonie verleiht beiden eine nicht zu leugnende, anziehende Schönheit. Im Fall der Jungfrau ist es die aufblühende sexuelle Attraktivität, die ersten Blumen im Frühling. Bei der Matrone äußert sich das in Eleganz und Anmut, eine schöne Kombination von körperlicher Vitalität und Weltgewandtheit, die Ernte all dessen, für das sie so hart gearbeitet hat und ihrer Erfahrungen.

Jungfrau und Matrone werden gewürdigt während ihren entsprechenden Festen zu den Tag-und-Nacht-Gleichen. Im alten Europa wurde die Frühlings-Tag-und-Nacht-Gleiche als Fruchtbarkeitsfest gefeiert und nach der Göttin Ostara benannt. Wenn im Frühling die Natur zu neuem Leben erwacht, beginnen auch wir wieder zu blühen; die Erde ist nun bereit, neue Samen in sich aufzunehmen und die Lebenskraft ist kaum zu bändigen. Wenn die Fruchtbarkeit der Erde sich erneuert, wird das Mädchen zur Jungfrau, und in ihrer Sinnlichkeit und ihrem Mondblut pulsiert das Potenzial zu Erneuerung. Das Rot der Leidenschaft und das Weiß der Unschuld verschmelzen zu den rosa Knospen und den ersten Blüten dieser Jahreszeit.

Das polare Gegenstück ist die Herbst-Tag-und-Nacht-Gleiche, die Zeit, wo das Wachstum sich langsam wieder einstellt. Die Ernte ist eingebracht und die Samen für die neue Saat sind eingesammelt und in Sicherheit gebracht. Der Einbruch des Herbstes fällt astrologisch mit dem Sternzeichen Waage zusammen, deren Waagschalen für die Elemente Karma und Gerechtigkeit stehen. Der Tag ist außerdem bekannt als Mabon oder Hexen-Erntedank, dann wird das letzte geerntete Korn der Tradition entsprechend geflochten, damit man es danach an einem Ehrenplatz aufbewahren und im kommenden Jahr zeremoniell verwenden kann. Das lodernde Feuer aus abgestorbenem Laub, die Süße und Saftigkeit des letzten Getreides - all dies spiegelt sich wider in der überreichen Reife der Matrone.

Reife ist in unserem Kulturkreis ein Wort, das recht negativ behaftet ist. Doch sowohl die Jungfrau als auch die Matrone machen deutlich, dass Reife auch Gleichgewicht und eine Art von Führerschaft mit sich bringt, die ganz von allein besteht. Die Jungfrau verbindet die kindliche innere Stimmigkeit mit der reifen Bereitschaft, den Schritt hinaus ins Leben zu wagen. Andere Menschen fühlen sich wohl bei ihr wegen ihrer Offenheit, ihrer Lieblichkeit und ihres Weitblicks, Dank ihrer Reinheit und des Versprechens der Fruchtbarkeit. Zwar ist sie noch jung und weiß noch nicht, worin ihre Aufgabe im Leben besteht, doch sie ist sich ihres natürlichen Ichs und ihres natürlichen Platzes in der Welt bewusst.

Natürlich gibt es in unserer Kultur allzu viele Dinge, die ihr zerbrechliches Selbstvertrauen nur allzu leicht erschüttern können. Jedes Mädchen, das Fernsehen schaut oder Modemagazine liest, wird sich hin und her gerissen fühlen zwischen ihren inneren und ihren äußeren Aspekten, und schon bald wird sie zu der Erkenntnis gelangen, das Letzteres auch das Wichtigere ist. Schon im Alter von acht oder neun Jahren zermartern sich die Mädchen den Kopf über nicht ganz dem Ideal entsprechende Äußerlichkeiten und entwickeln geradezu eine Besessenheit darin, ihren „Look“ bis ins Detail zu koordinieren. Damit gerät aber die zerbrechliche Schönheit dieser Zeit der Verwandlung völlig aus dem Blickpunkt, die jungen Mädchen werden sich selbst ganz fremd und damit anfällig dafür, sich auf die eine oder andere Weise beherrschen zu lassen.

Ein wirksamer Eingriff in dieses Geschehen ist eine angemessene Würdigung der ersten Monatsblutung. Eine allgemeine Beschreibung eines Menarcherituals gibt es später in diesem Kapitel; an dieser Stelle erst einmal die Schilderung einer jungen Frau über ihre eigene Erfahrung:

„Ich weiß noch, dass ich immer darauf gewartet habe, endlich meine Periode zu bekommen, weil ich dann eine Frau sein würde. Ich bin zusammen mit meiner

Mama zu diesen Treffen gegangen, bei denen sich die älteren Frauen darüber unterhielten; es war einfach eine Sache, über die ständig geredet wurde. PMS zum Beispiel - darüber haben sie oft Scherze gemacht. Wenn meine Mama und ihre Freundinnen zur selben Zeit bluteten, dann war das, als wären sie stark miteinander verbunden - ich hab mir immer gewünscht, auch dazuzugehören. Und dann bekam ich endlich meine Regel - ich wachte auf und war total aufgeregt! Ich war, glaube ich, gerade in die siebte Klasse gekommen, und plötzlich fühlte ich mich so viel älter und weiser.

Das Menarcheritual war eine Idee meiner Mama. Sie hatte mal etwas darüber gelesen und hat mir dann zu Hause davon erzählt. Zuerst wollte ich das lieber nicht machen, denn es war ja schließlich meine Privatsache, aber dann dachte ich mir ... das könnte lustig werden ... das wird bestimmt lustig! Meine Mama und ich haben darüber geredet, und ich habe viele Bücher darüber gelesen, und dann haben wir angefangen, das Ritual zu planen. Das hat mir einen Riesenspaß gemacht. Ich war unheimlich aufgeregt vor diesem wichtigen Ritual, wo ich endlich zur Frau werden würde und all meine engsten Freunde, all die Frauen, die mir in meinem Leben so nahe gestanden haben, würden dabei sein.

Wir haben alles auf Karteikarten geschrieben. Jede hatte ganz verschiedene Dinge zu tun. Wir haben einen Altar aufgebaut mit Familienfotos von allen Frauen, die vor mir da waren. Meine Mutter und ich brachten Blumen mit. Dann bauten wir noch einen Altar mit lauter Tampons und Binden und Kerzen - der war wunderschön. Ich hatte ein tolles Seidenkleid an, das meine Mutter mir besorgt hatte ... Ich weiß gar nicht mehr, ob ich zuerst dieses Kleid oder das indische Kaurimuschelkleid getragen habe, so benommen hab ich mich gefühlt. Es war einfach fantastisch! Es war mein *Ritual! Alle Rituale, die ich vorher miterlebt hatte, fanden den Zyklen der Erde zu Ehren statt, das hier aber war* mein *Ritual, und das war ein tolles Gefühl. Ich habe mich erwachsen gefühlt - ein Teil von diesem Frauenkreis.*

Wir haben beschlossen, dass wir diese Sache mit dem Lehm machen wollten, obwohl ich am Anfang echt Hemmungen hatte mit meinem Körper, aber dann dacht ich mir: „Klar, machen wir das". Wir haben den Lehm genommen, und die Mädchen, die ihre Periode noch nicht hatten - meine kleinen Cousinen und ein paar Freundinnen - bedeckten meinen ganzen Körper damit. Das war vielleicht eine Sauerei [lacht], und dann haben Rosie, meine ältere Cousine, und meine beste Freundin Carrie alles wieder abgewaschen. Ich hab mich dann erstmal geduscht, weil ich noch total beschmiert war. Dann haben wir meinen ganzen Körper mit Ölen eingerieben, das war so schön; meine Haut war danach ganz weich. Dann habe ich meine Unterhose, in der die ersten Blutspuren waren, im Feuer verbrannt, damit habe ich meine Kindheit losgelassen - diesen Teil habe ich mir selber ausgedacht.

Ich empfinde meine Blutung als etwas Natürliches, für mich ist das überhaupt nicht nervig oder so. Viele meiner Freundinnen stöhnen immer und sagen

„O Gott, ich hab meine Periode" als wäre das was Schlimmes. Für mich ist es etwas Wunderschönes, das schon Millionen Frauen durchgemacht haben - und das habe ich dem Ritual zu verdanken. Ich habe zu Hause noch mein Menarche-Kästchen mit dem ganzen Zeug darin - ich bin wirklich dankbar für diese Ehre."

Ein ganz wichtiger Effekt dieses Rituals ist es, der durch die Medien hervorgerufenen Egozentrik und Isolation durch die Annehmlichkeiten der Schwesternschaft entgegenzuwirken. Wenn eine Jungfrau ihren Platz einnimmt in einer Gemeinschaft von Frauen, dann kann sie sich darauf verlassen, dass jemand für sie da ist, wenn sie nach Rat, Trost oder Verständnis sucht. Sie hat nun ein Zuhause in einer Art vergrößerten Familie, selbst dann noch, wenn sie aus ihrem biologischen Nest langsam herauswächst. Sie versteht ihre Menarche als einen Teil ihres Lebenszyklus', in dem sie der Liebe begegnen, Kinder bekommen und schließlich alt und weise werden wird. Stellen wir uns nur mal vor, wie aufgeregt sie sein wird, wenn es für eine ihre Mädchenfreundinnen soweit ist, das Menarcheritual zu vollziehen und sie es ist, die sie über diese magische Schwelle führen darf. Solche Erfahrung bilden die Grundlage für eine Blutsschwesternzeit, die erfüllt ist von Vertrauen, Achtung und Liebe.

„Als ich meine Periode bekam, war ich total aufgeregt, weil ich wusste, dass ich nun ein Baby bekommen könnte. Meine Mutter hat mich und meine Schwestern wirklich hervorragend über Sex aufgeklärt und auch darüber, was in verschiedenen Phasen der Pubertät passieren würde. Sie hat uns Bücher zum Lesen gegeben, damit wir uns darauf vorbereiten konnten, was auf uns zukam. Ich weiß noch, wie ich damals mein erstes Blut angestarrt habe und nicht begreifen konnte, dass es wirklich aus mir heraus geflossen war und ich nun tatsächlich schwanger werden konnte! Wir haben keine große Feier gemacht, aber meine Mutter klärte mich darüber auf, welche Vorkehrungen ich treffen und wie ich verschiedene Verhütungsmittel anwenden sollte. Ich weiß noch genau, wie das Blut gerochen hat. Als ich noch klein war, habe ich immer meinen Kopf auf den Bauch meiner Mutter gelegt und diesen besonderen Duft gerochen, und nun habe ich gedacht „Jetzt rieche ich auch so!" Es war eine sehr schöne Erfahrung. Ich fühlte mich von da an meinen Schwestern, die bereits bluteten, viel näher."

Das Initiationsritual der Menarche

Im Leben einer Frau gibt es eindeutige physiologische Meilensteine, die jeweils einen größeren Übergang in eine neue Lebensphase einläuten. Es gab mal eine Zeit, da wurden diese Übergänge geheiligt und dienten dazu, uns mit den Zyklen und Rhythmen der Jahreszeiten und des Mondes zu verbinden. Der erste dieser Meilensteine ist das Initiationsritual der Menarche, das anlässlich des ersten Mondblutes einer jungen Frau vollzogen wird, um ihrem Übergang vom Mädchen zur Frau Ehre zu erweisen.

In der Vergangenheit war es Brauch, dieser großen Veränderung im Leben einer Frau besondere Beachtung zu schenken oder ein Fest zu geben; es ist der bedeutendste aller Initiationsriten. Die Vorfreude auf dieses Ritual half den Mädchen, ihrer ersten Blutung mit Freude und Stolz entgegenzusehen.

In nichtindustrialisierten Gesellschaften ist fast immer Abgeschiedenheit die Antwort auf die Menarche. Allerdings geschieht dies nicht aus Angst, sondern aus Achtung vor der heiligen Kraft des Menstruationsblutes. In einigen Eingeborenenkulturen werden die Mädchen für mehrere Jahre isoliert. Die jungen Dyak-Frauen in Südostasien verbringen ein ganzes Jahr in einer weißen Hütte, tragen weiße Kleider und essen ausschließlich weiße Speisen (man glaubt, das diene der Gesundheit).[1] Während dieser Zeit denken sie nach über ihre Verwandlung zur Frau und überlegen, was die Gemeinschaft nun von ihnen erwartet. Regelmäßig bekommen sie Besuch von älteren Frauen, die sie die Kunst und das Handwerk des Frauseins lehren, einschließlich der Verantwortung in der Sexualität und der Kindererziehung. Das hat enormen Einfluss auf ihr persönliches Wachstum.

Eines der schönsten Beispiele für eine Menarche-Initiation ist das Changing-Woman-Ritual der Apachen. Während dieser feierlichen Zeremonie verwandelt sich das heranwachsende Mädchen in die Urmutter der Apachen, White Painted Woman. Dann spielt sie die Geschichte von Changing Woman, die, geschwängert von der Sonne, den Stamm der Apachen gebar. Am ersten Tag des Rituals wird das Mädchen mit gelbem Pollen bestreut, um Fruchtbarkeit zu symbolisieren, und von den weisen Frauen des Stammes über das „innere Feuer" aufgeklärt, ihre heilige Sexualität. Die gesamte Zeremonie erstreckt sich über vier Tage, zu Ehren der vier Himmelsrichtungen. In der letzten Nacht muss das Mädchen von Sonnenuntergang bis Sonnenaufgang für das Wohl ihres Volkes tanzen. In der Morgendämmerung wird ihr dann folgendes Lied vorgesungen:

Nun trittst du ein in die Welt.
Du wirst eine Erwachsene sein und Verantwortung tragen …
Gehe erhobenen Hauptes, mit Ehre und Würde.
Sei stark!
Denn du bist die Mutter unseres Volkes …
Denn du wirst die Mutter einer ganzen Nation sein.[2]

Ein vier Tage andauerndes Ritual mag uns mit unserem schnellen Lebensstil recht exzessiv vorkommen, aber es erfüllt doch einen ungeheuer wichtigen Zweck: Es gibt den jungen Frauen die Möglichkeit, mit erhöhter Wahrnehmung ihren neuen Status und ihre Macht zu begreifen. Menarcherituale von heute können ganz unterschiedlich sein: von einer formellen Zeremonie bis hin zu einem einfachen Zusammenkommen mit Freundinnen und Verwandten, das mit einem gemütlichen Festmahl endet. Der Hauptgedanke ist einfach, dass sich dieses wichtige Ereignis vom Alltagsgeschehen abheben sollte. Viele Frauen in aller Welt sind heute dabei, diese Zeremonien für ihre Töchter wieder zu beleben. Es ist jedoch von größter Bedeutung, dass die jungen Frauen selbst an der Gestaltung und dem Inhalt ihrer Feiern teilhaben und mitbestimmen können, was für sie angenehm ist. Hier einige Vorschläge für eine Feier, an die man sich gern zurückerinnern wird.

Der Ort, an dem die Feier stattfindet, kann mit Blumen und Kerzen in den Farben Rot und Weiß dekoriert werden, wobei das Rot für das Blut und die Lebenskraft steht und das Weiß für Unschuld, Stärke und Gesundheit. Wenn es ihr recht ist, kann man der jungen Frau einen Ehrenplatz zuweisen, das Kopfende der Tafel beispielsweise, wo der Stuhl zu einem Thron umdekoriert wird. Die Tafel kann mit roten Rosen dekoriert werden, eine für jedes Lebensjahr. Vielleicht möchte das Mädchen auch einen Blumenkranz tragen, als Symbol für ihre erblühende Weiblichkeit.

Am Anfang kann die Gruppe die mütterliche Linie der jungen Frau anrufen und begrüßen, all ihre weiblichen Ahnen, die diese Schwelle bereits überschritten haben. Das bestätigt ihren Platz in der Gemeinschaft der Frauen, ihr Fortpflanzungspotenzial und die natürliche Schönheit ihres Menarche-Erlebnisses.

Zum eigentlichen Ritual gehört dann der Austausch von Erfahrungen mit der Menstruation, verpackt in Geschichten und Berichte aus erster Hand. Jede der anwesenden Frauen hat die Gelegenheit von ihrer eigenen Menarche zu berichten. Und nicht jede von ihnen wird etwas Freudiges zu berichten haben; ältere Frauen werden manchmal sehr traurig, wenn sie daran zurückdenken, wie sie sich für ihr erstes Blut geschämt haben. Doch das verstärkt nur das Bedürfnis der Frauen im Kreis, die junge Frau zu würdigen, die gerade dieses Blutmysterium durchlebt. Die Gruppe kann ein Gleichgewicht schaffen zwischen altem Kummer und der Ehrung des Mädchens in ihrer Stärke, ihrem Mut und ihrer Schönheit.

Eine sehr alte Methode, die Menarche zu würdigen, ist das Lehmritual, bei dem der Lehm ganz ähnlich verwendet wird, wie die Pollen im Ritual der Apachen. Das sollte man allerdings nur dann machen, wenn es der jungen

Frau nicht unangenehm ist, inmitten aller Anwesenden nackt zu sein. Alle, die noch keine Blutung haben, bedecken ihren Körper dann mit feuchtem, rotem Lehm, um so ihre Verbindung mit der Erde zu symbolisieren. Das kann richtig Spaß machen - man sagt der Kindheit auf spielerische Weise Lebewohl.

In einer ländlichen Umgebung bietet es sich an, für die junge Frau eine Schwitzhütte herzurichten, in der sie dann eine Zeit lang in Abgeschiedenheit verbringen kann. Alternativ kann sie auch eine Nacht alleine in einem Zelt oder einer Hütte verbringe, wobei ihre Freundinnen immer ganz in ihrer Nähe bleiben und vielleicht singen oder trommeln, um sie zu stärken. Wenn sie möchte, kann sie auch einfach eine Stunde allein spazieren gehen oder sich an einen Ort zurückziehen, wo sie ganz für sich sein kann.

Wenn die Phase der Isolation beendet ist, begeben sich einige der älteren Frauen (oder eine bestimmte Verwandte) zu ihr und klären sie auf, wie sie mit ihrer Fruchtbarkeit und ihrer Verantwortung in diesem neuen Lebensabschnitt umgehen sollte. Danach gehen alle wieder zu der großen Gruppe zurück. Jetzt können ihre Freundinnen so eine Art Geburtskanal bilden; dabei stellen sie sich auf und lassen die junge Frau zwischen ihren Beinen hindurch kriechen, bis sie schließlich bei ihrer Mutter ankommt, welche ihr dann heraushilft und sie in die Arme nimmt. Genau wie bei einer richtigen Geburt gibt es auch hier einen Moment, wo die Zeit still zu stehen scheint - die Macht dieses Rituals ist ganz deutlich spürbar.

Die „neugeborene“ Frau wird dann von ihren Freundinnen, die bereits ihre Blutung haben, gereinigt (vom Lehm): Damit heißen sie sie willkommen in der Gemeinschaft der Frauen. Dann wird sie in neue, schöne Kleider gesteckt, reich verziert und geschmückt wie die Göttin selbst!

Abschließend kann die Gruppe noch ein paar Worte sprechen über die Macht der Menstruation und die Rolle, die eine Frau in unserer heutigen Gesellschaft spielen sollte. Jede der Anwesenden kann, wenn sie möchte, der jungen Frau anvertrauen, auf welche besondere Weise sie ihre eigene Menstruation würdigt. Zum Abschluss kann die Mutter der jungen Frau ihr zum Beispiel ein Schmuckstück überreichen, vielleicht ein Familienerbstück oder eine Kette mit roten Steinen. Außerdem kann sie ihre Tochter ganz formell der Göttin oder sonst einer höheren Macht, an die sie glaubt, übergeben und diese um Schutz und Führung bitten.

Nachdem das Ritual beendet ist, beginnt das Festmahl. Rote Speisen stehen für Fruchtbarkeit; die Gäste können mit rotem Wein auf die Jungfrau anstoßen. Jetzt können sich auch andere Familienmitglieder dem Fest anschließen. Die Männer haben es nicht leicht damit, von der Zeremonie ausgeschlossen zu sein und freuen sich sehr, wenn sie dann eingeladen werden, am Festmahl teilzunehmen. Am wichtigsten aber ist, dass das Ritual so abläuft, wie die junge Frau es sich wünscht, damit sie das Vertrauen in ihren Körper und in sich selbst auf die ihr angenehmste Art und Weise neu entdecken kann.

Wenn so ein formelles Ritual dir und deiner Familie zu aufwendig ist oder euch unpassend erscheint, dann erfüllt auch eine schlichtere Variante ihren Zweck. Eine Mutter bat ihre Tochter, drei Dinge auszuwählen, die sie während der Feier machen wollte. Ihre Wahl fiel auf: (1) einen Einkaufsbummel, (2) Mama sollte den ganzen Tag schweigen, (3) ein Steak. Letzteres stieß auf einen gewissen Widerwillen, denn die Familie ernährte sich vegetarisch. Aber die Mutter stellte fest: „Ein Steak zu essen war für meine Tochter der Punkt, mit dem sie deutlich machte, dass sie nun erwachsen war und die Macht hatte, eigene Entscheidungen zu treffen."

Mir hat mein Vater damals ein Dutzend langstieliger Rosen überreicht. Das war mir ein wenig peinlich, denn schließlich war er ja mein Vater. Aber es war das Bewegendste und Sentimentalste, was er jemals für mich getan hat.

Eine andere Möglichkeit ist es, wenn Tochter und Mutter gemeinsam einen Lieblingsort in der Natur aufsuchen und sich dort mit der Erde und miteinander neu verbinden. Sie könnten wandern gehen oder Kanu fahren oder einfach zusammen am Lagerfeuer sitzen, wichtig ist nur, dass sie beide einige Zeit allein miteinander verbringen und den Tag zum Feiertag machen. Die Mutter kann in dieser Zeit zurückdenken an die Geburt und die Kindheit ihrer Tochter - wie war sie, als sie jünger war, und was hat sie schon alles vollbracht in ihrem jungen Leben. Sie kann sich auch mit ihrem Kind über Ideen und Hoffnungen für die Zukunft unterhalten.

Der Tag bietet sich an, der Tochter die ersten Ohrlöcher stechen zu lassen und ihr Ohrringe aus roten Steinen zu schenken. Ebenfalls ein wertvolles Andenken ist ein Menarche-Buch, in dem Fotos von allen Frauen der Familie sind - dieses Buch wird dann von Generation zu Generation weitergereicht.

Der Tag könnte damit beendet werden, dass die Mutter für ihre Tochter ein Bad einlässt, vielleicht mit Blüten auf dem Wasser. Danach können die beiden sich überlegen, wie sie die Neuigkeit dem Rest der Familie mitteilen wollen (wenn die anderen es nicht bereits wissen) und ob sie ein Fest feiern möchten. Auch hier gilt: Das Wichtigste ist, dass die junge Frau sich wohl fühlt; wenn sie selbst Lust hat, ein größeres Fest zu planen, dann wird sie auch im späteren Leben immer freudig daran zurückdenken.

— C. Leonard

Auf der anderen Seite im Kreis steht die Matrone, deren Reife auf der Summe ihrer Lebenserfahrung basiert und nicht auf einem einzelnen physiologischen Ereignis. Sie hat die Zeiten von Unschuld und Nähren hinter sich gelassen und ist nun an einem Punkt angelangt, wo sie mit sich selbst und ihrem Platz in der Welt zufrieden ist und sich sicher fühlen kann. Sie muss nicht mehr darum kämpfen, sich als reife Erwachsene zu behaupten, wie es die Amazone tut. Sie weiß um ihre Stärken und Schwächen, weiß, ob der Feind im Innen oder im Außen lauert, und so kann sie heute Berge versetzen mit einem Bruchteil der Energie, die sie früher dafür hätte aufbringen müssen. Der Titel Matriarchin erinnert an eine weibliche Führerin, an eine Königin. Doch ihre Methoden, Menschen zu führen, sind die der Matrone. Sie wurzeln tief in der stillen Macht der Frau; schnell erkennt sie die Begabungen und Fähigkeiten der anderen und ist so in der Lage, Verantwortung sinnvoll zu verteilen. Sie kennt ihre Grenzen ganz genau und überlastet sich nicht mehr; sie hat erkannt, dass Überlastung weder ihr selbst dient, noch denen, die sie liebt und die sich auf sie verlassen. Außerdem ist die Matrone auch nicht mehr die Jüngste und muss ihre Energien gut einteilen, indem sie sich genau überlegt, wie, wo und wann sie ihre Kräfte zum Einsatz bringt.

Hören wir einmal einer Vertreterin dieser Stufe zu, fünfzig Jahre alt:

> *„Das soziale Bewusstsein der 60er Jahre ist eine Zeit lang verloren gegangen, aber jetzt scheint es wieder aufzublühen. Im Repräsentantenhaus zu sitzen, ist ein ziemlich harter Job, aber meine Gründe dafür sind noch fast dieselben, die mich damals für die Menschenrechte auf die Straße gehen ließen. Es ist jetzt das erste Mal seit fünfundzwanzig Jahren, dass ich* innerhalb *des Systems eine Veränderung herbeizuführen versuche. Früher habe ich in alternativen Organisationen gearbeitet, mein eigenes Ding gedreht und mir meine eigenen Strukturen zurechtgelegt. Es ist wirklich sehr schwer, wenn man einen ganzen Haufen von Regeln befolgen muss - aber ich bin eben immer noch aktiv und will auch heute noch die Dinge verändern, die mich immer gestört haben. Der einzige Unterschied ist, dass ich heute eher den konventionellen Weg eingeschlagen habe.“*

Zu einem bestimmten Maß muss die Matrone die Ausschweifungen ihrer Amazonenzeit bremsen, um sich besser auf das konzentrieren zu können, was ihrem Leben wirklich Bedeutung verleiht. Doch um das tun zu können, muss sie eine gewisse Sicherheit gefunden haben in den materiellen Aspekten des Lebens. Das bedeutet nicht unbedingt, dass sie keine finanziellen Sorgen hat, aber sie ist sich ihrer finanziellen Verantwortung bewusst und weiß, wie sie aus dem, was sie hat, das Beste rausholen kann. Man kann oft beobachten, dass Frauen, die sich deutlich in ihrer Matronenphase befinden, fantastische Führungskräfte abgeben, denn sie regeln nicht nur ihre eigenen Angelegenheiten ganz souverän, sondern auch noch diejenigen der anderen Familienmitglieder. Frauen im Alter der Matrone haben manchmal noch alle Hände voll zu tun damit, die außerschulischen Aktivitäten ihrer Kinder zu koordinieren. All das unter einen Hut zu bringen und am Ende immer noch Zeit für sich selbst zu finden ist eine Herausforderung und ein Zeichen für die souveräne Meisterschaft der Matrone.

> *„Ich bin eine Matrone, aber ich schaue mir auch die Amazone und die Priesterin genau an, um herauszufinden, was das überhaupt bedeutet, eine Matrone zu sein. Altersmäßig fühle ich mich eher wie eine Amazone, auch in sexueller Hinsicht - ich bin gerade frisch geschieden und erforsche diese Spielwiese nun ganz neu. Was aber meine alltägliche Verantwortung betrifft als oberste Haushälterin, Betreiberin mehrerer kleiner Läden, politische Organisatorin und Aktivistin ... da spüre ich deutlich, dass ich auf dem Höhepunkt meiner Kräfte bin und alles richtig mache.*
>
> *Die Priesterin in mir spüre ich ebenfalls. Ich gelange zu neuen Einsichten, kann in allem, was ich tue, auch die spirituellen Aspekte erkennen - und das jeden Tag ein wenig mehr. Manchmal fühle ich mich, als würde ich in ein größeres Muster von Sinn und Bedeutung hineingezogen, das wenig mit meinen eigenen Entscheidungen zu tun hat. Das ist ziemlich berauschend, für mich ist das wie ein Segen, eine Art Gnade, die meine Verantwortlichkeiten mit einer gewissen Magie, mit etwas Rätselhaftem erfüllen. Ich gebe mich dieser Magie mehr und mehr hin. Das merke ich daran, dass ich auch mal ein Risiko eingehe und mich weiterentwickle, während mein höheres Ich mir immer zuruft* Ja, ja!"

Ehe die Matrone in die nächste Phase der Priesterin übergehen kann, muss sie erst ihre ganze Ernte einfahren, mit all der dazugehörenden Verantwortung und Bedeutsamkeit. „Das Korn des Herbstes ist des Frühlings Same" - was auch immer gesät wurde in der Zeit der Jungfrau, trägt nun Früchte in der Matrone. Viele moderne Matronen machen sich Gedanken darüber, dass sie ihre Menarche nie richtig gefeiert haben und das Weibliche in ihren jungen Jahren niemals als etwas Heiliges betrachten konnten. Einige von ihnen haben das Menarcheritual nachgeholt, besonders dann, wenn ihre erste Periode verunglimpft wurde oder sie sich dafür geschämt haben (da gibt es zum Beispiel den jüdischen Brauch, einem Mädchen einen Klaps zu verpassen, wenn es seine erste Menstruation hat). Meine eigene Tochter, heute Mitte zwanzig, denkt mit Erstaunen daran zurück, dass ich ihr in weiser Voraussicht eine Schachtel Binden hingelegt und sie aufgeklärt hatte, was sie zu tun hat, bevor ich zu einer Konferenz abreiste - sie war damals gerade erst zehn, aber sie fing wirklich an zu bluten, als ich weg war. Allerdings war das mehr ein Zeichen für unsere Verbundenheit als eine Würdigung des Überganges in ihrem Leben.

Manche Frauen in ihrer Amazonen- oder Matronenphase experimentieren wild herum mit ihrer Sexualität, was meist einen Versuch darstellt, sich noch einmal mit der Kraft und Leistungsfähigkeit der Jugend zu verbinden, die während ihrer Zeit als Jungfrau unterdrückt oder versteckt wurden. Wir Älteren sind nicht nur in der Lage, die Menarcherituale für junge Frauen in unserer Mitte zu beleben, wir können ebenso gut die zerrissenen Fäden in unserer eigenen psychosexuellen Entwicklung neu knüpfen. Damit können wir eine Verbindung zur ursprünglichsten Quelle der Leidenschaft herstellen, die uns dabei hilft, mit unserer stets wachsenden Verantwortung freudig und überlegt umzugehen, anstatt sie als unangenehmes und unvermeidliches Übel zu betrachten.

Die Erntezeit im Leben einer Frau bringt meist ein gesteigertes Bewusstsein für die Fülle des Lebens mit sich. Wenn die Matrone eine Bestandsaufnahme macht, fühlt sie sich oft außerordentlich reich gesegnet, wenn nicht sogar überrascht von dem Reichtum und der Fülle ihres Lebens. Die Amazonenphase ist eigentlich nur eine Art Entrümpelung, eine Reinigung vor dem Eintritt in das Reich der Matrone, in dem Frieden und Ausgeglichenheit herrschen. Jetzt ist eine Zeit zum Feiern, man kann nun seinen Mitmenschen voller Großmut und Freundlichkeit begegnen. Die Ernte soll geteilt werden; und so gibt die Matrone als Clanoberhaupt ihren Reichtum an ihre Familie weiter. Und das sind nicht nur materielle Werte, sondern vor allem Zeit und Energie, Rat und Beistand, Inspiration und Unterstützung. Vor allen Dingen ist die Zeit der Matrone eine Zeit der Freude - das Gleichgewicht zwischen Licht und Dunkel wird nicht ewig anhalten, irgendwann geht der Herbst dahin und der Winter bricht herein. Mitten in ihrer Freude wird die Matrone ihren Blick lösen von materiellen Belangen, sie wird sich zurückbesinnen auf die Quelle des Lebens und sich auf ihre Rolle als Priesterin vorbereiten.

Damit kommen wir zu einem weiteren wichtigen Aspekt der Erntezeit: Wir müssen etwas beiseite legen für kommende Tage. Indem sie langfristige Planungen macht, um sich selbst und ihre Lieben abzusichern, wird sie ihrer generationenübergreifenden Weisheit auf höchst praktische Weise gerecht. Auch für ihre spirituelle Zukunft legt sie Vorräte an - ihr eigentliches Selbst nimmt sie jenseits aller weltlichen Belange nun immer häufiger wahr, zum Beispiel morgens nach dem Aufwachen oder in Augenblicken der Inspiration. Ihre Erfahrungen als Amazone, die ihr die Essenz des Lebens wieder klar gemacht haben, bleiben ihr trotz eines straffen Zeitplans gut in Erinnerung; sie freut sich ungeduldig auf die Zeit, in der sie sich endlich ganz und gar ihrem inneren Streben hingeben kann. Erinnerungen an ihre sensible Seite werden beispielsweise beim aufmerksamen Lesen, Musik hören oder Liebe machen wach und deuten bereits an, welche Freuden sie in der Zukunft erwarten werden. Solche Schätze bewahrt sie nun für später auf.

Doch es gibt noch einen weiteren Aspekt der Erntezeit: das Erkennen von Fehlern. Teile der Saat sind möglicherweise nicht aufgegangen - vielleicht wurden sie zu spät gesät im Wachstumszyklus, vielleicht haben sie nicht genug Pflege erhalten oder konnten einfach den vorherrschenden Bedingungen nicht standhalten. Damit ist die Ernte auch eine Zeit, in der Bilanz gezogen wird; man macht Bestandsaufnahme, was funktioniert hat und was nicht. So erfahren wir auch, um welche Dinge wir uns noch kümmern müssen, was noch genährt werden will, wie wir es beim nächsten Mal besser machen können oder was wir ganz bleiben lassen sollten. Eine Frau, dreiundvierzig, berichtet:

„Ich bin wohl das klassische Superweib. Ich habe einen sechsjährigen Sohn, bin Mutter eines Teenagers, arbeite Vollzeit und trage auch noch die Verantwortung als Ehefrau. Ich kümmere mich um alles und mache mir Gedanken um das Weltgeschehen, um Politik. Ich verbringe viel Zeit damit, mir über alles mögliche Sorgen zu machen, und versuche mir ein Gleichgewicht zu schaffen, in dem mich diese verrückte Welt nicht ständig in den Wahnsinn treibt. Ich gebe mir Mühe, mich nicht unterkriegen zu lassen und immer irgendwo einen Hoffnungsschimmer zu finden.

Außerdem bin ich die Matrone meiner kleinen Gemeinschaft. Ich habe den Überblick darüber, welche Arbeiten getan werden müssen und über die emotionale Verfassung der Leute, schaue ständig nach dem Rechten, und wenn jemand meine Aufmerksamkeit braucht, dann gebe ich ihm eben ein bisschen mehr davon. Wenn ich mich frage: „Was muss getan werden?“, dann meine ich damit, was ich für wichtig halte. Ich denke, das Leben in einer Gemeinschaft ist die Zukunft, aber es ist eine echte Herausforderung, mit den Vorräten zu haushalten und zusammenzuarbeiten. Es ist nicht einfach, wenn man den Einzelnen in einer Gemeinschaft nicht aus den Augen verlieren möchte. Jeder hat eine eigene Vorstellung davon, wie viel Energie er in welche Dinge stecken kann, aber davon darf ich mich nicht ärgern lassen, sonst wäre ich ständig enttäuscht, wenn Menschen sich nicht meinen Maßstäben entsprechend verhielten.

Ich muss die Reife der Matrone gezwungenermaßen anhand einiger stressbedingter, körperlicher Beschwerden erdulden, und ich muss leider erkennen, dass ich für niemanden von Nutzen bin, wenn es mir nicht gut geht, ich nicht geerdet bin. Das sind harte Lektionen, demütigend und beunruhigend. Ein Teil von mir wäre immer noch gern die Amazone - ich stehe wirklich total auf Stärke, so nach dem Motto: „Verdammt noch mal, steht mir nicht im Weg rum!“ - aber mir begegnen eben immer wieder die großen roten Stoppschilder. Ich stelle fest, dass ich nach außen hin meine Sache gut mache, aber meine Familie leidet, denn ich überlege nicht vernünftig, bevor ich mir etwas auflade. Meine Familie erinnert mich daran, dass ich auf mich aufpassen muss - mein Jüngster durch sein Verhalten, mein Ehemann mit sanften Andeutungen und mein Teenager dadurch, dass er sich tatsächlich mal blicken lässt und sich nicht in seinem Zimmer verkriecht, wenn es still ist im Haus.

Ich erkenne jetzt, dass ich mich so sehr in der äußeren Welt aufhalte, dass ich mich gar nicht einschränken kann, um endlich in meine Priesterinnenphase überzugehen, was mit Sicherheit für alle Beteiligten wesentlich angenehmer wäre. Ich wäre um einiges stärker, wenn ich nicht so zerstreut wäre.“

Die Tarotkarte Gerechtigkeit zeigt die Matrone als Richterin und Geschworene - dabei richtet sie nicht so sehr über andere, sondern vielmehr über sich selbst. Das klassische Bild der Gerechtigkeit ist die Waage, welche wiederum für Gleichgewicht und Harmonie steht. Doch oft sieht man in diesem Bild auch ein Schwert

- symbolisch für das Wegschneiden, Zurückschneiden und Freischneiden all dessen, was nicht länger von Nutzen ist.

Im *Motherpeace*-Tarot wird die Gerechtigkeit dargestellt durch die Verbindung zur Natur und allem, was lebt, als Basis für die Urteilskraft. Die Zeichnerin Karen Vogel malte drei Figuren, die Nornen (die nordische Entsprechung der Parzen), welche die Fäden der Vergangenheit, der Gegenwart und der Zukunft in Händen halten. Doch sie sind nicht nur die Spinnerinnen dieser Fäden, sie verweben sie auch in den Teppich des Lebens, des Schicksals. Sie selbst sind Teil dessen, was sie weben, so dass sie sich selbst schaden würden, wenn sie das Muster willkürlich unterbrächen. Ihr Zweck besteht darin, die Natur dabei zu unterstützen, Leben zu zerstören, damit neues Leben entstehen kann. Die Griechen nannten dieses Konzept der Wechselbeziehung *themis*, ein Arbeitsprinzip der schnellen Urteilsfindung. Zu Lebzeiten Homers war die Göttin Themis bereits zur Mutter der Jahreszeiten geworden. Ihre Attribute sind die Waage und das Füllhorn, und sie bestimmt „den rechten Zeitpunkt für das fruchtbare Aufblühen der Erde und deren Welken, ebenso wie den rechten Zeitpunkt für die Ereignisse im Leben der Menschen."[3]

Eine ähnliche Gestalt wie Themis ist Nemesis, die Göttin der göttlichen Rache und Vergeltung. Ovid nannte sie „die Göttin, die prahlerische Worte verabscheut", die Königin des Karma und der gerechten Belohnung.[4] Wenn die Matrone auf Nemesis trifft, dann werden ihr ihre Fehler unbarmherzig vor Augen gehalten: Ausschweifungen, Unterlassungen, unfreundliches Benehmen anderen gegenüber, Machtmissbrauch, verlorene oder nicht wahrgenommene Gelegenheiten in der Vergangenheit. Vicki Noble fügt der Gerechtigkeit die Zeile hinzu „Bringt die Dinge in Ordnung" - also ganz genau die Aufgabe, die die Matrone erfüllen muss, um in die nächste Stufe übergehen zu können. Vergangene Fehler kann sie nur dann erkennen, wenn sie darüber nachdenkt, wie sie überhaupt erst entstehen konnten. Wiederkehrende Fehler werden jetzt ganz offensichtlich und scheinen nicht wieder gut zu machen, jedenfalls nicht mit gewöhnlichen Mitteln. Die Matrone blickt in die Tiefe und sucht nach Mustern, dabei geht es ihr weniger darum, die eigenen Fehler auszumerzen, vielmehr möchte sie sich mit ihnen anfreunden, ihre Schattenseiten entdecken, um Ganzheit zu erfahren. Das ist bereits Priesterinnenarbeit - sie möchte mehr, als nur die täglichen Arbeiten souverän zu verrichten, und so erforscht sie die transpersonalen Aspekte von Wachstum und Heilung.

Die der Matrone angehörende Göttin ist Ceres, die über das Korn und die Ernte wacht. Sie ist repräsentativ für die gesamte Matronenphase: Ihr ist der Feiertag Lammas angedacht, der auch der Amazone zugeordnet wird, doch auch die Sphäre der himmlischen Einflussnahme, welche die Priesterin zu erkennen sucht, gehört zu ihren Attributen. Zsuzsanna Budapest lässt sie sprechen:

> Ich bin die Erde, die älteste unter den Propheten ... Ich habe eurer Art zwei Millionen Jahre Zeit gelassen, damit ihr wachsen und ler-

nen könnt, euren Platz in meiner geheiligten Welt zu finden. Ich bin die einzige Göttin, die darum weiß, dass wir zu jeder Zeit im Raume schweben. Mein Reich ist das Universum. Die Dunkelheit ist mein Sensor, er reicht bis in die Ewigkeit ... Jeden Tag vergesst ihr, euren Dienst an mir zu tun, ihr lasst zu, dass euer Name mit Zerstörung gleichgesetzt wird. Ihr Frauen sollt meine Aktivisten sein. Euch ist es von Natur aus gegeben, zu nähren. Was euch aber nicht angeboren ist, ist die Macht zu ergreifen und die Verantwortung zu tragen für die Welt, in der ihr lebt. Also lerne das, Schwester, lerne mächtig zu sein.[5]

Adele Getty, Autorin von *Göttin. Mutter des Lebens*, erklärte mir kürzlich in einem Gespräch, dass in den Überlieferungen der Native Americans der Westen als die Himmelsrichtung der Frau gilt. Dennoch ist das Schild (Quelle des Schutzes und Ort der Macht), das hier entsprechend eingesetzt werden muss, das Schild des Mannes. Sie hat beobachten können, dass Frauen Schwierigkeiten haben, die Macht zu ergreifen und sich stattdessen überwältigt, unentschlossen und verloren fühlen, wenn sie ein Frauenschild in den Westen legen. Das rührt vielleicht von der Zerteilung, die sie während ihrer Jungfrauenzeit erfahren haben; wenn sie niemals ein gesundes Verhältnis zu ihrer Weiblichkeit entwickeln konnten, dann bleibt auch das Verhältnis zur männlichen Energie stets ein unausgereiftes. Woran es auch liegen mag, die Matrone muss sich bemühen, ein Gleichgewicht herzustellen zwischen männlichen und weiblichen Aspekten. Ihre besonderen Fähigkeiten entspringen vor allem der Balance zwischen Logik und Intuition, Wahrnehmung und Erforschung, Glauben und Bereitschaft. Die sexuellen Experimente ihrer Amazonenzeit ermöglichen ihr nun, sich mit dem Mann in sich selbst und in anderen zu verbinden; sie als Matrone hat die Aufgabe, weibliche Verletzlichkeit in Einklang zu bringen mit unerschrockener Bestimmtheit.

„Als ich meine durchgeknallte Amazonenzeit hatte, habe ich mir geschworen, nie mehr eine Gelegenheit zu verpassen und in ewigen Zweifeln hängen zu bleiben, so nach dem Motto: „Wie das wohl gewesen wäre, mit dem Typen im Bett zu sein?“ Ich hab's einfach ausprobiert, wenn ich konnte und wenn es möglich war. Auch wenn die Hälfte von mir Nein sagte - wenn nur ein Teil von mir Ja sagte, überredete ich den Rest von mir so lange, bis alles Ja sagte. Keine Reue mehr, nur noch Erleben.

Nach einer Weile stellte ich fest, dass es gar nicht so war, dass die Männer immer darauf aus sind, uns zu kriegen. Männer sind darauf aus, zu kriegen, was immer sie wollen - einiges davon ist schon ok, sogar mehr als ok - und jetzt hab ich auch ein Verhältnis dazu. In mir ist jetzt eine gewisse Leidenschaft, etwas Energisches erwacht, das da vorher nicht gewesen ist. Es gibt aber immer noch Dinge an einem Mann, die mich durcheinander bringen, mich ärgern und irgendwie auch zerstören. Ich glaube jedenfalls, dass ich den Unterschied nun kenne, und ich bin mir sicher, dass das nicht so wäre, wenn ich es nicht ausprobiert hätte.“

Frauen, die sich in festen Partnerschaften befinden, berichteten, dass sie in den Jahren der Matrone ihre Sexualität erst so richtig genießen können, es stellt sich eine gewisse Reife von Geben und Nehmen ein, gespickt mit Einfallsreichtum und Risikobereitschaft. Viele von ihnen erzählen, dass sie sich nun wohl fühlen mit sexuellen Praktiken, die sie früher eher für gewagt oder bizarr gehalten haben. Die Matrone hat nun endlich die Freiheit und das Selbstbewusstsein, zu sagen, was sie im Bett mag und was nicht - und sie sagt es klar und deutlich. Wenn dabei Konflikte entstehen, kann sie die Meinungen und Projektionen ihrer Liebhaber gut von den eigenen unterscheiden. Alles ist erlaubt - auch das Anstacheln von Umwälzungen in einer scheinbar stabilen Partnerschaft, um eine tiefer reichende Intimität zu erzeugen. Ihre Anziehungskraft beruht auf einem Gleichgewicht aus Stärkte und Feinfühligkeit; sie ist für Männer und Frauen gleichermaßen attraktiv. Einige Matronen gehen auch aus ihren festen Bindungen heraus, um neue intime Beziehungen zu ergründen; andere gehen innige, nicht-sexuelle Freundschaften ein. Der Wunsch, der all dem zugrunde liegt, ist, die Macht der Anziehungskraft nicht zu unterdrücken, sondern sie zu nutzen auf eine spielerische, offene Art und Weise, so dass enge Beziehungen - welcher Art auch immer - entstehen können.

Dieses Wohlbefinden, das die Ernte einbringt, animiert die Matrone, auch die transzendenten Aspekte der sexuellen Vereinigung zu erforschen. Auf der Suche nach tiefer Intimität kann sie schon mal in das Reich der Priesterin vordringen, nämlich als Urheberin visionärer und ekstatischer sexueller Erlebnisse. (Tantrische Vereinigung bleibt dann nicht länger nur Fantasie, wenn sie auch das volle Potenzial noch gar nicht ausgeschöpft hat.) Besonders dann, wenn sich Frauen an der Schwelle zwischen Matrone und Priesterin befinden, haben sie gewissermaßen einen Fuß in beiden Welten: die strahlende, lichte Schönheit der Körperlichkeit, die bereits berührt wurde von den dunklen, rätselhaften Tiefen, die über das Selbst hinausgehen.

„*Ich hab immer noch eine Menge über Sex zu lernen. Es gibt Zeiten, da kann ich mich wunderbar einlassen und genieße es in vollen Zügen, dann aber gibt es wieder Zeiten, wo ich das gar nicht gebrauchen kann, weil ich total im Stress bin und einfach nur müde. Meistens muss ich mit meinem Mann einfach mal ein paar Tage raus, manchmal begegnen wir aber auch irgendeinem Menschen, der gewissermaßen ein Feuer in uns entfacht. In vielen meiner sexuellen Fantasien machen wir mit mehreren Leuten Liebe, in einem größeren Kreis. Wenn mein Mann und ich uns lieben, stelle ich mir oft vor, dass noch ein anderes Paar mitmacht oder ein weiterer Mann oder noch eine Frau - wer immer grad da ist [lacht]. Mein Mann macht das nicht, aber ich tu's. Einige Male haben wir auch damit experimentiert, und ich fand das sehr prickelnd. Ich würde das wirklich gerne öfter machen.*

Wir wissen sehr genau, was dann passieren kann und wie wir es haben wollen; deshalb funktioniert es und Eifersucht ist kein Thema. Mein Mann und ich haben uns geschworen, dass unsere Partnerschaft immer an oberster Stelle stehen wird, und wenn einer von uns sich unwohl fühlt mit irgendwas, dann ist das nicht okay und wir hören auf. Die meistens unserer Erfahrungen damit beliefen sich auf einen One-Night-Stand mit einem alten Bekannten, und das hat mich immer ziemlich scharf gemacht - auf meinen Mann. Ich mag es einfach, obwohl ich nicht ganz verstehe, warum das so ist.

Ich bin in den sechziger Jahren groß geworden. Ich hab eine Menge ausprobiert und weiß, wohin das führen kann; man öffnet die Büchse der Pandora und kann ganz schnell in ziemlich unheimliche Situationen geraten, deshalb bin ich da sehr vorsichtig geworden. Eine dritte Person mit einzubeziehen sollte spontan geschehen und sich für jeden von uns einfach richtig anfühlen. Ich kann es nicht tun, wenn ich es nur für meinen Partner tue - und andersherum genauso wenig. Es ist nicht leicht, die richtige Kombination zu finden, deshalb passiert es auch nicht sehr oft. Außerdem bin ich mir auch absolut sicher, dass mein Mann aufhören wird, wenn mir alles zu viel wird und ich ihn darum bitte - ich habe schon einmal Nein gesagt, und er hat es respektiert. Das ist eine sehr wichtige Vereinbarung zwischen uns. Wir haben zwar nie vereinbart, dass wir monogam sein müssten, aber ich persönlich bin in den sieben Jahren, die wir jetzt verheiratet sind, noch nie aus unserer Beziehung ausgebrochen. Ein Grund dafür ist, dass es unheimlich zeitaufwändig ist, eine Affäre zu haben, und es gibt einfach zu viele Dinge in meinem Leben, die mir wichtiger sind. Das ist so eine gewisse Ökonomie, etwas sehr Bewusstes von meiner Seite aus. Außerdem hab ich eine ausgeprägte Fantasie und nehme mir auch Zeit dafür, mit mir selbst zu experimentieren. Und wenn ich so sehe, was ein paar meiner Freunde mit dem Tantra erleben, wird mir klar, dass es unheimlich viel gibt, das ich noch kennen lernen möchte zusammen mit meinem Partner, und das ist ziemlich prickelnd. Ich hoffe nur, dass ich nicht zu alt oder zu müde bin, bis ich endlich mal die Zeit dafür finde - andererseits kenne ich auch eine Menge Leute um die fünfzig/sechzig, die wunderbare sexuelle Beziehungen leben; ich hab' also noch genug Zeit."

Bemerkenswert ist, dass viele der von uns befragten Frauen die Matronenphase im Kreis des Lebens einfach übersprungen, bzw. sie nur kurz gestreift haben, wenn sie sie doch erwähnten. Möglicherweise liegt das daran, dass die Bezeichnung Matrone in unserer Gesellschaft eher negativ behaftet ist, man stellt sich halt immer eine Frau vor, die ausschließlich an ihre familiären Verpflichtungen gebunden ist. Andere Frauen hingegen fühlten sich dem Titel der Matrone stark verbunden, wie der folgende Bericht einer Vierundvierzigjährigen zeigt:

„Für mich bedeutet das Wort Matrone oder Matriarchin die Abstammung einer Frau und etwas, das ganz bewusst in der weiblichen Linie immer von Generation zu Generation weitergegeben wird, etwas von Wert. Das kann zum Beispiel Besitz sein, wenn man Besitz als etwas Wertvolles erachtet. Meine mütterliche Abstammungslinie ist sehr stark. Wir haben ein Haus in Maine, das immer schon von Mutter zu Tochter, von Frau zu Frau weitergeben wurde - seit Generationen. In diesem Haus hängen Porträts meiner Großmutter, meiner Urgroßmutter und meiner Ur-Urgroßmutter, die schon immer dort gehangen haben. Ich bin quasi groß geworden mit dem Blick auf diese Bilder.

Mir wurde definitiv etwas weitergegeben durch dieses Matriarchat, zum Beispiel was es heißt, eine Frau zu sein. Leider war das nicht sehr hilfreich für den Typ Frau, der ich nun einmal bin. Es ging immer darum, möglichst freundlich und anpassungsfähig zu sein, sich einzufügen und dem Mann ein schönes Heim zu bieten - der Wert der Frau wurde daran gemessen, wie erfolgreich ihre Kinder waren. Meine Mutter ist eine außergewöhnliche Frau, einfach außergewöhnlich. Sie wäre garantiert Geschäftsführerin in jedem Unternehmen geworden, wäre sie ein Mann gewesen. Aber so war sie eben die Präsidentin aller möglichen freiwilligen Organisationen - und normalerweise war sie Mitglied in vierzehn oder fünfzehn davon.

Meine Matronenzeit bestand vor allem in der Suche nach dem, was sich innerhalb und außerhalb meine mütterlichen Abstammungslinie abspielte - was ist dieses wertvolle Ding, abgesehen von Wohlstand und Arbeit, das von Frau zu Frau weitergegeben wird? Ich habe mich immer mit dem Wesen der Frauen auseinandergesetzt; ich habe mit Frauen zusammengelebt; ich arbeitete mit Frauen, bis ich endlich die Antworten fand, nach denen ich immer gesucht hatte. Ich hätte nie zur Priesterin übergehen können, wenn ich das nicht getan hätte.“

In einem meiner Frauenkreise haben wir uns einmal zum Thema gemacht, unsere Ahninnen mit in den Kreis zu bringen, entweder in Form eines Bildes oder in Form von Erinnerungen, die wir uns erzählten. Es war ganz außergewöhnlich, so zusammen zu sitzen mit den Bildern unserer Mütter und Großmütter in unserer Mitte, uns Geschichten zu erzählen von Liebe und Beistand, gewürzt mit einer guten Prise Humor und Erkenntnis. Doch auch, nachdem wir diese Frauen stolz mit in unseren Kreis gebracht hatten, bedauerten wir die Machtlosigkeit, der sie in ihrer damaligen Zeit einfach ausgesetzt waren, die Zweifel und Fehler, die einige von ihnen in die Resignation getrieben haben, und der Mangel an Liebe zu sich selbst zog sich wie ein roter Faden durch ihre Geschichten. Geduldig knüpften wir den zerrissenen Teppich unserer weiblichen Abstammung neu zusammen in ein Gebilde von ungeheurer Schönheit - er sollte uns schützen, uns einhüllen und uns warm halten auf unseren individuellen Reisen innerhalb und außerhalb des Kreises.

Ein anderes Mal ließ ich mich in eine Trance führen, in der ich dann meine weiblichen Ahnen beim Namen nannte und sie einlud, sich hinter mich zu stellen, angefangen bei meiner Mutter bis hin zu der frühesten Ahnin, an deren Name ich mich erinnern konnte. Dadurch ist in mir ein Bewusstsein erwacht für das Wissen, das über sämtliche Generationen meines Stammbaums hinweg bis zu mir weitergegeben wurde. Kurz danach habe ich ein Lied entwickelt für eine unserer nächtlichen Singe-Aktionen, das mit den Worten begann „Oh ihr Großmütter, versüßt uns unseren Weg" und in dem ich viele der weisen und liebevollen Gesten meiner eigenen Großmutter beschrieb. Als ich sang, erinnerte ich mich ganz lebhaft an ihre Hände, die im ganzen Raum in Bewegung waren, Kuchenteig kneteten, mir zärtlich über den Rücken strichen oder mein Haar berührten. Meine Erinnerungen ermöglichten mir, intuitiv in aller Breite und Tiefe zu begreifen, wer ich war, als Frau jenseits sozialer Richtlinien.

Dieser Auszug aus *Women's Rituals* unterstreicht noch einmal, wie wichtig es ist, dass wir herausfinden, wer wir sind:

> Frau, erinnere dich. Die Erinnerung ruht tief in deiner Seele, in deinem Blut, deiner Leben spendenden Dunkelheit. Berühre sie und hole sie an die Oberfläche.
>
> Besinne dich der Zeit, bevor die Menschen begannen, die Zeit zu messen. Erinnere dich der Zeit, als die Frau die Welt war und die Welt eine Frau. Erinnere dich, wie die Mütter ihren Clan führten, ihre Kinder erzogen, ihren Liebhabern deutlich machten, wie sie mit ihr umzugehen hatten und Herrinnen ihrer Häuser waren, die sie irgendwann an ihre Töchter übergeben würden. Erinnere dich der Zeit, da noch die Gesetze der Mutter den Männern untersagten, Gewalt gegen andere zu richten, besonders gegen Frauen und Kinder. Als Vergewaltigung ein Fremdwort war, weil eine sexuelle Begegnung nur stattfand, wenn die Frau dies begehrte. Erinnere dich der Zeit, da die Männer es nicht wagten, die Frauen zu kontrollieren in ihrem ökonomischen, politischen oder sexuellen Handeln, sondern sie verehrten, weil sie es waren, welche die menschliche Rasse erhalten und nähren konnten...
>
> Erinnere dich, dass es einst allein den Frauen oblag ... weise Gesetze zu erlassen, die das Überleben künftiger Generationen sicherten. Erinnere dich daran, dass die Frauen allein um das Geheimnis von Leben und Tod, von Heilung und Verfluchung wussten. Denke nur an die Heiligtümer, die von den uralten Ahninnen errichtet wurden. Denke an die großen Tempel, in denen Priesterinnen wohnten und ihrem Volk hilfreich zur Seite standen. Erinnere dich, dass die Welt einstmals friedlich war, weil es den Menschen verboten war, zu töten...

> Begreife nun ... dass die wahre Basis des menschlichen Lebens die Frau ist. Erinnere dich deiner Göttin.
>
> Frau, erinnere dich.[6]

Die Matrone lebt in uns, wenn wir mit unserem ganzen Sein präsent sind, ganz und gar in unserer Kraft. Wir stehen ein für alles Leben dieser Welt, wir erhalten die Linie unserer Rasse. Auch Flexibilität und Einfallsreichtum gehören untrennbar zur weiblichen Ökologie der Matrone. Indem wir nach Möglichkeiten suchen, anderen begreiflich zu machen, dass sie zusammen viel stärker sind, als wenn sie stets miteinander im Wettbewerb stehen und ihre Kräfte verschwenden, indem wir nur die Energie geben, die wirklich notwendig ist und indem wir verschmelzen mit den Zyklen der Natur, anstatt sie zu bekämpfen, bereiten wir uns auf die bevorstehende Rolle als Priesterin vor.

Kapitel 7

Die Blutsschwester und die Priesterin

Die Blutsschwester trägt das Versprechen der Jungfrau in sich, und zwar in einem Kreis von Gleichgesinnten. Junge Frauen in ihrer Phase als Blutsschwester verbünden sich miteinander, weil sie das Bedürfnis danach haben. In der Gruppe teilen sie Sehnsüchte, Erfahrungen, Enttäuschungen und Träume miteinander.

Blutsschwestern haben ausnahmslos die Eigenschaft, sich gegen die sozialen Beschränkungen weiblicher Kraft aufzulehnen. Sie treten im Rudel auf, wie Wölfinnen oder Löwinnen, immer auf der Jagd nach dem Kick, nach Liebhabern, nach dem Sinn und Zweck ihres Lebens. Sie machen sich gegenseitig Mut, ihre gegenkulturellen Prinzipien und Ansichten zum Ausdruck zu bringen. Blutsschwestern feiern den weiblichen Körper, ja das Weibliche an sich in all seiner Schönheit und Lebenskraft, und verleihen ihm Ausdruck durch kreative und erfinderische Mode und Sprache. Das gemeinschaftliche Einsetzen für Ideale verleiht den Blutsschwestern den Mut, hinauszuziehen in die Welt und ihr Ding zu machen; sie helfen einander bei der Selbstfindung und bereiten sich damit gegenseitig auf das zweisame Bündnis der Geliebtenphase vor. Eine junge Frau, einundzwanzig, berichtet uns:

> *„Die meisten meiner Freundinnen haben sich viel zu naiv in ihr erstes sexuelles Erlebnis hineinziehen lassen, nur um dann feststellen zu müssen, dass der Typ,*

den sie sich dafür ausgesucht hatten, ein Idiot gewesen ist. Wenn du glaubst, dass alle Typen nett sind, dann solltest du besser aufpassen, dass sie dich nicht ausnutzen. Ich kann nur allen Jungfrauen raten, die Zeit abzuwarten und sich lieber klar zu machen, was sie wirklich wollen. Herausfinden, was man mag und was nicht, kann man, indem man aus den Fehlern oder Erfolgen seiner Freundinnen lernt. Ich glaube, als Blutsschwester erlebt man gerade erst die Jugendliebe, fast noch eine kindliche Vernarrtheit. Seine Jungfräulichkeit zu verlieren macht einen nicht automatisch zur Geliebten - Geliebte wird man erst durch ein höheres Maß an Selbstachtung, Unabhängigkeit und Selbstvertrauen."

Egal ob sie sexuell aktiv ist oder nicht, die Blutsschwester ist noch nicht fest an einen Partner gebunden. Für sie ist es die Zeit des Heranreifens; energisch versucht sie, mit den Erwartungen an ihr Geschlecht gründlich aufzuräumen, damit sie das tun und sein kann, was sie will. Wir alle kennen den klassischen Akt der Blutsbrüderschaft aus der Kindheit, wo man sich in den Finger schneidet und sein Blut mit dem des anderen vermischt. Eine hervorragende Metapher dafür, wie die Blutsschwestern ihr tiefstes Inneres miteinander vermischen in der Absicht, eine Art vereinigte Macht zu erschaffen, die veraltete Werte bekämpfen soll.

Auch für die Priesterin sind geteilte Erfahrungen und Visionen der Kern ihrer Erforschung des Unbekannten und der immer reizvoller werdenden Schattenseite der Existenz. Blutsschwester und Priesterin entdecken gleichermaßen die Macht von Frauenkreisen als Mittel zu persönlichem Wachstum. Blutsschwestern ziehen ihre Kreise zumeist per Telefon oder per Email, verbreiten Neuigkeiten und holen sich Impulse voneinander. In Gruppen auszugehen oder sich zum Shopping zu treffen, sind klassische Beispiele für die Frauenkreise der Teenager. Wenn dann langsam die ersten feministischen Gedanken in den Köpfen der Blutsschwestern aufleben, werden sie wahrscheinlich ihren Kreis über ihr näheres Gesichtsfeld hinaus erweitern und sich in größerem Rahmen organisieren im Kampf für sozialen Wandel. Aber im Gegensatz zu den ersten Feministinnen handeln sie nicht mehr aus einer Verärgerung heraus, sondern kämpfen hartnäckig, geradezu feierlich um ihre Rechte. Hier die Schilderung einer Einundzwanzigjährigen:

„*Für mich heißt Feminismus herumzuhängen, mich mit anderen zu verbünden und uns dann selbst zu feiern. Es ist nichts Männerverachtendes; das finde ich nicht ok. Neulich erst haben wir eine Riesenfete gehabt, und die war für Männlein und Weiblein gleichermaßen. Ich fühle mich eher in der Frauenspiritualität zu Hause, ich lerne Dinge über mich selbst, ich lerne, Dinge zu respektieren, die man mich nie zu respektieren gelehrt hat: die Erde, die Natur, den weiblichen Körper und die weibliche Art, Dinge anzupacken.*

Je mehr meine Freundinnen und ich uns mit Männern beschäftigen, desto schwieriger wird es für uns, zusammen rumzuhängen. Aber irgendwo wollen wir auch mal Zeit für uns haben, einen Wein zusammen trinken, und die Typen kön-

nen ganz schön besitzergreifend werden. Trotzdem sind unsere Freundschaften nicht totzukriegen.

Ich glaube, Frauenkreise können einem da eine echte Hilfe sein. Und sie sind lehrreich - ich bin eine echte Verfechterin von Bildung. Falls ich mal Lehrerin werden sollte, werde ich Frauenspiritualität unterrichten, ich werde Bücher lesen lassen, in denen die Wahrheit steht über die Inquisition, Filme zeigen wie The Burning Times, *lauter so was. Ich möchte gerne jungen Frauen dabei helfen, ein positives Bild von sich selbst zu bekommen.*"

Jede Frau, die das Glück hatte, einen guten Kurs in Frauenkunde oder präpatriarchalischer Geschichte zu besuchen, wird sich noch gut daran erinnern können, wie sie plötzlich erkennen musste, dass der Kampf der Frauen um ihre Rechte und ihren Einfluss weltweit derselbe ist. Eine andere Frau, vierundzwanzig, erinnert sich:

„*Während meiner Zeit als Jungfrau hat mir nie einer gesagt, ich wäre stark oder schön oder einzigartig - ich war eine Hexe, eine Hure und total nutzlos. Ich bin in einem Heim aufgewachsen, und man hielt mich nicht für besser, als alle anderen dort, wahrscheinlich fand man mich sogar noch schlimmer als den Rest.*

Durch das College öffneten sich mir die Tore zu sozialen Kontakten, endlich hatte ich die Möglichkeit, anderen gleichaltrigen Frauen zu begegnen, die von manchen Sachen genauso begeistert waren wie ich. Mich einem Frauenkreis anzuschließen, gab mir ein Gefühl von Kontrolle und Selbstachtung. Es regte mich an, auch mal Führungspositionen zu übernehmen, ich konnte plötzlich Dinge sagen, die ich früher nie über die Lippen gebracht hätte vor lauter Angst.

Ich glaube, wenn man als Blutsschwester zu seiner Kraft findet, erspart einem das einen Haufen Mist in der nächsten Phase der Geliebten. Ich denke, dass Frauen, die das nicht erlebt haben, später dazu neigen, sich in eine untergeordnete Rolle zu begeben."

Es überrascht wenig, dass die Frauen in ihrer Blutsschwesternzeit einander zu zärtlichen Vertrauten werden und vielleicht zum ersten Mal die Erfahrung der gleichgeschlechtlichen Liebe machen. Viele der Frauen, die wir befragt haben, berichten uns, dass sie in dieser Zeit ihres Lebens eine tiefe Liebe zu einer bestimmten Frau empfunden hätten. Sich miteinander zu verbünden, bescherte ihnen Wohlbefinden und Selbstbestätigung:

„*Im College hatte ich eine sehr enge Freundin. Wir haben alles zusammen gemacht - stundenlang gequatscht, Ausflüge aufs Land unternommen, zusammen unsere Eltern besucht. Wir haben uns wahnsinnig gern gehabt und waren jeden Tag zusammen. Eines Nachts rief sie mich an und lud mich in ihre Wohnung ein, was nichts Ungewöhnliches war. Als ich aber dort ankam, hatte sie Kerzen angezündet und trug nur dieses hauchdünne Spitzennachthemd, und sie nahm mich mit in ihr Schlafzimmer. Ich war überrascht und erschrocken - darauf war ich nicht vorbereitet, und ich wollte ja auch nicht unsere Freundschaft ruinieren, also tat ich ganz unschuldig und wir unterhielten uns einfach nur. Aber irgendwie sind wir uns seitdem näher gekommen - ich glaube tatsächlich, dieser Abend und wie wir beide damit umgegangen sind, hat uns noch tiefer miteinander verbunden. Die bloße Möglichkeit, die da bestanden hatte, auch wenn wir sie nicht in die Tat umgesetzt haben, hat eine große Zärtlichkeit zwischen uns geschaffen, etwas wie einen geheimen Bund.“*

Eine andere Frau, heute in den Vierzigern, erinnert sich:

„Meine beste Freundin Nancy und ich sind ein paar Jahre lang kreuz und quer durchs ganze Land gereist. Es waren gerade die späten Sechziger und wir waren wie berauscht vom Zauber und der Wildheit des „bösen Mädchens“. Wir hatten schon so manches Männertrauma miteinander durchgestanden und waren uns sehr nah. Kein Mensch auf der Welt kannte mich so gut wie sie. Wir gingen oft sehr liebevoll miteinander um, aber wir überschritten niemals die Grenze, wirklich miteinander intim zu werden.

Eines Abends erlebten wir Mick Jagger und die Rolling Stones im Boston Garden. Jagger war auf seinem androgynen Höhepunkt - er warf Rosen ins Publikum, schwenkte sein Halstuch herum und schien uns irgendwie die Erlaubnis zu geben, die dunklen Ecken unserer Seele zu erforschen. Die Hitze seiner Performance und die Botschaft waren so deutlich, dass wir uns kaum zurückhalten konnten auf dem Heimweg. In dieser Nacht hat unsere Liebe zueinander schließlich die Grenze überschritten. Als wir uns das erste Mal küssten, waren wir sehr zaghaft und kicherten vor lauter Aufregung, aber dann wurde es wirklich ernst. Ich weiß noch, wie wunderbar es war, ihren Körper zu spüren, der sich so sehr wie mein eigener anfühlte - total vertrautes Gebiet, und so wusste ich auch ganz genau, was ich zu tun hatte. Das war etwas völlig anderes als mit einem Mann zu schlafen und mir ständig Sorgen zu machen über mein Verhalten oder darüber, wie er wohl reagieren würde. Es war absolut befreiend, dieses Wohlbefinden zu verspüren, wie ich es nie zuvor erlebt hatte.

Wir liebten uns noch das ganze nächste Jahr, und dann trennten sich unsere Lebenswege. Wir beide gründeten eine eigene Familie und verloren irgendwann den Kontakt zueinander. Aber ich bin wirklich sehr dankbar für diese Zeit in meinem Leben, in der solch ein Erlebnis möglich war.“

Wenn eine Frau in die Geber-Phase übergeht, sucht sie sich oft einen größeren Kreis von Menschen, die sie unterstützen, besonders wenn sie Kinder hat. Im Laufe der Jahre kann sich dieser Kreis noch weiter ausbreiten oder sich auch wieder zusammenziehen, je nach ihren Bedürfnissen. Ist sie aber erst einmal in die Phase der Priesterin eingegangen, sind ihre Frauenkreise nicht länger nur Hilfe und Vergnügen für sie, sondern sozusagen ihr wichtigster Arbeitsbereich, in dem sie zu sich selbst finden und ihren Lebenssinn entdecken kann, fernab von familiären Verpflichtungen. Der Kreis ist immer schon ein klassisches Symbol für das Weibliche gewesen, er steht für die Gebärmutter und die Monatszyklen. Nie hat einer über die Bedeutung des Kreises treffender gesprochen, als der Native American Black Elk:

> Dir ist sicher aufgefallen, dass alles, was wir Indianer tun, in Kreisen abläuft; das liegt daran, dass die alles durchdringende Lebenskraft alles kreisförmig geschehen lässt, alles möchte rund werden. In den alten Tagen, als wir noch ein starkes, glückliches Volk waren, kam alle Kraft zu uns vom heiligen Kreis des Volkes, und solange der Kreis nicht unterbrochen wurde, konnte das Volk gedeihen. Der blühende Baum war das lebendige Zentrum des Kreises und wurde von seinen vier Vierteln genährt. Der Osten schenkte ihm Frieden und Licht, der Süden Wärme, der Westen brachte den Regen, und der Norden mit seinen kalten, mächtigen Winden schenkte ihm Stärke und Ausdauer...
>
> Alles, was die alles durchdringende Lebenskraft tut, geschieht in einem Kreis. Der Himmel ist rund, und ich hörte davon, dass auch die Erde rund sein soll und alle Sterne. Wenn der Wind sehr mächtig ist, wirbelt er. Die Vögel bauen ihre Nester in einem Kreis. Die Sonne geht in einem Kreis auf und wieder unter. Der Mond macht es genauso, und sie beide sind rund. Sogar die Jahreszeiten bilden mit ihrem Wechsel einen großen Kreis, sie kehren immer wieder. Das Leben eines Menschen ist ein Kreis, der sich von Kindheit zu Kindheit erstreckt, und so ist es mit allen Dingen, die von der Macht durchströmt sind.[1]

Das Bedürfnis nach Kreisen verbindet Blutsschwester und Priesterin, obwohl sie gegensätzlichen Mondaspekten zugeordnet sind. Der Mond der Blutsschwester geht gerade erst auf - darin ist mehr Licht als Dunkelheit. Sie steuert direkt auf den Höhepunkt ihrer Fruchtbarkeit zu und ist sehr damit beschäftigt, den weltlichen Lauf der Dinge zu begreifen. Der Mond der Priesterin nimmt bereits wieder ab - er ist mehr dunkel als hell. Sie erforscht die dunklen Strömungen, die ihrem Schicksal unterliegen und dringt dabei in immer tiefere Ebenen ihres transpersonellen Selbst. Tatsächlich haben alle unsere Befragten, die über die Stufe der Priesterin sprachen, uns von einem Abstiegserlebnis berichtet, das wesentlich tiefer ging, als sie es je zuvor erfahren hatten. Einige Frauen unternahmen diesen Abstieg absichtlich, indem sie sich auf eine Visionssuche begaben, umzogen, ihren Beruf wechselten, eine wichtige Beziehung beendeten oder sich von einer Sucht befreiten - so hat es auch die sumerische Göttin Inanna getan, die aus freien Stücken in die Unterwelt hinab stieg, um sich selbst zu erneuern. Diese Thematik erinnert auch an die Tarot-Karte des Gehängten, der sich freiwillig über Kopf aufhängt, um sich selbst zu initiieren (so wie Odin, als er die Runen empfangen hat). Im *I Ging* finden sich ähnliche Bilder in dem Hexagramm des Kessels, dargestellt durch einen Zeremonialkelch, der auf den Kopf gestellt wurde, damit die Dinge, die darin festkleben, herausfließen können. Hier ein anschaulicher Bericht einer Einundvierzigjährigen:

> *„Vor einigen Jahren habe ich eine Visionssuche gemacht, die insgesamt zwölf Tage andauerte. Vier Tage davon haben wir gefastet, und fünf Tage lang tauschten wir unsere Geschichten miteinander aus. Als ich auf diese Suche ging, war mir klar, dass ich eigentlich gar nicht nach einer Vision Ausschau hielt, sondern einmal so richtig entrümpeln wollte in meiner Seele - ich wollte nicht nur meine Fehler loswerden, sondern auch Dinge, die ich an mir mochte.*
>
> *Am Tage vor meinem Fasten ging ich los, um die Sonne zu begrüßen. Ich kletterte diesen Bergkamm hinauf, von dem aus man das ganze Tal überblicken konnte. Die Sonne ging auf - hinter mir, unter mir, um mich herum, aber ich selbst stand im Schatten. Ich fühlte mich beraubt und isoliert, und dann war es plötzlich, als würde sich die Göttin offenbaren mitsamt ihrem ganzen Gefolge, und das gesamte Tal war in Weiblichkeit getaucht. Sie sprach zu mir: „Du dienst mir schon seit vielen Lebensaltern, nun ist diese Art Dienst für mich beendet. Ich sende dich aus als Botschafterin in die Welt der Männer." Während meiner Suche war sie die ganze Zeit bei mir, sie lehrte mich und zeigte mir das ganze Spektrum des menschlichen Wesens, die schönen Dinge und auch die schrecklichen."*

Eine Sechzigjährige erzählt uns:

> *„Ich bin jetzt seit fast zehn Jahren trocken. Sieben Jahre davon habe ich gebraucht, um zu erkennen, dass ich gar nicht begriffen hatte, wie alles zusammenhing, wie die Menschen miteinander in Verbindung standen... Das war eine ziemlich verwirrende Zeit für mich. Ich habe immer zu meiner Freundin gesagt, „Ich habe keine Ahnung, was hier geschieht", und irgendwann sagte sie zu mir, „Du weißt es wirklich nicht - du lernst es ja gerade erst, oder?" Ja, da hatte sie Recht, ich war fünfunddreißig Jahre lang Alkoholikerin. Das ist eine lange Zeit, in der ich die Realität verdrängte. Ich musste meine ganze Entwicklung noch einmal durchmachen, angefangen in meinem sechzehnten Lebensjahr. In nur zehn Jahren bin ich schließlich da angekommen, wo ich jetzt bin. Ich durchlebte alle psychologischen, emotionalen und intellektuellen Aspekte jeder Phase, die ich verpasst hatte. Jahr*

für Jahr habe ich neu geschaffen und mein Leben in Ordnung gebracht. Mein Vater ist Alkoholiker gewesen, meine Mutter hat es abgestritten, und so schwankte ich immerzu zwischen Negativem und Positivem, ohne die geringste Bestätigung meiner eigenen Persönlichkeit.

Im ersten Jahr des Entzugs ist das Hirn total zermatscht. Und zwar buchstäblich - ich konnte keinem Gespräch folgen, weil sich ein Teil von mir immer verabschiedete und den Faden verlor. Es war wirklich verrückt; ich konnte kein Leben führen auf eine normale, geradlinige Art und Weise. Dann hatte ich dieses furchtbare, wirklich absolut furchtbare Gefühl von verlorenem Glauben, als würde ich einen schwarzen Abgrund hinabstürzen, der kein Ende hatte - und es würde nie ein Ende geben, nichts würde sich je verändern, es gab keinen Gott, nichts Gutes, auf das man sich freuen konnte, und es gab keine Seele in der Welt. Als ich noch Alkoholikerin war, hatte ich nie eine solche Krise erlebt, denn da konnte ich die Dinge einfach so wegrationalisieren oder sie mit diesem verschleierten, magisch-mystischen, märchenhaften Blick betrachten. Ich weiß noch, wie ich durch Manhattan Beach gefahren bin und dachte, dass es nichts anderes auf der Welt gäbe als das hier, das war entsetzlich, der blanke Terror. Kennt ihr dieses norwegische Gemälde, Der Schrei? *Genauso hab' ich mich gefühlt, und das hat tagelang angedauert. Dann wusste ich nicht mehr, was geschah ... wahrscheinlich Erschöpfung ... dieser Terror hat mich völlig ausgezehrt, aber dann hat mich plötzlich ein Überlebensinstinkt gepackt, und ich wollte wieder an etwas glauben können. Also habe ich die nächste Gelegenheit beim Schopf gepackt und den Absprung geschafft.*

Es gab zu diesem Zeitpunkt auch eine spirituelle Dimension, denn obwohl ich Alkoholikerin war, bin ich immer irgendwie einem spirituellen Pfad gefolgt. Als ich langsam trocken wurde, fand ich nicht nur zu den oberflächlichen Aspekten der Seele zurück, sondern fand direkt Zugang zu ihren Grundpfeilern. Ich hatte noch einmal bestimmte Erkenntnisse, die ich während meiner Sucht bereits hatte, aber dieses Mal konnte ich sie in mein Leben integrieren."

Andere Frauen erleben den Abstieg als ähnlich Furcht einflößend, aber sie trifft es völlig unvorbereitet. Es ist ja nicht so, dass die Matrone eines schönen Tages, wenn alles mal etwas ruhiger läuft, beschließt, dass es nun langsam an der Zeit ist, sich den schwierigsten, ungelösten persönlichen Problemen zuzuwenden; und es ist auch nicht so, dass sie einfach nur erschöpft ist von den weltlichen Dingen und nun allem Materiellen entsagt. Nein, zum Abstieg als Priesterin gehört auch der Verlust der Kontrolle und der geliebten Beständigkeit, der oftmals durch einen plötzlichen Schicksalsschlag hervorgerufen wird.

„Als für mich die Zeit gekommen war, mich auf meine Reise in die Unterwelt zu begeben, schlug ich wild um mich und schrie wie am Spieß. Es war keine einfache Reise, und ich machte sie auch nicht freiwillig; mein ganzes Leben war plötzlich

im Chaos versunken. Ich fuhr nach England, es sollte ein zweiwöchiger Urlaub werden, aber dann kam ich ein Jahr lang nicht zurück. Das hatte ich nicht geplant - ich hatte ein Unternehmen, das nun den Bach hinunter ging - ich hatte einfach keine Kontrolle mehr. Ich habe gerne Ordnung in meinem Leben, ich treffe Entscheidungen und plane voraus, aber damals geschah immer, wenn ich etwas planen wollte, etwas Unvorhergesehenes, und ich konnte nicht tun, was ich eigentlich vor hatte. Da habe ich wirklich meinen Glauben verloren und war absolut verzweifelt, weil alles, an das ich je geglaubt hatte - der Medizinweg, die Göttin, Buddha, einfach alles - plötzlich aus meinem Leben verschwunden war. Ich wurde zur absoluten Nihilistin; ich fühlte mich total verlassen und hatte ganz und gar nicht das Gefühl, vom Universum auch nur die geringste Unterstützung zu bekommen. Der Punkt, an dem ich vom Geist total entfremdet war, war der absolute Höhepunkt und Tiefpunkt zugleich. Das Bild, das ich vor Augen hatte, war ich selbst, wie ich auf einem riesigen, schwarzen Meer dahin trieb und wie verrückt um mich schlug - wie eine vielarmige Göttin, die verzweifelt versucht, sich mit jedem ihrer Arme über Wasser zu halten. Irgendwann, mittendrin in meiner Panik, rief ich schließlich um Hilfe und sagte: „Was passiert hier, und was kann ich dagegen tun? Ich muss mich ganz schön anstrengen, um mich über Wasser zu halten." Ich konnte nicht schlafen, und egal, was ich auch anfing den ganzen Tag über, psychisch schlug ich immer noch um mich. Und die Stimme sagte zu mir: „Gib endlich auf, lass dich untergehen, lass einfach los und gehe unter." Also hörte ich auf, um mich zu schlagen und ließ mich untergehen... und ich ging unter, aber gestorben bin ich nicht. Ich versank in einem Meer von Frieden, Ruhe und Gelassenheit - nein, Gelassenheit wäre zuviel gesagt, ich spürte nicht diese positive Energie der Gelassenheit, aber zumindest war nichts Negatives mehr. Es war Leere, ich musste mich überhaupt nicht mehr anstrengen, es war einfach in Ordnung; ich ließ mich einfach treiben in dieser Leere. Ich war nicht gleich von einem Glücksgefühl erfüllt, aber ich konnte wieder schlafen, und die Energetik meines Lebens veränderte sich sofort und begann wieder, mich zu tragen. Sobald ich aber versuchte, auf meine Füße zu springen, mir den Ball zu schnappen und damit loszurennen, wurde ich sofort wieder zurückgeschmettert. Einen ganzen Monat lang habe ich gedacht, „Klar, jetzt kann ich mich aktiv in diesen Prozess einbringen", aber nein, ich hatte mich getäuscht ... und so ging das die nächsten neun Monate. Es liegt einfach in meiner Natur, an die Oberfläche zu tauchen und gleich wieder loszuspurten, doch die Herausforderung bestand in dem Moment darin, die Unterwelt nicht zu früh wieder zu verlassen. Einen Abstieg zu machen, braucht seine Zeit, und wieder heraufzusteigen, langsam wieder zurückzukehren braucht ebenfalls seine Zeit. Und wenn du versuchst, irgendwo eine Abkürzung zu nehmen, kannst du die ganze Reise noch mal von vorne machen. Ich habe schon mal so eine Reise gemacht als ich um die achtundzwanzig war, und als ich neunzehn war auch - und einmal in zehn Jahren, das reicht mir wirklich aus [lacht]. Ich bin eine Optimistin; es gefällt mir, wenn es mir gut geht, und ich mag es, wenn ich meine Sache gut mache; mich straucheln zu sehen und zu wissen, dass alle meine Freunde das ebenfalls sehen, war für mich sehr schmerzlich. Meine Freundinnen haben mich ganz toll unterstützt, sie sind wirklich für mich da gewesen - sie sagten mir immer wieder, dass es in Ordnung ist, dass ich nicht so stolz sein sollte und ruhig mal zerbrechen durfte, dass ich nicht immer die Starke sein muss, die, mit der alles ok ist. Mir wird das sehr oft vor Augen gehalten, dass ich immer die Starke bin, und das hat mir gefallen; deshalb war es mir sehr unangenehm und peinlich, so kaputt zu sein. Ich musste mir immer wieder sagen: „Ich werde nicht versuchen, die Bruchstücke einzusammeln, ich werde mir nicht vormachen, dass ich das alles im Griff habe und irgendwie daran arbeiten kann; ich muss mich jetzt einfach der Gnade dieser Reise hingeben, auf die ich mich begeben habe.“

Ich glaube, für manche Frauen ist es richtig schwierig, überhaupt wieder aufzutauchen. Wenn wir in die Unterwelt hinabsteigen, besteht die Herausforderung auch darin, dort nicht den Rest unseres Lebens oder auch nur ein Jahrzehnt hängen zu bleiben, sondern zu begreifen, worum es bei diesem Prozess wirklich geht und ihn in einem angemessenen Tempo zu durchleben, ihm nicht davonzulaufen oder hinterher zu traben, sondern einfach nur jeden Tag, jeden Augenblick bewusst zu erleben. Verwirrend wird es dann, wenn du erkennst, dass etwas in dir sterben muss. Ich neige überhaupt nicht zu Selbstmordgedanken, das widerspricht meinem Wesen total, doch als ich langsam wieder auftauchte, konnte ich sehen, wie Frauen sich das Leben nahmen - Virginia Woolf, Sylvia Plath - das ist einfach ein Denkfehler: Du spürst ganz stark, dass etwas unbedingt sterben will und denkst, dass du selbst das bist, dein physischer Körper, dabei ist es eigentlich nur ein Teil von dir, der sich verändern möchte.“

Was die Frau hier berichtet, widerlegt die Wunschvorstellung, dass das Älterwerden reibungslos abläuft, man ganz einfach immer besser wird in allem, was man tut, gibt und nimmt, wie es einem gefällt und dass man ganz nebenbei alt und weise wird. Stattdessen hat es den Anschein, als könne man wahre Weisheit nur erlangen, wenn man einmal in unbekannte Gefilde reisen musste, an irgendein ganz fremdes Ufer, weit weg von der vertrauten Identität. Um noch einmal auf den Mythos der Inanna zurückzukommen - am tiefsten Punkt ihrer Reise angelangt, begegnet sie der Göttin der Unterwelt, Ereshkigal, welche sie sodann an einem Haken zum Verwesen aufhängt. Sie mühte sich ab, Körper und Seele zusammenzuhalten und wurde schließlich aus der Gnade heraus wiedergeboren. Wenn wir also unsere Reise erfolgreich abschließen möchten, müssen wir uns ebenfalls etwas hingeben, das Richard Moss als „Transparenz“ bezeichnet, wir müssen uns „fallenlassen in Dimensionen, die viel weiter sind, als wir, beschränkt durch den Kontext unserer Erfahrungen, ahnen können.“[2]

Kann man sich auf diesen Sprung in die Dunkelheit nun irgendwie vorbereiten? Die Ernte, die die Matrone einbringt, bestimmt mit, inwieweit die Priesterin dann bereit ist, nachzugeben und sich in unbekannte Gefilde vorzuwagen. Je mehr ihr Durst nach Erfahrungen gestillt wurde, je erfolgreicher sie sich im Laufe der Jahre mit ihren Fehlern versöhnt hat, je öfter sie den Schmerz des Scheiterns ertragen musste und es geschafft hat, ihn zu transformieren, desto leichter wird es ihr fallen, daran zu glauben, dass so ziemlich alles möglich ist und sie ihrem Abstieg in die Unterwelt relativ gelassen entgegensehen kann. War die Ernte jedoch ernüchternd oder unvollständig, wird es ihr schwer fallen, an ihr Glück zu glauben. Allerdings hat Glauben ja per definitionem weniger mit Beweisen, sondern vielmehr mit Hingabe zu tun: Unbedingte Treue zu etwas, an das man durch ein Versprechen gebunden ist. In einer Schwesternschaft besteht dieses Versprechen darin, einander in allen Lebenslagen, so gut es geht, zu unterstützen. Egal, welche Fehler oder Sünden oder Unterlassungen wir begangen haben, wenn wir sie einander ganz offen enthüllen und empfänglich sind für das Feedback der anderen, dann hilft uns das dabei, auch die härtesten Lektionen im Leben zu lernen. Wenn man in der Blutsschwesternzeit positive Erfahrung mit Bündnissen mit anderen Frauen machen konnte, wird es einem in der Phase der Priesterin umso leichter fallen, an diesem kritischen Punkt Hilfe anzunehmen.

In der Karte des Sterns im Tarot steckt die Botschaft, dass eine Wiedergutmachung im Leben immer möglich ist. In dieser Hinsicht, kann eine Schwesternschaft eine Heilung ganz wunderbar unterstützen. Im *Motherpeace*-Deck hat Karen Vogel eine Frau gezeichnet, die in einer Erdmulde sitzt, bis zur Brust von Wasser umgeben. Auf der Wasseroberfläche schwimmen rosa Blüten, ein Symbol für die Liebe. Übergossen von Sternenlicht und Nachtregen erwartet sie die Ankunft ihrer Schwestern, die sie dann baden, für sie singen und ihre Schönheit würdigen werden. Vicki Noble geht näher auf dieses Bild ein:

> Der Gedanke, dass die kosmische Macht herabsteigt und unser Erdenleben segnet, ist so alt wie der Regen. Ähnlich wie der präkolumbianische Wasserkrug und die Waschschüssel, wird der Geist in einem offenen Gefäß empfangen und steht für das archetypische Weibliche … Das Eintauchen in Wasser ist eine uralte Heilmethode, und die Kraft von Mineralquellen oder heißen Quellen reinigt Körper und Seele. Der Schmerz lässt nach, die Angst schwindet, und alle Poren öffnen sich der Liebe.[3]

Reinheit und Reinigung sind die Verbindung zwischen Blutsschwester und Priesterin. Die Blutsschwester hat nur die reinsten Absichten, sie sehnt sich danach, sie selbst sein zu dürfen in der äußeren Welt und möchte sich verlassen können auf die offene, uneingeschränkte Ehrlichkeit ihrer Mitschwestern. Die Blutsschwester geht noch ganz jungfräulich an das Leben heran und bewahrt sich ihre Reinheit, indem sie versucht, sich ganz aufrichtig ihre Ideale und Wünsche zu erfüllen, ganz gleich ob sexueller oder anderer Natur. Für die Priesterin bedeutet Reinigung ein Freiwerden von all den Enttäuschungen, Missgeschicken und Fehlern aus der Vergangenheit sowie von allen Erfahrungen, die sie darin behindert haben, bedingungslose Liebe zu erleben und zu geben. Wenn in christlichen Bildern die Reinigung dargestellt wird, spielt meist das Element Feuer eine Rolle, welches das Fleisch verbrennt und die Seele vom Körper trennt. Im Gegensatz dazu reinigt sich die heilige Weiblichkeit, indem sie Körper und Seele wieder miteinander verbindet, durch das Wiederherstellen von Ganzheit und süßer Schlichtheit.

Man darf dabei nicht vergessen, dass bedingungslose Liebe nichts mit Nachsicht zu tun hat. Auch solche Göttinnen, die für Gnade stehen, wollen mit klaren Worten angesprochen werden. Kuan Yin wird traditionell angerufen, indem man sich stark konzentriert und sein Selbst einfach hingibt, die Weiße Tara erreicht man durch Geduld und Hingabe. Der Abstieg, den die Priesterin erleben durfte, hat ihr eine gewisse Reinheit verliehen, die sie in die Lage versetzt, mit ihren Schwestern auf eine ganz unsentimentale Weise zusammenzukommen, wodurch selbstloses Arbeiten und Diensten ermöglicht werden.

„Jetzt hab ich endlich das Gefühl, dass ich (rein biologisch) alt genug bin, um die zu sein, die ich bin - meine Kraft und meine schamanischen Neigungen sind mir nun nicht mehr peinlich. Es interessiert mich nicht mehr, ob die Menschen mich wirklich mögen oder nicht, und obwohl ich eine Menge guter Freunde habe, denke ich doch, dass wir einfach keine Zeit mit Lügen oder unnötigen Nettigkeiten verschwenden sollten, wenn uns Dinge auf die Nerven gehen. Wir sollten ruhig bei der Wahrheit bleiben, und das schulden wir einander auch. Ich erwarte, dass meine Freunde mir sagen, wenn ich mich danebenbenehme, und ich weiß, dass sie dasselbe von mir erwarten. Ich genieße das; das war für mich wie eine Befreiung. Damit haben wir unsere schwesterlichen Beziehungen auf eine ganz andere Ebene gehoben, auf der wir unglaublich viel Spaß miteinander haben können. Nie langweilen wir uns miteinander - wir haben einfach keine Zeit für Langeweile oder Gejammer.

Viele Frauen, mit denen ich arbeite, erzählen mir, dass sie ihre Priesterin gerne mehr ausleben möchten, doch ihre Freundinnen machen ihnen deutlich, dass es besser ist, diese Seite zu unterdrücken. Ich sage ihnen dann immer, sie sollen sich neue Freundinnen suchen. Wenn deine Freundinnen dich nicht darin unterstützen, deine Kraft auszuleben und dich so unerhört aufzuführen, wie du es eben gerade brauchst, wenn sie eingeschüchtert sind oder eifersüchtig oder das Gefühl haben, sich mit dir messen zu müssen, dann solltest du dir wirklich einen neuen Freundeskreis suchen. Es gibt einen Haufen Frauen da draußen, die sich gegenseitig dabei unterstützen, ihr herrlichstes, strahlendstes Selbst auszuleben und sich nicht stören an der Schönheit der anderen oder sonst irgendwelchen Begabungen, die man selbst nicht hat.

Ich glaube, dass sich in letzter Zeit für viele Frauen einiges verändert hat. Da gibt es eine Grenze - eine recht bewegliche Grenze - eine Grenze, die von Frauen gezogen wird, die sich selbst als gesund empfinden, und die Frauen ausschließt, die von sich sagen: „Ich bin noch mitten im Heilungsprozess" oder „Ich werde niemals heil werden" oder „Ich sehe mich als Überlebende von diesem oder jenem". Immer mehr Frauen, die sich selbst als heil empfinden, haben immer weniger Geduld mit Frauen, die sich selbst als krank empfinden. Diese Grenze ist sehr durchlässig - du kannst sie jederzeit überschreiten. Aber es gibt auch eine ganze Menge Frauen, die sich in ihrem Leben weiterentwickeln wollen - egal ob sie nun ein Jahr oder zehn oder dreißig Jahre dafür brauchen - und sie wollen nicht immerzu rumhängen mit Frauen, die sich ständig im Prozess befinden, narzisstisch sind und immer wieder dieselben alten Traumata in ihren Beziehungen durchleben. Wir alle schleppen verschiedenste Traumata mit uns herum, aber entscheidend ist doch, womit wir uns identifizieren. An alle Frauen, die sagen: „Ich bemühe mich, geheilt zu werden, und wenn ich dann heil bin, werde ich der Welt was Gutes tun" - vergesst es, ihr müsst einfach weiterleben. Ihr müsst euch nicht an erster Stelle damit identifizieren, dass ihr vergewaltigt (und ich spreche hier aus eigener Erfahrung) oder belästigt wurdet. Das mag zwar grausam klingen, aber wir haben nun mal nur begrenzte Zeit zur Verfügung in unserem Leben. Willst du dein Trauma mit ins Grab nehmen als das, womit du dich dein Leben lang identifiziert hast, oder willst du vorwärts kommen? Ich kann nur im Namen aller Frauen, die das getan haben, sagen, dass wir wirklich eine gute Zeit zusammen haben [lacht] und alles sehr aufregend und interessant ist. Wir müssen uns nicht ständig nur um uns selbst drehen, in uns gekehrt sein - wir haben genug Energie, um sie mit der Welt zu teilen."

Basierend auf der Liebe zueinander entdeckt die Priesterin nach und nach, dass die Wurzel des Missbrauchs darin besteht, in der Macht zu schwelgen; teilt man aber diese Macht und versieht sie mit einer gehörigen Portion Mitgefühl, dann können Wunder geschehen, Heilungen beschleunigt und wahre Weisheit erlangt werden. Durch die Verschmelzung von Macht und liebevollem Mitgefühl wird Ekstase erzeugt - welche die Grundlage bildet für die bevorstehende Arbeit der Zauberin. Die Samen dieser Erkenntnis finden sich auch dieses Mal in der Phase der Blutsschwesternschaft, wie der Bericht dieser Frau, zweiundzwanzig, belegt:

„Die Lektionen, die ich in den letzten Jahren gelernt habe, waren Selbstlosigkeit und niemandem Leid zuzufügen. Vorher hatte ich keine Kontrolle über meine Gefühle und mein Handeln, doch inzwischen ehre und respektiere ich die Macht des Verstandes und der Manifestation. Ich trage für meine Energie und die Dinge, die aus ihr entstehen, die volle Verantwortung, ganz egal, ob im Positiven oder im Negativen. Ich begreife nun, wie Heilung eigentlich funktioniert - Visualisierung und Suggestion bringen Energien in bestimmte Formen und geben so unserer Umgebung Gestalt."

Ein weiteres Motiv in der Karte des Sterns im *Motherpeace*-Deck ist der Adler, der für die seelischen Erkundungen der Priesterin steht und zeitweise auch als ihr Beschützer fungiert, der sie vor Schaden bewahrt. Der Adler kennzeichnet den Geist, der durch die anderen Reiche und Dimensionen reist, um nach Erkenntnissen Ausschau zu halten, die nicht auf der Erde zu finden sind. Die Priesterin in Gestalt des Adlers fliegt weiter hinauf als jeder andere Vogel und erreicht eine Höhe, die so überwältigend ist, wie die Tiefe des Abstiegs, den sie zuvor gemacht hat. In einigen kulturellen Traditionen gilt es als Ruf zum Schamanismus, wenn einem ein Adler über den Kopf fliegt. Außerdem gilt der Adler als Überbringer von Botschaften, der Nachrichten und Anweisungen der Nacht übermittelt. Entsprechend ihres abnehmenden Mondes wird die Weisheit der Nacht für die Priesterin zunehmend bedeutsamer. Wenn sie dann in die Phase der Zauberin übergeht, ist es ihre Aufgabe, diese Weisheit „herunterzuladen" und in sich aufzunehmen, sie zu leben. Schlussendlich bedeutet das, dass sie den Kampf aufgeben und der Verwandlung gestatten muss, sich zu vollziehen. Vicki Noble erklärt:

> Der Stern ist wie die Gerechtigkeit, allerdings auf einer höheren Ebene. Er steht für die bewusste Hingabe an das Schicksal, ein liebevolles Geschenk des Selbst an den Geist des Lebens. Keine unerwarteten karmischen Umstellungen mehr, keine Verwirrung mehr darüber, was richtig und was falsch ist. Jetzt kann das Wesen begreifen, durch den Körper und die Gefühle, wie die Dinge im Fluss sind und wie der Sinn des Lebens sich gestaltet.[4]

Alle unsere Befragten, die sich selbst im Stadium der Priesterin sahen, berichteten von diesem in-Berührung-kommen, der Einheit von Leben und Selbst. Eine Frau, achtundvierzig, hat es so ausgedrückt:

> *„Der entscheidende Unterschied zwischen meiner Zeit als Matrone und dem, was ich jetzt bin, besteht darin, dass ich aufgehört habe zu kämpfen; das Mysterium spricht durch mich, und es gibt keine Schatten mehr, mit denen ich mich auseinandersetzen muss."*

Eine andere Frau, fünfundvierzig, berichtet:

> *„Ich habe nun endlich die Kunst erlernt, absolut präsent zu sein. Vorher war ich mir selbst immer drei Schritte voraus, überstürzte die Dinge, aber heute besinne ich mich immer darauf, bei dem zu bleiben, was in diesem Moment wichtig ist und nicht immer alles beschleunigen zu wollen."*

Eine Frau Anfang sechzig erinnert sich:

„Vor einiger Zeit habe ich festgestellt, wie wichtig das Wissen um das richtige Timing ist. Daran erkennt man, wie man sich im Leben so anstellt. Das ist, als ob man auf ein Päckchen wartet und gleichzeitig einen Termin wahrnehmen muss - und in letzter Sekunde, bevor man wirklich gehen muss, erscheint der Postbote. Das zeigt dir, dass du deinem Rhythmus weder voraus bist noch ihm hinterher eilst. Und wenn du nicht im Rhythmus bist, stelle fest, ob du zu schnell oder zu langsam bist.

In den letzten zehn Jahren war mein Leben voller Synchronizität. Ich werde demnächst nach New Orleans umziehen; dort habe ich gerade ziemlich spontan ein Haus gekauft. Die Frau, mit der ich dieses Haus zusammen gekauft habe, erzählte mir neulich von einem Traum, den sie vor Jahren einmal hatte. Der besagte, dass sie eines Tages in Versailles glücklich werden würde; sie dachte dabei natürlich an Europa. Aber dieses Haus, das wir gekauft haben, ist am Versailles Boulevard! So ist das wohl - irgendwie passt einfach alles zusammen."

Ein noch viel deutlicheres Beispiel für Synchronizität zeigt der folgende Bericht einer Frau, fünfundvierzig:

„Vor einigen Jahren, als mein Freund mit mir zusammenzog, entschloss ich mich, ein Ritual für Pan zu machen - den lustvollen Ziegengott des Waldes, den mein Freund absolut verkörperte - um ihm für unsere Vereinigung zu danken. Das Ritual selbst war sehr bewegend, mein Freund stellte viele Aspekte des Pan dar, seine ungezügelte Sexualität, seine Verspieltheit, seine Ehrfurcht und sein Respekt vor Frauen.

Einige Tage später fuhr ich gerade meine Auffahrt hinunter, als ich in dem Blumentopf an der Straße etwas glitzern sah. Es war ein strahlender Februartag; der Schnee blendete einen in der Sonne. Ich ging zum Blumentopf und holte eine Art blutigen Brei mit einer Eiskruste heraus. Es war in kleiner gehörnter Tierschädel, Knorpel und Fell waren größtenteils noch intakt. Anstatt erschrocken zu sein, sah ich darin etwas Wunderschönes, die kleinen Hörner waren herrlich geschwungen. Wie er dort hingekommen war, war mir sehr schnell klar: Ich habe Hunde, der eine zum Teil Kojote, die andere eine begabte Jägerin. Es hätte mir allerdings auffallen müssen, dass es eigenartig für die Hunde war, eine Beute im Blumentopf zurückzulassen.

Ich beschloss, den Schädel auf einem Pflock in meinem Gewächshaus zu trocknen. Er schien einen großen Eisklumpen zu beherbergen an der Stelle, wo die Wirbelsäule einst in den Kopf ragte. Ich ließ ihn also dort stecken und vergaß ihn völlig. Am zweiten Todestag meines Mannes wollte ich an den Ort gehen, wo er gestorben war. Ich trug ein paar Sachen zusammen, die ich mitnehmen wollte und ging dabei durch das Gewächshaus, wo ich abwesend auch den Schädel einpackte, der inzwischen ganz trocken gebleicht war. Als ich ihn umdrehte, fiel ein wunderschöner Quarzkristall aus der Wirbelsäulenöffnung auf den Boden.

Das passierte zu einem Zeitpunkt in meinem Leben, da ich mich aufgrund des Todes meines Mannes mit einem Bein in dieser Wirklichkeit und mit dem anderen in der Anderswelt befand. Ich nahm an, dass das ein Segen war, ein magisches Geschenk von Pan dafür, dass ich ihn angerufen und das männliche Prinzip in meinem Leben wiedererweckt hatte. Meine Familie allerdings wollte wissen, wo dieses Wesen herkam. Und so brachten sie den Schädel zur Fischerei- und Jagdbehörde, um ihn identifizieren zu lassen. Dort sagte man ihnen, dass es keinesfalls ein einheimisches Tier sei und sie auch sonst keinen blassen Schimmer hätten, was es sein könnte.

Einige Jahre später, nach einer langen Nacht des Redens und Nachdenkens mit meinem neuen Mann über die Pan-Geschichte, betrachteten wir den schönen Schädel und hatten plötzlich die Idee, ihn umzudrehen - und da schaute aus der Knochenstruktur das Gesicht des Pan selbst uns entgegen: der Grüne Mann. Auch das war ein magisches Geschenk und deutete uns beiden an, dass es noch einiges zu lernen gab über das männliche Prinzip und unsere Beziehung zu ihm.“

Die Charakteristik von Synchronizität und prophetischem Träumen in dieser Phase gründet sich zum Teil auf hormonelle Schwankungen. Im Allgemeinen ereilt uns die Priesterinnenphase mit Mitte vierzig - die Jahre vor der Menopause, wenn wir unseren allerfruchtbarsten Zyklus durchleben oder umgekehrt das gemeine PMS. Wenn wir älter werden, überspringen wir von Zeit zu Zeit den Eisprung, was zu einem verringerten Progesteronanteil führt. Progesteron mildert die Wirkung von Aldosteronen, welche für die meisten prämenstruellen Symptome verantwortlich sind; wenn also zu wenig Progesteron vorhanden ist, werden diese prämenstruellen Symptome nicht mehr kontrolliert. Die Hirnanhangdrüse reagiert auf diese Unregelmäßigkeiten mit der Ausschüttung von immensen Mengen an Follikel stimulierenden Hormonen (FSH), um den Eisprung auszulösen. Eine Frau berichtete uns, sie sei in solch einer ovulativen Periode „bis zu den Knien nass“ gewesen vom Schleim, habe sich außerdem unglaublich nach ihrem Mann verzehrt und konnte kaum mehr in der Realität bleiben. Für mein Buch *Women's Sexual Passages: Finding Pleasure and Intimacy at Every Stage of Life* habe ich die weiblichen Hormone und ihre Wirkung auf die weibliche Psyche untersucht und stellte fest, dass extreme Mengen von Östrogen nicht nur für eine gesteigerte Libido sorgen, sondern außerdem für sehr lebendige Träume, intuitive Erkenntnisse und übersinnliche Wahrnehmungen.[5] Das mag ein Grund sein für die Fähigkeit der Priesterin, sich leicht in Trancezustände zu bringen, besonders in Ritualen mit ihren Mitschwestern.

Also noch ein Grund für das Bilden eines Schutzkreises. In der Karte des Sterns im *Motherpeace*-Deck liegen Steine rund um den Teich herum, in dem die Frau badet - ein Symbol für Sicherheit durch Eingrenzung. Für jede Art von ritueller Trance oder Heilarbeit wird ein Kreis gezogen, indem man die Kräfte der vier Himmelsrichtungen, also Osten, Süden, Westen, Norden und ihre Repräsentanten Jungfrau, Mutter, Matrone und Weise Alte (oder andere Ahnenwächter), anruft und um Führung und Schutz bittet (siehe Kapitel 11). Es ist von enormer Wichtigkeit, diesen Kreis sorgfältig und freiwillig zu ziehen, um den Körper zu erden, damit der Geist frei und sicher auf Reisen gehen kann.

Im Waite-Tarot hängt der Gehängte an nur einem Bein, das andere Bein ist frei und über das andere gekreuzt. Dies ist das Kreuz in einem Kreis: ein Bild der Eingrenzung und Selbsterhaltung. Wenn man die Schattenseiten des Lebens ergründen will, birgt das immer ein gewisses Maß an Gefahr. Die Priesterin muss lernen, wie wir bereits in einem Bericht gelesen haben, Körper und Seele zusammenzuhalten, damit sie den Aufstieg aus der Dunkelheit sicher bestreiten kann. Überall auf ihrem Weg lauern giftige und verwirrende Enthüllungen - die Priesterin muss sich bewusst sein, dass solche Fallgruben auf sie warten, und sich die Unterstützung ihrer Schwestern zunutze machen, um diese umgehen zu können. Sie sieht ihren Weg durch den Riss im Spiegel, das Tor, das von der gewöhnlichen in die außergewöhnliche Wirklichkeit führt - die Tradition der Native Americans nennt sie die Changing Woman. Doch solange, bis sie gelernt hat, das Giftige zu verwandeln, wird sie zwar gewandelt, ist aber nicht die Wandelnde. Noch ist sie kein zuverlässiger Navigator auf dem Weg zwischen den Welten. Sie fährt zwar mit auf dem magischen Schiff, doch erst als Zauberin wird sie in der Lage sein, das Steuer zu führen.

Kapitel 8

Die Geliebte und die Zauberin

Die Geliebte und die Zauberin haben etwas gemeinsam: eine tiefe Faszination für die Macht der Liebe und die Vereinigung von Gegensätzen. Wie wir von einer jungen Frau in den Blutsschwesternjahren schon gehört haben, reicht sexuelle Erfahrung allein nicht aus, um zur Geliebten zu werden. Wir müssen erst die Reife erlangen, zu geben und zu nehmen, und genügend Selbstachtung, um sich auf tiefer Ebene mit dem anderen zu verbinden, ohne die eigene Identität zu verlieren. Männliche und weibliche Aspekte - im Innen wie im Außen - müssen in einer gegensätzlichen, aber gleichberechtigten Beziehung zueinander stehen. Das ist der Schlüssel zum *hieros-gamos*, zur Heiligen Hochzeit.

Auch die Zauberin muss ihre männlichen und weiblichen Energien im Gleichgewicht halten, um ihre Macht zum Guten nutzen zu können. Dadurch ist ihr Weg von einer gewissen Strenge geprägt, jeder ihrer Schritte hat Bedeutung. Durch ihren Abstieg als Priesterin entdeckt sie eine gewisse Ausrichtung und ein Gefühl für Timing, das ihr Leben mit Macht erfüllt. Wenn sie ihren Kurs gelegentlich ändert, wird sie sehr bald zurückgeworfen werden; ihre Wahl ist begrenzt, doch ihr Potenzial ist ungeheuer groß.

> *„Ich spüre die Zauberin in mir, weil ich endlich weiß, was ich zu tun habe - besonders in schwierigen Situationen kommen die richtigen Worte einfach*

im richtigen Moment. Früher habe ich im entscheidenden Moment immer die Klappe gehalten; jetzt ist es, als ob mich irgendwas durchfährt wie eine Welle aus Energie, und dann muss ich einfach etwas sagen. Und je größer der Einsatz, desto besser werde ich.“

Die Karte aus dem *Motherpeace*-Tarot, welche die Zauberin am besten darstellt, ist die Mäßigkeit, die Karte der Schamanin. Trotz der kulturell bedingten Negativbehaftung des Wortes im Sinne von Selbstzüchtigung ist doch der Kern der Mäßigkeit - destillieren oder verfeinern, wie beim Härten von Stahl - absolut passend. Entscheidend ist nämlich, dass die Zauberin von der Phase der Macht nun in die Phase der Weisheit übergegangen ist. Vicki Noble erklärt „Die Schamanin der Mäßigkeit ist nun keine Novizin mehr, sie ist jetzt wirklich erwachsen geworden. Früher wurde sie unfreiwillig heimgesucht von Geistern, doch nun versteht die Schamanin, wie man „das Feuer entfacht“ und macht sich dieses Wissen aktiv zunutze, indem sie die Geister nun zu sich ruft. Sie ist ein offener Kanal, gereinigt durch den vorangegangenen Prozess, fähig, mit gewaltigen Kräften und Energien fertig zu werden. Sie schwankt nicht von einem Extrem ins andere, sondern reitet die Welle in vollkommener Einheit mit ihr... Sie bleibt auf dem Mittleren Weg, wie die Buddhisten sagen, direkt zum Herzen hin.“[1]

Das oben Gesagte spiegelt sich in den Worten dieser Frau, neunundvierzig:

„Meine Erfahrung als Priesterin war der Dienst. Der Dienst an einer Intelligenz, die größer ist als meine und von der ich mich führen ließ, der ich folgte. Zur Zauberin wurde ich in dem Moment, da ich diese Erfahrungen schließlich verkörperte, selbst zu ihnen wurde - die Göttin lebt nun nicht mehr nur außerhalb von mir und nährt mich mit Botschaften. Sie wohnt in mir, und ich diene ihr, indem ich sie auslebe, selbst Göttin bin.“

Weise zu sein, bedeutet eine Verlagerung des Fokus. Das Erlangen von Macht ist nun kein Thema mehr, das Sichtbarmachen von Macht nicht mehr notwendig. Die Zauberin verschmilzt mit der Macht und verlässt sich auf sie in allem, was sie tut. Doch wie vollzieht sich dieser Wandel?

„Ich glaube, die Fähigkeit zur Magie erlangt man durch den Kontrollverlust der Priesterin. Egal, welches Programm du dir zurechtgelegt hast für den Fall, dass die Dinge außer Kontrolle geraten oder du keinen Einfluss mehr darauf hast, es ist genau dieser dunkle Punkt, den du genauer betrachten solltest. Jede Frau erlebt das anders - apokalyptisch, euphorisch, für manche ist es die Hölle, für andere der Himmel, doch ganz gleich, wie es ist, es wirft einen aus der gewohnten Bahn.

Es gibt so viele Mythen über Zerstückelung und Fragmentierung des Selbst und das Streben nach Wiedereingliederung von Wesensanteilen, die einmal ab-

gestoßen wurden. Ich muss da an die Geschichte „La Loba" aus dem Buch Die Wolfsfrau *denken. Darin geht es um eine alte Frau, eine weise Frau, die immer Knochen findet und die Skelette wieder zusammenfügt. Sie hatte alle Knochen eines Wolfes bereits gefunden, bis auf einen im rechten Hinterbein. Als sie ihn schließlich doch noch findet, durchwacht sie die ganze Nacht in einer Zeremonie, ehe sie den Knochen an seinen Platz legt. Als das geschieht, wird der Wolf wieder lebendig, und zwar als Geist-Frau. Diese verlässt den Raum und schenkt der weisen Alten nur ein Lächeln über ihre Schultern hinweg. Die Teile von uns selbst zu finden, die so gut verborgen sind, ist sehr anstrengend und manchmal wirklich ekelhaft [lacht], doch sie wieder einzugliedern, fühlt sich an wie Ganzwerden, wie eine Verwandlung."*

Krieg führende oder zerstreute Aspekte unseres Selbst wieder zusammenzufügen ist das zentrale Thema des Prozesses von Abstieg oder Aufstieg, und dabei verwandeln wir uns von der Priesterin zur Zauberin. Das ist spirituelle Alchimie, getrieben vom inneren Feuer. Das Wasser der Priesterinnenphase macht es uns möglich, in die Tiefen hinab zu fließen, doch das Feuer der Zauberin entfacht unser Wiederauftauchen, schmiedet die Wiedereingliederung und bringt uns ins Leben zurück.

Auf welche Weise hängt das nun mit der Geliebten zusammen? Die meisten jungen Frauen sehnen sich danach, sich der Liebe hinzugeben und in einer vollendeten Einheit zu verschmelzen, aus der neues Leben hervorgehen wird. Leider geschieht dabei nur selten eine gleichberechtigte Paarung von Gegensätzen. Stattdessen ziehen wir in den Krieg der Geschlechter, wobei das fehlgeleitete Streben der Männer nach Herrschaft mit dem weiblichen Hang zur Unterordnung zwar gut zusammenpasst, allerdings mit rebellischen Frauen aufs Härteste kollidiert. Wenn aber eine Heilige Hochzeit stattfinden soll, müssen die Rollen der Geschlechter neu gestaltet werden. In der heidnischen Überlieferung entspricht der Mann als Liebhaber dem Pan, dem Gefährten der Göttin: potent, ausdrucksvoll, doch stets voller Achtung vor der Frau als Quelle des Lebens. Man beobachtet unter jungen Männern zwar oftmals extreme nihilistische und sadistische Verhaltensmuster, doch einige orientieren sich durchaus am Modell des Pan, wie dieser junge Mann, sechsundzwanzig, beschreibt:

„Ich glaube fest an meine Generation. Die Leute machen sich immer darüber lustig, wenn Männer der älteren Generation nach ihrem „inneren wilden Mann" suchen, aber ich sehe die Auswirkungen davon jetzt in meiner Generation, die den Frauen und der Sexualität mit weitaus mehr Respekt begegnet. Ich glaube, das liegt auch daran, dass Frauen - kluge, starke Frauen, zu denen auch unsere Mütter gehören - als Rollenmodelle dienten. Die wichtigste Lektion, die Pan mich lehren wollte, habe ich gelernt, indem ich Frauen zugehört habe; selbst ohne Worte habe ich viel von ihnen gelernt.

Ich fühle mich dem Pan sehr verbunden und erkenne, auf welche Weise er in der alten Religion verankert ist, denn die Entwicklung meines eigenen Lebens ist nicht viel anders verlaufen. Ich wurde die meiste Zeit von Frauen großgezogen, und so habe ich durch die Liebe dieser Frauen einen Weg gefunden, meine Persönlichkeit zu formen. Mein Aufwachsen war ganz und gar nicht von Dominanz geprägt; so ein klassisches Kontrollszenario gab es einfach nicht. Ich habe niemals etwas Sexistisches in meiner Familie gesehen oder gespürt, es gab nie Kämpfe zwischen Männern und Frauen. Deshalb muss auch ich mich nicht oft mit Konflikten auseinandersetzen - ich habe beobachtet, was in den meisten Beziehungen zwischen Männern und Frauen schief geht, und ich ordne mich den patriarchalischen Strukturen einfach nicht unter, die von den Kirchen, der Regierung und dem Business aufgestellt werden. Obwohl ich von Frauen aufgezogen wurde, hat das meine Meinung von Männern nicht negativ beeinflusst; ich habe es so erlebt, dass alles gleichwertig ist, wodurch auch ich mich gleichzeitig männlich und weiblich fühle, was definitiv ein Aspekt von Pan ist.

Das oberste Prinzip des Pan ist Ehrlichkeit. Ich war schon immer gerade heraus, so ein reden-wir-doch-über-alles-was-hier-vorgeht-und-unterdrücken-unsere-Gefühle-nicht-Typ; und ich beobachte, dass auch die wunderbarsten Menschen in meinem Leben viele Grenzen, mit denen sie zu kämpfen haben, einfach überwinden könnten, wenn sie nur ein bisschen ehrlicher wären. Pan-Energie erzeugt man, indem man immer wachsam bleibt und miteinander kommuniziert, durch Liebe und demonstratives Handeln, indem man Dinge sagt, die von Herzen kommen, auch wenn sie falsch sind, und indem man offen ist für neue Lektionen. So lebt man den Pan. Ehrlichkeit plus Gleichwertigkeit, kombiniert mit Liebe und Sexualität, und das alles mit voller Kraft gelebt - das ist Pan-Energie.

Was noch ganz wichtig ist für ein panisches *Leben, ist ein Haufen Spaß! Ganz im Ernst - es ist ganz wichtig, sich bewusst zu machen, dass Hedonismus und pure Freude, ganz egal, wo du sie findest, und frei von Bewertung, von größter Bedeutung sind. Das Lustprinzip ist ein großer Wesensteil des Pan - lass dich nicht steuern von schwachsinnigen Verhaltensmustern, die uns glauben machen wollen, dass Dinge, die sich gut oder anders anfühlen, immer gleich falsch sind. Vergiss das einfach, das wäre ein großer Fehler.*

Das Wichtigste, was man auf der Suche nach Pan beachten muss, ist, nicht zu versuchen, die Sexualität der Frauen zu kontrollieren. Das ist für Männer wirklich nicht so einfach! Ich kenne nicht viele Beziehungen, in denen nicht irgendwo doch so ein bisschen Kontrolle drin steckt. Es ist schwer, das zu überwinden, aber wenn du immer dran denkst ... du lernst *es einfach.*

Meine Entdeckungsreise durch die Rituale der Frauen, ihre heidnischen Pfade, die Geschichte darüber, was Frauen von Männern angetan wurde, genaues Zuhören - das alles hat meinen Charakter gestärkt und mir dabei geholfen, die Beziehungen zwischen den Menschen zu verstehen. Ich habe mich keiner bestimmten Religion oder einem Weg oder einer Seinsart angeschlossen, aber ich habe gut zugehört, viel gesehen und eine Menge ausprobiert. All das hat dazu beigetragen, dass ich heute der bin, der ich bin. Ich bin wie ein Jazz-Stück, völlig frei von festen Strukturen. Ich finde, Pan repräsentiert ein Spektrum an Möglichkeiten, kombiniert mit uneingeschränktem Respekt."

Die Herausforderung für eine Geliebte besteht darin, ihre Macht anzunehmen und vom Idealismus der Blutsschwester zu echter Selbstliebe überzugehen, denn diese ist die einzige gesunde Basis, um eines Tages nähren zu können. Die schweren Schläge und Enttäuschungen früherer romantischer Verbindungen helfen ihr nun dabei, sich zu reinigen und die Essenz ihres Wesens aus sich herauszufiltern, welche sie (ebenso wie die Zauberin auch) sodann in Ehren halten muss, wenn sie die Schöpferkraft durch sich hindurchfließen lassen will, ohne davon kaputt zu gehen. Die Göttin, die bezeichnend ist für die Geliebte, ist Aphrodite, die auch als Mariamne bekannt ist, die Lebensspenderin, die sich aus dem Ozean erhebt und die Feuer der Leidenschaft schürt. Jean Bolen gab ihr den Namen „die alchimistische Göttin". Sie ist Lust, ist Kreativität, sie ist „eins mit der Vereinigung von Gegensätzen, stets vereinigend, pansexuell ... Sexgöttin und Todesgöttin in einem." Doch vor allem anderen ist sie sie selbst, „allmächtig, unwiderstehlich".[2]

Eine junge Frau, fünfundzwanzig, erzählt:

„*Als ich jünger war, war ich ziemlich promisk und stürmisch. Manchmal denke ich, ich habe den Sex dazu benutzt, um mein Selbstwertgefühl aufrecht zu erhalten – es war wie ein Liebesersatz. Dann begegnete ich einem älteren Mann und versuchte mich in der typischen, braven Frauenrolle, „Bibliothekarin" am Tag und „Nutte" bei Nacht, aber das hat sich nicht richtig angefühlt. Ich habe viel gelesen und wusste, da muss es noch mehr geben!*

Dann traf ich einen Mann, der meine Gedanken verstand und aufrichtiges Interesse daran zeigte, wie es mir ging. Er wusste, was ich erlebt hatte und was mich zu dem gemacht hatte, was ich bin, und er liebte es, er war nicht sauer – ich habe es genossen, mit ihm über alles Mögliche zu reden; ich schämte mich nicht und fühlte mich auch nicht blöd oder verrückt. Ich hatte immer geglaubt, ich müsste still sein und die Männer eben akzeptieren, ihnen dienen. Aber ihm gegenüber war ich von Anfang an vollkommen ehrlich, und er zeigte mir, dass das in Ordnung war; er brachte mir Wertschätzung und Liebe entgegen für meine Begabungen, meine Intelligenz und Individualität, die ich vorher immer unterdrückt hatte. Er ist ebenso weiblich, wie ich männlich bin, ausgeglichen. Wahre Liebe nimmt einen völlig gefangen – in all meinen vorherigen Beziehungen war ich sehr selbstsüchtig, aber als ich mich wirklich verliebte, fühlte ich genau das Gegenteil, ich wollte einfach nur geben. Ich achte viel mehr auf meine Gesundheit und mein Wohlbefinden, und so kann ich auch das Beste von mir geben. Je sicherer ich mich mit unserer Liebe fühle, desto mehr kann ich mich auch wieder um wichtige andere Dinge in meinem Leben kümmern. Ich bekomme langsam einen besseren Blick auf das große Bild meiner Zukunft, finanziell, physisch, beruflich, politisch, spirituell. Jetzt macht alles, was ich in meinem Leben so angestellt habe, Sinn und hat einen bestimmten Zweck; es hat mich vorbereitet auf die Dinge, die noch auf mich zukommen, damit ich vorwärts komme.“

Der Zeitpunkt der Geliebten im Jahreskreis ist der späte Morgen, und sie geht dem Höchststand der Sonne am Mittag entgegen. Ihr heiliger Feiertag ist Beltane, am 1. Mai, wenn die Erde vor neuem Leben pulsiert und die Frühlingsgefühle einem rauschend durch die Adern strömen. Wer von diesem Feiertag gehört hat, assoziiert ihn meistens mit ungehemmter Sexualität, bei der sich jeder mit jedem paart, um der reinen hedonistischen Befriedigung willen. Der eigentliche Sinn dieses Festes war jedoch die Befreiung der sexuellen Energien der Gemeinschaft, damit sich im Dienste der Göttin und der Erde schwache Bindungen auflösen und stattdessen fruchtbarere Partnerschaften bilden konnten. Uns fällt es schwer, unser puritanisches Denken einmal soweit abzuschalten, dass wir verstehen können, dass dieses Ritual zwar von Leidenschaft geprägt war, sich aber dennoch in einem heiligen Rahmen abspielte; für uns ist es schwer nachvollziehbar, dass es einmal eine Zeit gab, in der es ein Gewinn war und kein Verlust, wenn man aus seiner Zweierbeziehung zeitweilig ausbrach. Allerdings brach auch damals nicht jedermann aus; viele erneuerten den bestehenden Bund, weil er ihnen Glück gebracht hatte, und waren damit vollkommen zufrieden. Der eigentliche Sinn von Beltane war es, den Kräften der Schöpfung und der Erneuerung Ehre zu erweisen und den Maibaum, das phallische Symbol für das Leben, mit den Bändern der weiblichen Fruchtbarkeit zu umwinden.

Sowohl die Geliebte als auch die Zauberin laufen Gefahr, dass das Schreckgespenst der Eifersucht plötzlich aus der Ecke schielt und die schönsten Beziehungen bedroht. Viele Frauen, die in die Phase der Zauberin eintraten, nannten Eifersucht als das Hauptmotiv, das sie antrieb, endlich auch die letzten Reste einer Liebe voller Festhalten und Abhängigkeit in eine Liebe zu verwandeln, die von Selbstachtung und Transzendenz geprägt ist. Einem untreuen Partner bedingungslose Liebe entgegenzubringen, mag vielleicht absurd klingen, doch nur dann, wenn wir die männlichen und weiblichen Energien, die in jedem von uns stecken, die Gelüste und Sehnsüchte dieser Aspekte vollständig verstehen lernen, können wir der Eifersuchtsfalle entkommen.

Eine Frau, zweiundfünfzig, erzählt uns davon, wie sie versuchte, mit einer Dreiecksbeziehung fertig zu werden:

„*Ich muss gestehen, dass ich versucht habe, störende Energien zwischen meinen Mann und seine derzeitige Geliebte zu senden. Das ist, als würde man den Lauf eines großen Flusses bewusst verändern, aber ich versuche auch, dabei sehr vorsichtig zu sein, denn ich habe das Gefühl, dass ich selbst von diesem Fluss profitiere - der Fluss ist magisch, er ist Sex, sexuelle Transzendenz.*

Ich habe das Gefühl, dass unsere Beziehung irgendwie sehr weitläufig ist, aber wenn ich weiterhin seine Geliebte sein soll, darf er nicht mehr viel weiter gehen. Wenn ich die Grenzen unserer sexuellen Dreiecksbeziehung verwische, dann hilft mir das dabei, meine Ängste zu stillen und loszulassen. Ich glaube, eine Zauberin zu sein bedeutet, dass man lernt, selbst in dieser Weitläufigkeit zu existieren. Dafür habe ich mich endgültig entschieden, als wir mal eine Weile getrennt waren. Aber auch heute, wo wir wieder zusammen sind, steht mein Entschluss, tolerant zu sein, unerschütterlich. Ich fühle mich sicher dort, ich werde nicht in Frage gestellt - eigentlich fühle ich mich sicherer in dieser Weitläufigkeit, in der ich endlich den Fallen des alten Archetyps der Geliebten entkommen kann.“

Es ist sinnvoll, an dieser Stelle einmal die Tarotkarten des Teufels und der Liebenden aus dem Waite-Tarot zu vergleichen. In beiden sehen wir die Vereinigung männlicher und weiblicher Prinzipien, doch in der Karte der Liebenden steht die Frau erhöht, sie ist verbunden mit dem Göttlichen, während der Mann sie voller Bewunderung anschaut, wohingegen in der Karte des Teufels beide Partner ausschließlich auf sich selbst konzentriert sind - sie sehen sich noch nicht einmal an, sind gefesselt und gebunden. Vicki Noble schreibt zum Teufel: „Er verleugnet den Geist“. In ihrem Kommentar erwähnt sie den Dualismus, der entstand, als Pan in den patriarchalischen Religionen durch Satan ersetzt wurde.

Ein positiveres Licht fällt auf die Karte des Teufels, wenn wir in ihr eine Einladung sehen, unserer Schattenseite zu begegnen, den verleugneten Aspekten, die unsere Reaktionen gegenüber jenen, die wir lieben, beeinträchtigen, einschränken und kontrollieren. Aufgabe der Zauberin ist es, zwischen „Macht über“ und „Macht durch“ zu unterscheiden, sie muss lernen, ihre Gedanken und Taten miteinander in Einklang zu bringen, ihre persönlichen Grenzen zu dehnen und ihren Blickwinkel zu erweitern. Dennoch ist es von größter Bedeutung, dass sich in einer Beziehung beide Partner darum bemühen und keiner den anderen dabei ausnutzt.

Die Göttin, welche wir der Zauberin zuordnen wollen, ist Medusa. Sie steht für das zweischneidige Schwert der weiblichen Macht, das Schöne und das Schreckliche, die allgegenwärtige Bedrohung des Machtmissbrauchs. In einigen Darstellungen sieht man sie verschleiert; hob man den Schleier, erlangte man Wissen über den Tod und die Zukunft. Demnach stand sie auch in Verbindung mit verschiedenen menstruellen Tabus - ihrem Blick zu begegnen, hieß, das Geheimnis ihres magischen Blutes zu erkennen, welches das Leben erschaffen, aber auch zerstören konnte.

Samhain, der heilige Feiertag der Zauberin, fällt auf den 1. November. Bemerkenswert ist die zeitliche Nähe zu Halloween, welches ja wörtlich genommen *hallowed evening*, also geheiligter Abend bedeutet. Die mexikanische Entsprechung ist der Tag der Toten am 2. November, wo man an den Familienaltären der Ahnen gedenkt und sie an ihren Grabstätten besucht und mit Speisen versorgt. Beltane feiert die Fruchtbarkeit und den Akt der Empfängnis; Samhain ehrt die entgegen gesetzten Kräfte des Todes und der Erneuerung. Zeitgenössische Halloween-Feiern haben kaum noch etwas mit der Ehrung des Todes zu tun; zwar gibt es eine Menge Hexen, aber die Eigenschaften, die ihnen von unserer Kultur aufgedrückt wurden, haben mit ihrem wahren Wesen und ihrer Macht wenig gemeinsam. Das Wort *Hexe*, im Englischen *witch*, stammt vom angelsächsischen *wicce*, was soviel heißt wie Seherin oder Wahrsagerin. Aber was kann die Hexe nun wahrsagen an Samhain? Eine ganze Menge, wie uns Barbara Ardinger in Erinnerung ruft: „Die Tore zwischen den Welten der Lebenden und der Toten sind zwar an allen vier Feiertagen ein Stück geöffnet, doch an Samhain stehen sie am weitesten offen."[3] In der heidnischen Tradition ist das das Neujahr der Hexen.

Der Mond der Zauberin ist der letzte Halbmond an der Grenze zwischen Licht und Dunkelheit. Sie selbst findet sich möglicherweise an einer weiteren Schwelle wieder, nämlich an der Schwelle der Menopause. Wenn dem so ist, sorgen unregelmäßige Zyklen und Hormonschwankungen für emotionale und physische Reaktionen, die so extrem sind, dass sie sich manchmal dem Wahnsinn nah fühlt, auf dem Gipfel höchster Kreativität und rücksichtsloser Zerstörung gleichzeitig. Wenn ihre Fruchtbarkeit schwindet, muss sie ihre schöpferischen Energien auf ein neues Ziel richten. Die Leidenschaft ist einer ihrer Verbündeten, sie ist die Shakti-Frau, sie benutzt ihre sexuelle Energie, um Verwandlung herbeizuführen. In ihrer Sexualität braucht sie nicht Ruhe, sondern Resonanz, und oftmals macht sie Riesensprünge im Schlafzimmer, die verborgene Aspekte ihres Unterbewusstseins offenbaren.

Wenn die Zauberin in der Menopause steckt, verlässt sie den monatlichen Zyklus, und manchmal auch die Zeit. Immer weniger ist sie an körperliche Rhythmen gebunden, und so verschafft sie sich einen Überblick über das Leben, in dem ihr ihre Pflichten und Verantwortlichkeiten klar werden. Über das Erleben von Synchronizität, das sie als Priesterin hatte, hinaus, erkennt die Zauberin den spirituellen Überbau, in dem diese sich abspielt. Und so vollzieht sie in Echtzeit Handlungen, die sie bereits vorhergesehen hat.

Eine Frau beschrieb das, „als wäre man Teil eines Gebetes und arbeite gleichzeitig damit". In diesem Zusammenhang arbeiten die beiden Menopause-Expertinnen Christiane Northrup und Mona Schultz daran, zu belegen, dass die hormonellen Veränderungen, die mit diesem Übergang einhergehen, tatsächlich transzendente und sogar visionäre Erlebnisse begünstigen. Sie stellten fest, dass die Mengen an Follikel stimulierendem Hormon (FSH) und an luteinisierendem Hormon (LH), welche für den Eisprung und die Empfängnis verantwortlich sind, bei Frauen in der Menopause ungewöhnlich hoch sind - bis zu tausendmal höher als an jedem anderen Zeitpunkt des Lebenszyklus'. Das ergibt allerdings keinen Sinn, denn warum sollte der Körper diese Substanzen in so hohem Maße produzieren, wenn er gar keine Verwendung für sie hat? Doch dann fanden sie Hinweise darauf, dass FSH und LH bei Frauen nach der Menopause als Neurotransmitter in der rechten Gehirnhälfte fungieren, und zwar in den Zentren, die der Kreativität und der Intuition zugeordnet werden.[4]

Die Macht der Zauberin würde uns weitaus weniger dumm und weit hergeholt erscheinen, wenn es in unserer Kultur eine praktische Definition für Alchimie gäbe. Einer der Gründe dafür, dass es diese Definition nicht gibt, ist, dass das konventionelle Christentum stets versuchte, diese Information zu unterdrücken - immerhin erwartet man ja von den Frauen, sich dem „Willen Gottes" zu beugen und Zuflucht zu suchen bei männlichen Autoritätspersonen, welche die weibliche Macht und Magie aktiv diskreditieren. Deshalb ist die Zauberin in unserer Gesellschaft eine kontroverse und relativ unerschlossene Figur.

Alchimie ist die Kunst und die Wissenschaft der Verwandlung, basierend auf den Prinzipien der Vereinigung und, im Bereich des Persönlichen, der Selbstheilung. Obwohl sie bereits uralt sind - *Al Khemeia* ist arabisch für „die Erde Ägyptens", wo die Alchimie vermutlich erfunden wurde - wurden diese Praktiken in Europa erst um die Zeit der Inquisition bekannt.[5] Sie stehen in engem Zusammenhang mit der magischen Tradition der Kelten, die auf sexueller und ökologischer Harmonie beruht. Die eigentliche Natur alchimistischer Experimente bleibt gewissermaßen ein Geheimnis; allerdings findet sich in einigen erhaltenen Texten und Schriften, voller sexueller Allegorien und Symbolik, ein Hinweis. Immer wieder hören wir von alchimistischen Prozeduren als „Kopulationen" oder „Hochzeiten". Es gibt Spekulationen darüber, dass man sich in einer Zeit, da die Wissenschaft noch als überaus suspekt galt, sexuelle und mystische Bildsprache zunutze gemacht haben könnte, um Laborexperimente zu verschleiern und zu marginalisieren. Doch der Alan Bleakley, britische Autorität auf diesem Gebiet, teilt diese Ansicht nicht. „Auch wenn sie nur so mit Unklarheiten gespickt sind", räumt er ein, „so beschreiben doch die gewaltigen und komplexen Aufzeichnungen mittelalterlicher Alchimie fundamentale und wirkliche Veränderungen im menschlichen Körper ... der als Gefäß betrachtet wird, durch welches auch die Psyche sich verändern lässt."[6]

Auf alten Tafeln findet man eine Reihe von Schritten aus dem Prozess der alchimistischen Verwandlung in Wort und Bild, wozu auch die Vereinigung von Mann und Frau gehört. Zur Einweihungsstufe *philosophorum* gehören Darstellungen von König und Königin, die einander ins Gesicht blicken, die sich „mit ihrer Isolation identifizieren" und dennoch in Beziehung stehen. Im *rosarium* sehen wir die beiden zusammen in einer Badewanne sitzend, wobei das Wasser symbolisch für das Eintauchen in das unbewusste Leben steht, das sich einstellt, wenn man sehr verliebt ist und dem anderen seine Träume und Visionen mitteilt. Bleakley beschreibt diese Phase als Phase des Dialogs mit dem entgegen gesetzten sexuellen Archetypen, in der Mann und Frau jeweils in Kontakt treten mit Anima und Animus. Das *convinctio sive* zeigt die sexuelle Vereinigung, die Verbindung. Dann schließt sich der Kreis wieder im *philosophorum*, nun aber mit einem neuen Bild: ein Körper mit zwei Köpfen, halb männlich, halb weiblich - das androgyne Selbst, wiedergeboren und die gegensätzlichen Elemente kontrollierend.

Wir haben bereits über die Bedeutung der gleichberechtigten Selbstliebe oder *philosophorum* gesprochen, die wirksam wird, wenn man sich dem anderen Geschlecht (bzw. dem eigenen Gegenstück, unabhängig vom Geschlecht) annähern will. Der Phase des *rosarium* gebührt dabei besondere Aufmerksamkeit, denn sie offenbart den Kontext, der notwendig ist, wenn man durch sexuelle Vereinigung zu alchimistischen Ergebnissen gelangen will. Ist man nicht bereit, in die Tiefen vorzudringen, die grundlegendsten Ängste und Wünsche zu erforschen, wird die sexuelle Vereinigung immer demütigend und unerfüllend, weltlich und zeitweilig bleiben. Wir müssen den Schatten aufspüren, die unwiederbringlichen Aspekte, die ungelösten Traumata, die in unserem Körper schwelen, oftmals in Gestalt von Schwäche oder Krankheit. Haben wir sie erst einmal ins Bewusstsein heraufgeholt, laufen wir viel weniger Gefahr, dieses Schattenmaterial in Form von Schuld, Unterdrückung oder sogar Gewalt auf die zu projizieren, die wir lieben.

Eine Frau, vierundfünfzig, berichtet:

> *„In vielen Beziehungen, in denen Liebe oder Chemie eine Rolle spielen, steckt am Anfang keine wirkliche Absicht dahinter. Selbst in der Chemie, die ja mittlerweile eine sehr komplexe Ebene erreicht hat, ist die Absicht oft nicht klar. Deshalb gerät man schließlich unweigerlich an einen Punkt - in der Liebe ebenso wie in der Chemie - an dem man gezwungen ist, Kompromisse einzugehen.*
>
> *Auch in mir steckt noch diese primitive Geliebte, und ein Teil meiner Arbeit als Zauberin besteht darin, die engen Grenzen romantischer Strukturen zu transzendieren oder wenigstens zu modernisieren ... ja, vielleicht möchte ich sie einfach nur der Zeit anpassen. Man schleppt so viel mit sich herum, ich ziehe eine elend lange kulturelle Wäscheleine voller Wertevorstellungen hinter mir her, die mir immer wieder aufs Neue alte Verhaltensmuster einprägt. Es gibt so viele Kompromisse in meiner Partnerschaft, dass ich inzwischen wirklich was verändern möchte.“*

Die alten alchimistischen Schriften lehren folgendes:

> Der Stoff, in dem das göttliche Geheimnis ruht, ist überall, auch im menschlichen Körper. Fragt man danach, kann man ihn erkennen, und man kann ihn überall finden, selbst im abscheulichsten Dreck.[7]

Der Schatten ist die Verwundbarkeit, in den alten keltischen Legenden auch genannt „die Wunde, die nicht heilt“ oder das, was Bleakley die menstruelle Weisheit nennt:

> Wenn die Wunde als Offenheit im Charakter bewahrt wird, als ein Ort, wo die Gefühle und Werte direkt zum Ausdruck kommen,

> anstatt vorzeitig verschlossen zu werden, dann können wir durch diese Wunde dem Schatten begegnen, wodurch kreative Energie freigesetzt wird.[8]

Wenn eine Frau in Kontakt treten will mit ihrem Animus, kann das heißen, dass sie die Pan-Energie tief in ihrem Inneren zum Leben erwecken muss, sie muss dem „wilden Gehörnten" im Innen und im Außen entgegentreten, sie muss konzentriert sein und entschlossen, fröhlich und verspielt. Ihre Erfahrungen mit Blutbund und Einklang helfen der Zauberin dabei, ihren Animus zu untersuchen und dabei Feedback und Unterstützung zu bekommen. (Wenn sie einen männlichen Partner hat, sollte dieser gleichzeitig mit seinen femininen Aspekten in Kontakt treten.)

Den Schritt der *convinctio* kann man in einer tatsächlichen sexuellen Vereinigung vollziehen, aber auch durch eine amorphe Vermischung der männlichen und weiblichen Aspekte im eigenen Selbst. Der Schlüssel ist die Bewusstwerdung dessen, dass das dritte Element nun erschaffen wird - das, was entsteht durch die Verbindung des Roten mit dem Weißen, des Blutes mit dem Samen, des Salzes mit dem Schwefel, was man verschiedentlich das yab-yum nennt, die heiligen Wasser der *Vesica Piscis* oder das Quecksilber aus den alchimistischen Texten. Das dritte Element formt sich in einem dritten Körper oder heiligen Gefäß, welches manchmal als der Stein der Weisen oder als Topf voller Gold am Ende des Regenbogens bezeichnet wird. Bleakley beschreibt diesen „Regenbogenkörper" oder diese „Pfauenfeder" als einen Fächer von Gefühlen: reich, farbenfroh und neu. Das alchimistische Symbol ist das Pelikangefäß, in dem Animus und Anima beginnen, sich miteinander zu verbinden, wodurch die inneren und äußeren Aspekte des Selbst zum Leuchten gebracht werden.

Sich der *convinctio* hinzugeben ist vielleicht das einzig wahre Mittel gegen Eifersucht. Denn das dritte Element ist nicht nur ein Produkt alchimistischer Vereinigung, sondern auch ein Katalysator. Wenn wir der Eifersucht direkt ins Gesicht blicken wollen, müssen wir eintauchen in dieses heilige Gefäß, in den großen Raum des Unbewussten, und wir müssen unserem unsichtbaren Partner, dem inneren Animus, begegnen.

Viele von uns glauben fälschlicherweise, dass man die männlichen und weiblichen Elemente miteinander verbinden muss, wenn man sich mit ihnen auseinandersetzen will, so dass sie ihre Einzigartigkeit verlieren. Bleakley vergleicht die dynamische Beziehung zwischen Männlichem und Weiblichem mit einer Gitarrensaite, die gedankenlos aufgezogen wurde - ist sie zu fest gespannt oder zu locker, wird sie keine schöne Musik hervorbringen.[9] Wenn entgegen gesetzte Aspekte isoliert werden, dann gibt es nur wenig bis gar keine Spannung zwischen ihnen; sind sie aber zu eng miteinander verschlungen, werden sie inaktiv. Diese Dynamik zu begreifen, ist der Schlüssel zur Transzendenz, welche den Riss im Spiegel öffnet, die Tore zwischen den Welten.

In den *Prophezeiungen von Celestine* gilt dieser Sachverhalt sogar als unumgänglich, will man über Beziehungen hinauskommen, in denen eine gegenseitige Abhängigkeit besteht. Der Autor James Redfield erklärt uns, dass wir, wenn wir frisch verliebt sind, unseren Geliebten im Allgemeinen (und leider fälschlicherweise) als die ultimative Quelle unserer Freude ansehen und dabei ganz und gar unsere eigene Entwicklung vernachlässigen. Wenn die Liebe dann nachlässt, weil sie nicht genügend Nahrung bekommt, fordern wir zunehmend von unserem Liebhaber das Gefühl, das wir vermissen, im schlimmsten Fall versuchen wir, ihn dazu zu zwingen, uns dieses Gefühl zu geben. Wir fühlen uns wie die Hälfte eines Ganzen und bauen darauf, dass unser Geliebter dieses Ganze vervollständigt - so schaffen wir uns selbst ein Defizit, ein voneinander abhängiges Beziehungsmodell, welches das genaue Gegenteil von wahrer Liebe ist. Und diese können wir nur dann erlangen, wenn wir „die Energie des anderen Geschlechts in uns selbst aufspüren" und lernen, den Kreis aus eigener Kraft zu vervollständigen.[10]

Eine dynamische Harmonie zwischen maskulinen und femininen Energien ist es, die die höchste Form des *philosophorum* schafft, wo sich in einem Körper sowohl männliche als auch weibliche Aspekte vereinen. Dabei darf man jedoch nicht vergessen, dass die Figur auf den alten alchimistischen Zeichnungen trotzdem zwei deutlich verschiedene Seiten besitzt, mit zwei Köpfen und unterschiedlichen Geschlechtsmerkmalen an jeder Seite des Körpers. Entgegen dem allgemeinen Glauben hängen die intensivsten transzendenten Zustände mit einer optimalen Aktivität der linken und der rechten Gehirnhälfte zusammen, objektive und subjektive Aspekte vermischen sich zu einer „interhemisphärischen Kohärenz". Der Quantenphysiker Eugene Wagner nennt das die „Erhaltung der Gleichheit", eine Bewahrung von Gegensätzen, durch die kreatives Verständnis möglich wird.[11]

Die letzte Stufe des *philosophorum* spiegelt sich wider im Rebus, dem Symbol für Zwitterwesen, sowie in der Göttin Sophia, aus deren Brüsten sowohl rotes Blut als auch weiße Milch fließen. In vielen Schöpfungsmythen werden die ersten Menschen als Zwitterwesen beschrieben. Die Hindus, die chinesischen Taoisten, die Perser und die frühen Juden betrachteten allesamt das Männliche und Weibliche als eine ursprüngliche Einheit in einem zweigeschlechtlichen Körper. Der griechische Gott Zeus soll diese Wesen um ihre unendliche Wonne beneidet haben und riss deshalb ein Stückchen Lehm aus dem weiblichen Körper und fügte es dem männlichen an: „Deshalb", so endet der Mythos, „haben die Frauen eine Öffnung, die blutet, und die Männer haben ein loses, baumelndes Anhängsel, das gar nicht zu ihnen zu gehören scheint, jedoch stets danach drängt, wieder in den weiblichen Körper zurückzukehren, aus dem es gerissen wurde."[12]

Durch den Sex können wir diesen ursprünglichen, seligen Zustand der Vereinigung wieder erleben. Im Tantra versucht man, das Zwitterwesen wieder zu erschaffen, indem man den sexuellen Kontakt verlängert und dabei die Bewegungen einschränkt. Es gibt einige Techniken, die sowohl im Tantra, als auch bei der Kundalini und anderen spirituellen Disziplinen verwendet werden, die danach streben, den Zustand des *philosophorum* zu erreichen. Man kann sie zusammen mit einem Partner, aber auch alleine ausüben.

Wenn die Zauberin die lineare Zeit verlässt, transzendiert sie ebenso die Geschlechtsmerkmale. Dabei verändert sich ihr Körper ganz erheblich, ihre Waffen können ihr nicht länger nutzen und die Rhythmen ihres Körpers sind nun mehr universell denn individuell. Mit zunehmender Erfahrung ist sie in der Lage, mehr Energie durch ihren Körper strömen zu fühlen, als sie es je zuvor erleben durfte. Der Heiler Richard Moss beschreibt dieses Erlebnis wie folgt:

> Jede einzelne Zelle ist lebendig und vibriert, als wäre sie elektrisch geladen oder voller unbeschreiblicher Wonne, und alles scheint zu schwanken aus eigenem Antrieb, bis sich eine allmähliche Stabilisierung einstellt. Grundlage dafür ist eine Art inneres Gleichgewicht, das man nicht beschreiben kann und das man in jedem Augenblick neu erlernen muss ... wenn man in Harmonie ist, mit dem, was in diesem Moment da ist, kann das Gefühl von Stärke und Vitalität fast übermenschlich werden.[13]

Doch auf der anderen Seite:

> Physische Symptome wie Zittern, Schwäche, Überempfindlichkeit gegenüber Hitze und Kälte, Muskelkrämpfe können auftreten ... selbst dann, wenn man inneren Frieden verspürt, kann die Energie einfach zu viel werden für den Körper - als würde man zu viel Strom durch ein Kabel jagen.[14]

Das kann dann zu emotionaler und mentaler Instabilität führen, sogar zu Gefühlen von Wahnsinn, wie diese Frau, achtundvierzig, in ihrer Geschichte „Crazy Woman" zu berichten weiß:

> *„Was ich da erlebt habe, war die Energie der Erde, die durch meinen Körper strömte. Das war überaus körperlich; es hat mich geschüttelt. Es schüttelte mich und riss mich auf, es krachte, und ich hörte eine Stimme, die zwar nicht mit Worten sprach, aber immerzu Geräusche machte. Sie war es, die da sprach, und ich wusste es. Sie sagte nichts - ich sah nur ein Bild, denn Worte wären zu schwierig gewesen. Das war so erhebend heilig, dass ich kein Wort darüber verlor, außer einigen wenigen Frauen gegenüber, die in jenen Momenten bei mir waren.*
>
> *Ich kam an einen Punkt in meinem Leben, wo mir klar wurde, dass ich einen Schritt weiter gehen musste, wenn ich meinen Weg und meine Aufgabe im Leben vervollständigen wollte - ich musste Crazy Woman in mich einladen. Wir machten also ein Ritual an Schwarzmond, und ich bat sie, zu kommen. Kurz vorher*

- vielleicht als Vorbereitung für mich - landete eine Eule bei uns auf dem Feld und setzte sich genau auf meine Schulter. Ich dachte nur: „Wenn die Eule schon kommt, dann sollte ich wohl wirklich gut vorbereitet sein auf Crazy Woman, wenn sie in mich einfährt." Und wie sie in mich hinein fuhr! Sie ist wahrhaftig nicht einfach, eine schwierige Partnerin zum Arbeiten. Sie muss einen Haufen Leid durcharbeiten, sie treibt einen echt in den Wahnsinn. Sie verkörpert die Handtaschen-Ladies auf der Straße, all die Verrückten da draußen, all die Schmerzen, die sie mit sich rumschleppen. Wenn Krieg ist, ist sie dabei. Unsere Angst vor ihr hilft uns nicht weiter, die macht ihre Arbeit nur noch schwieriger. Und dann wird sie wütend und fegt dich einfach weg.

Ich habe zwei Fehler mit ihr begangen. Der erste war, sie zu bitten, in mich hinein zu fahren - ich habe mich nicht ausreichend geschützt - ich hätte Kuan Yin bitten sollen, bei uns zu sein und mich zu schützen. Und einige Zeit später, als ich glaubte, meine Arbeit mit ihr sei erledigt, beschloss ich, ihre Maske zu verbrennen. Wir legten sie ins Feuer, und da wurde sie lebendig: Funken sprühten aus ihren Augen, aus ihrem Mund, und dann wurde sie plötzlich noch viel, viel stärker. Monatelang wurde ich spirituell mit den Fäusten bearbeitet - mein Haus brannte komplett nieder, ich wurde verklagt, und auch dem Tod musste ich ins Gesicht blicken. Sie tauchte auf in meinen Träumen und erschreckte mich - ich sage dir, die fegt dich einfach weg!

Irgendwann begriff ich endlich, dass ich gar nichts unternommen hatte, um sie loszuwerden. Wenn sie einmal bei dir ist, musst du mit ihr klarkommen, das hab ich jetzt geschnallt, sie geht nicht wieder weg. Inzwischen ist sie meine Verbündete, und ich werde sie immer verehren. Sie schenkt mir unglaubliche Kraft - göttlichen Wahnsinn. Das ist jetzt schon seit ein paar Jahren so - ich rufe sie nicht allzu laut. Ich bin demütig, wenn sie auftaucht, und ich arbeite mit ihr, wenn es Arbeit zu erledigen gilt, und ich habe keine Angst. Ich arbeite voller Stolz; ich trage meine Gabe mit Würde."

Die Arbeit mit einem Begleiter in einer mystischen Beziehung ist eine weitere Form der Alchimie. Dieser Bericht macht überdeutlich, dass ein Schutzkreis unerlässlich ist, auch wenn die Arbeit der Zauberin sich meist in Einsamkeit abspielt. Außerdem ist es enorm wichtig, genau zu wissen, was man tut. Für eine andere Frau bedeutete das eine ganz neue Herangehensweise an ein Ritual:

„Ich glaube, meine Arbeit - und ich bin noch in den Kinderschuhen der Zauberin - besteht darin, Rituale zu vollziehen, ganz für mich allein, ohne irgendwelche Bücher oder sonstige Materialen, die da draußen so kursieren. Ich möchte einfallsreich sein, aus meiner täglichen Erfahrung schöpfen, von der Natur und dem Leben um mich herum lernen. Wie in den Sechzigern, als wir unsere eigenen Religionen schufen, können wir heute eigene Rituale erfinden mit den Dingen, die wir eben finden. Die Macht traditioneller Religionen wie dem Katholizismus beruht

darauf, dass die Menschen veranlasst werden, bestimmte Rituale regelmäßig durchzuführen. Mit dem rituellen Prozess vertraut zu sein, ist eine große Stärke, eine große Macht - das ist Magie.

Ich möchte Rituale auf eine ganz bewusste Weise feiern, so dass sie sich schließlich von ganz allein in meinen Alltag eingliedern. Dabei geht es mir nicht um Disziplin - ich glaube nicht, dass die Zauberin damit leben könnte - sondern darum, dass es fließt. Aber wenn es fließen soll, muss man sich schon ein gewisses Maß an Fähigkeiten aneignen. Das Wichtigste, was eine Zauberin tun sollte, ist Zeit einzuplanen für Integration, für Reflektion als Teil ihrer Arbeit - denn das ist es, was eigentlich in einem Ritual abläuft: Du findest deine Mitte und hoffentlich auch etwas Raum und Zeit für dich selbst darin. Und auf dieser Ebene wirst du zu einer Meisterin der Zeit - du nimmst einfach eine kleine Kapsel Zeit, entzündest deine Kerzen und dein Räucherwerk und verwendest nur die einfachsten Artefakte. Es geht darum, in der Zeit zu bleiben, aber nicht im Sinne von pünktlich sein. Ich rede von der richtigen Geschwindigkeit, davon, dem Alltag mehr Priorität zu geben.“

Künstlerischer Ausdruck kann ebenfalls ein Mittel zur Erdung sein. Aleister Crowley interpretiert die Karte der Mäßigkeit als die Kunst. In indigenen Kulturen betrachtet man die Kunst nicht so sehr als ein Talent, sondern als einen Pfad des Ausdrucks, zu dem jedermann Zugang hat. In der Tradition der Volkskunst hat die Kunst gleich zwei Funktionen: Sie dient der Selbstverwirklichung und der Inspiration der Gemeinschaft. Hier lesen wir, was eine zeitgenössische Künstlerin über ihre Arbeit zu sagen hat:

„Nach einer ganzen Zeit, in der sich für mich persönlich sehr viel geändert hat, begann ich, eine Serie von Palmenbildern zu malen, alle recht oberflächlich, von meinem textilen Untergrund her gesehen - Muster über Muster - dann versuchte ich, sie auf einem größeren Bogen Papier zu malen, aber sie sahen darauf einfach nicht richtig aus. Es war, als könnten sie von außen her nicht größer werden - ich musste also in ihr Inneres vordringen und die Muster vergrößern. Ich verwendete also eine Vielfalt verschiedener Medien - einige Lagen Farbe, Öl, Pastell, Taschentücher, Wasserfarben - und fügte einige Symbole hinzu, Hieroglyphen, um eben diese zellulären Bilder zu erzeugen, die meine eigenen zellulären Erinnerung zum Ausdruck brachten. Als es dann an der Zeit war, sie auszustellen, gab ich ihnen den Titel „Frauen weben Muster“.

Ich als Zauberin hefte den Blick auf mein Leben; es ist ein öffentliches Leben, und ich habe einen Brennpunkt, meine Kunst. Ich habe die Kunst immer für eine heilende Kraft gehalten, denn für mich selbst ist es ein Heilprozess, wenn all meine Energie in einem Stück zusammenfließt. Und wenn andere Menschen dieses Stück vor sich sehen, spüren sie diese Energie ebenfalls.

Ich will das, was ich schaffe, nicht länger zensieren; es ist das, was ich bin, und ich muss authentisch bleiben, das ist alles, was ich tun kann. Jeden Morgen wache ich auf und sage mir: „Sei wachsam, sei voll da, öffne deine Augen, damit du sehen kannst". Manchmal muss man eben auch einsehen, dass es jetzt nicht an der Zeit ist, an diesem oder jenen zu arbeiten. Ich bin glücklich mit dem, was ich jetzt und hier schaffen kann, denn ich habe mir Zeit gelassen damit. Es ist eine Frage der Wachsamkeit - die Elemente sind anwesend, wenn auch ich es bin. Wenn ich geerdet bin, geschehen die Dinge von ganz allein, bin ich es nicht, kriege ich gar nichts auf die Reihe. Ich lege mir täglich das Tarot, ich treffe mich mit Freunden, die ebenfalls geerdet sind, ich esse gut und bewege mich, wenn ich es für nötig halte. Ich habe ein paar schlechte Angewohnheiten, die ich auch noch überwinden werde - ich bin entschlossen, mich zu verwandeln."

Ein Teil der Herausforderung für Geliebte und Zauberin besteht darin, die Dinge zu manifestieren. Um in die Phase der Mutter übergehen zu können, muss die Geliebte die Alchimie der sexuellen Vereinigung aktivieren, aus der das dritte Element oder der Liebeskörper geschaffen wird, ganz gleich, ob das ein Kind ist oder ein intensives schöpferisches Streben. Die Zauberin manifestiert die Hochzeit der alchimistischen Kräfte in sich selbst und beginnt damit, die Gesellschaft neu zu verweben, während sie in ekstatischem Tanze wirbelt. Die spirituellen Grundfesten werden kultiviert, wenn die Zauberin in die Phase der Weisen Alten einkehrt.

Kapitel 9

Die Mutter und die Weise Alte

Sowohl die Mutter als auch die Weise Alte beschäftigen sich mit Fürsorge. Die Mutter kümmert sich um ihre Kinder, um ein Geistesprodukt oder ein kreatives Unterfangen, während die Weise Alte mit ihrer Weisheit sich um die Gemeinschaft kümmert. Das sind ganz grundlegende, natürliche Rollen einer Frau, und doch ist keine davon leicht zu übernehmen in dieser Kultur. Denn statt sie aufzusuchen und zu ehren für ihre betagte Perspektive, hält man die Weise Alte für unbedeutend, schuldig des Verbrechens des Altwerdens. Der Mutter obliegt die überwältigende Aufgabe, sich um die Kinder zu kümmern, um ihren Partner, ihre Karriere und am Ende auch noch um sich selbst - und dabei wird sie so ziemlich allein gelassen.

Kehren wir an dieser Stelle zum Thema Erdung zurück. Erinnern wir uns, wie die Zauberin diese Erdung in sich selbst findet, so wie es ihrem abnehmenden Mond, einer Zeit der Innenschau, entspricht. Die Geliebte aber, die sich vor allem auf die äußere Welt konzentriert, wie ihr zunehmender Mond es ihr gebietet, sucht die Unterstützung der Gesellschaft, um Erdung zu finden für die bevorstehenden Aufgaben der Mutterschaft, nur um herauszufinden, dass die Unterstützung die sie braucht, im Grunde genommen nicht existiert. Kein Wunder also, dass viele Frauen es immer weiter hinausschieben, Kinder zu bekommen oder sich ganz und gar dagegen entscheiden - die Aussicht darauf, ganz allein mit solch schwerwiegender Verantwortung fertig zu werden, ist einfach zu erschütternd.

Der Mangel an Unterstützung durch die Gesellschaft macht das Blutmysterium der Kindsgeburt ungeheuer wichtig für einen positiven Eintritt in die Phase der Mutterschaft. Wenn die Mutter aus ihrem Geburtserlebnis verwandelt und gestärkt hervorgeht, dann kann sie auch in sich selbst die Kraft finden, ihre neue komplexe Rolle souverän zu spielen. Die darauf folgenden Probleme wie Schlafentzug, Mangel an Privatsphäre und unaufhörliches Neugeborenengeschrei treiben viele Frauen zum Rande des Wahnsinns. Frauen, die die Geburt ihres Kindes als persönlichen Triumph erlebt haben, erinnern sich in diesen Momenten einfach an ihre Entbindung und denken sich: „Wenn ich das geschafft habe, ist doch alles andere ein Klacks." Ich konnte beobachten, dass Frauen, die sich während der Geburt in sich selbst verlieben, später auch viel freizügiger mit ihrer Liebe gegenüber ihren Babys und Partnern sind, besonders dann, wenn die Zeiten hart sind. Frauen, denen es nicht vergönnt war, ein Menarcheritual (oder ein anderes Erlebnis der tiefen Verbindung mit dem eigenen Körper) zu erleben, empfinden die Geburt oft wie ein süßes Geborgensein, wobei sich plötzlich unerwartete Selbstachtung einstellt. Eine positive Begegnung mit dem Mysterium der Schöpfung bringt nicht nur ein Baby hervor, sondern auch eine Wiedergeburt der Mutter - und genauso sollte es auch sein.

Von allen Blutmysterien verlangt die Kindsgeburt am vehementesten nach einem Abstieg. Vielleicht ist deshalb der Mond der Mutter der Vollmond - er hat sein größtes Ausmaß und braucht sein Gegenstück, um im Gleichgewicht zu bleiben. Die Mutter findet das Gegenstück der Dunkelheit im Abstieg der Geburt, ein Abstieg, der so dramatisch ist, dass die Frauen dabei oft das Gefühl haben, dass ihr Leben sich am Rande des Abgrunds befindet, auch der letzte Rest an Kontrolle und Identität muss aufgegeben werden. Dieser petit mort („kleine Tod") der Kindsgeburt spiegelt sich wieder am heiligen Tag der Mutter, der Sommersonnwende, wo inmitten der langen, hellen Tage schließlich die Dunkelheit zurückkehrt und wieder an Kraft gewinnt.

„Während der Geburtsvorbereitungen habe ich gelernt, mich von einer Wehe zur nächsten vorzutasten, doch nach sechsundzwanzig Stunden Wehen sagte meine Hebamme schließlich zu mir: „Du stehst dir selbst im Weg, du lässt es einfach nicht geschehen", und drohte mir damit, mich ins Krankenhaus zu bringen. Doch dann schaffte ich es, einfach loszulassen - ich wurde durch die Entbindung getragen, anstatt mich dafür zu öffnen - und sobald ich losgelassen hatte, passierte es. Das war ganz schön schwierig für mich, weil ich ein echter Kontrollfreak bin. Und obwohl ich es im Kopf längst begriffen hatte, geschah genau dasselbe auch bei meinem zweiten und dritten Kind. Ich versuchte die ganze Zeit das zu tun, von dem ich dachte, dass ich es tun müsste, und dann sagte meine Hebamme wieder zu mir: „Lass einfach los!" Einfach loslassen?? Am liebsten wäre ich aufgesprungen,

um ihr eine zu scheuern - lass einfach los!! Und dann war da wieder dieser Augenblick, und verdammt, sie hatte Recht!

Durch meine Kinder bin ich viel weicher geworden. Ich bin viel mehr ich selbst, wenn ich meine Kinder um mich herum habe. Wenn man Kinder hat, sollte man sich am besten einfach nur entspannen und die Dinge ihren natürlichen Lauf nehmen lassen - man kann sie nämlich zu nichts zwingen. Viele meiner positivsten Erinnerungen habe ich meiner Mutterschaft zu verdanken. Ich kann selbst wieder zum Kind werden, und zwar auf eine Weise, wie es mir in meiner eigenen Kindheit nicht möglich war."

Wie ich bereits erwähnt habe, wird das Potenzial für eine Wiedergeburt durch Medikamente und Eingriffe, wie sie normalerweise in Krankenhäusern stattfinden, immens eingeschränkt. Am schlimmsten von allem ist ein voreiliger Kaiserschnitt - damit wird das Mysterium komplett zerstört. Und es ist seltsam und wunderbar zugleich, dass wir trotz tiefgehenden medizinischen Wissens in Bezug auf Schwangerschaft keinen blassen Schimmer haben, was genau die Wehen einsetzen lässt. Ganz ähnlich ist unsere Unfähigkeit, die genauen Umstände vorherzusehen, die uns (oder jeden anderen) schließlich an die Schwelle des Todes bringen.

Leugnet man die Rätselhaftigkeit des Geburtserlebnisses, hemmt man auch die Metamorphose zur Mutterschaft. Der Aspekt des Abstiegs gibt der Frau die Chance, wieder in Kontakt zu treten mit den geheimsten Orten und dunkelsten Ängsten in ihrer Seele und ihre tiefsten Reserven anzuzapfen, wodurch sie zu übermenschlicher Stärke und Ekstase gelangt, wenn sie schließlich wieder aufsteigt. Zu Beginn meiner Geburtsarbeit begriff ich die beiden Hauptphasen der Entbindung als Metapher für Tod und Wiedergeburt. Die erste Phase, in der sich der Muttermund öffnet, verlangt nach absoluter Kapitulation, man muss den Körper loslassen, seine Grenzen einfach auflösen bis man, auf dem Höhepunkt des Übergangs, das Gefühl hat, direkt mit der Erde in Verbindung zu sein. Die zweite Phase der Geburt wird dadurch eingeläutet, dass man zurückgerufen wird in seinen Körper, wo schließlich die tatsächliche kraftvolle, orgastische Entbindung stattfindet.

In unserer Kultur wurde das Erlebnis Geburt leider so sterilisiert und stilisiert, dass die mythische Dimension so gut wie vollständig verloren ging, und paradoxerweise ist man auch noch der Meinung, das sei das Beste für uns. Achtzig Prozent aller Geburten heutzutage finden unter Epiduralanästhesie statt, die den Körper von der Hüfte abwärts komplett betäubt. Gerühmt wird sie als der „Cadillac unter den Anästhesien", und sie reduziert eine Geburt auf einen Zuschauersport, nimmt ihr nicht nur die Schmerzen, sondern auch die Ekstase der natürlichen Geburt. Viele Geburtshelfer (mich eingeschlossen) haben beobachtet, dass sich bei Frauen, die eine Epiduralanästhesie bekommen, zum einen kein Verlangen zum Pressen einstellt (was oft zur Folge hat, dass die Babys mit einer Zange oder einer Saugglocke geholt werden müssen), dass sie andererseits aber auch - und das ist noch viel schlimmer - eine weitaus geringere spontane Bindung zu dem Baby haben, als sie eigentlich für eine frisch gebackene Mama normal wäre. Stattdessen kommandieren sie die Menschen in ihrer Umgebung herum und sagen ihnen, was sie tun sollen. Diese Beobachtung bestätigt sich durch die Forschungen an gebärenden Mutterschafen, die ebenfalls nur eine überaus beeinträchtigte Bindung zu ihren Jungen aufbauen konnten, wenn sie unter Periduralanästhesie (nicht ganz so stark wie die Epiduralanästhesie) gebaren, besonders dann, wenn es sich um die erste Geburt handelte oder die Methode über einen längeren Zeitraum hinweg angewandt wurde.[1] Einige dieser Verhaltensweisen, wie zum Beispiel der Augenkontakt und das methodische Ablecken des neugeborenen Körpers, sind wichtig, um die Bindung zwischen der Mutter und ihrem Sprössling so weit zu festigen, dass das Überleben des Jungen gesichert ist. Im Tierreich führt eine beeinträchtigte Bindung fast immer zu einer Zurückweisung des Jungen seitens der Mutter, was schließlich den Tod des Jungtiers zur Folge hat. Es hat also den Anschein, als wäre unsere Mechanisierung des Blutmysteriums Geburt eine immense Behinderung für Frauen, Kinder, Familien und die gesamte Kultur.

Eine Frau schildert ihr Erlebnis:

> *„Ich habe mein erstes Kind in den siebziger Jahren geboren, die ich wohl am ehesten als das „Mittelalter der Kindsgeburt" bezeichnen würde. Eigentlich hatte ich ja eine Hausgeburt miterlebt, als ich schwanger war, und wollte es selbst gerne genauso machen. Aber es gab in meiner Nähe keine Hebammen, also fragte ich die Frau, deren Geburt ich beigewohnt hatte, ob sie mir assistieren würde. Aber wie es das Schicksal so wollte, setzten meine Wehen einen Monat zu früh ein, als meine Freundin gerade nicht in der Stadt war. Ich überlegte hin und her, was ich tun sollte, obwohl ich genau wusste, dass ich eigentlich keine Wahl hatte - ich musste wohl oder übel ins Krankenhaus. Dort war ich sämtlichen Eingriffen ausgesetzt, die zu jener Zeit gerade üblich waren, einschließlich der Gabe von Medikamenten zur Geburtseinleitung, was pausenlose Wehen hervorrief - das bedeutete zweieinhalb Stunden unerträgliche Schmerzen. Meine Hände waren festgebunden, ich hatte einen riesigen Dammschnitt, mein Sohn wurde mir weggenommen, im Krankenhaus konnten Mutter und Kind nicht im selben Zimmer bleiben. Es war der reinste Alptraum - bis auf den Moment der eigentlichen Geburt, der definitiv der Höhepunkt meines Lebens gewesen ist.*
>
> *Beim zweiten Mal fand ich dann eine Hebamme und hatte wieder geplant, zu Hause zu gebären. Aber dieses Mal konnte ich mich vorbereiten, ich wusste genau, wie sehr ich mich in mich vertiefen musste, um den Schmerz zu ertragen, ich wusste genau, wie viel Unterstützung und wie viel Privatsphäre ich brauchte. Und so wurde dieses Erlebnis zu einer der erhebendsten, ekstatischsten Erfahrungen, die ich je gemacht habe. Als ich meine Tochter ganz sachte herauspresste, langsam und leicht, so dass ich nicht reißen würde, hörte ich meine Hebammen*

flüstern „Wenn wir das bloß auf Band hätten". Ich konnte spüren, wie sich der Körper meiner Tochter durch mich hindurch bewegte, ich spürte jedes Detail, als sie herauskam. Die Entbindung ist ein Orgasmus, sage ich euch!

Wenn ich das mit meiner ersten Geburt vergleiche, wie klein gemacht, erniedrigt und sogar missbraucht ich mich da vom Krankenhauspersonal gefühlt habe - am liebsten würde ich die Zeit zurückdrehen und es noch einmal tun, ich kann gar nicht sagen, wie oft ich mir das gewünscht habe. Aber bei einer Geburt hat man eben nur eine Chance, nur eine Chance, diese Transzendenz zu erleben und von Anfang an eine gute Beziehung zu dem Baby aufzubauen. Wenn das nicht gut geht, beeinträchtigt das dein Vertrauen als Mutter ziemlich stark, und ich habe lange Zeit nach der ersten Geburt viel Ärger und Schuldgefühle verspürt. Ich wünschte, irgendjemand - meine Mutter, eine Freundin, irgendwer eben - hätte mich aufgeklärt über die Geburt, wie sie sich wirklich abspielt und wie wichtig sie eigentlich ist."

Geburtsrituale

Das Geburtsritual hat seine Wurzeln in der Tradition der Native Americans und bereitet die werdende Mutter darauf vor, sich auf die Mysterien und die Wehen der Geburt einzulassen. Es ist eine sehr machtvolle Zeremonie, in der die Kraft und die Schönheit der schwangeren Frau als Lebensspenderin gefeiert werden. Diese Tradition könnte der Prototyp unserer ziemlich verwässerten und desinfizierten Babydusche gewesen sein.

Geburtsrituale sollen den Eltern helfen, ein neues Wesen in ihrer Mitte aufzunehmen, gleichzeitig stärken sie aber auch die Bande der Gemeinschaft. Im Sudan werden schwangere Frauen auf eine ähnliche Weise geehrt wie in der Tradition der Native Americans. Ihr Haar wird mit Henna gefärbt, geflochten und parfümiert; zum Schutz trägt sie ein besonderes Armband und einen Lederriemen am Handgelenk; und sie wird auf eine zeremonielle Matte aus Palmenblättern gebettet. Dann versammeln sich alle ihre Verwandten um sie herum und reiben ihren Bauch mit Hirsebrei ein - der ist vitaminreich und ein Symbol für Erneuerung. In der Tradition der Mansi helfen die Frauen der werdenden Mutter bei der rituellen Fertigung einer Wiege aus Birkenrinde, spezieller Decken aus Schwanenhaut und Kissen aus Rehfellen, die zweimal so groß sein müssen wie die Hand der Mutter; ist das getan, beginnen sie die Arbeit an einer Schilfmatratze, auf welcher die frisch gebackene Mutter eine bestimmte Anzahl von Tagen sitzen und schlafen wird, nachdem sie ihr Kind geboren hat.[2] Ungeachtet kultureller Besonderheiten sind vorgeburtliche Zeremonien ganz einfach dafür da, der Mutter Kraft zu schenken, wenn ihre Zeit herannaht, und ihre Angst zu vertreiben, indem man ihre Heiligkeit als das Tor zu neuem Leben würdigt.

Heutige Geburtsrituale bestehen meistens in einem Zusammentreffen der engsten Freunde und Verwandten einer werdenden Mutter, die ihr und dem Baby zu Ehren Geschenke mitbringen. Man kann auch einen heiligen Raum schaffen, indem man mit Salbei oder Zedernholz räuchert, oder man setzt sich einfach in einen Kreis und redet miteinander, teilt sein Wissen über die Herausforderungen der Mutterschaft oder erzählt Anekdoten über Geburten und Erziehung. Das Haar der Mutter wird gebürstet und mit Federn, Bändern und Muscheln verziert, und ihr Scheitel wird mit Blumen bedeckt. Manche Frauen heben diese Schmuckstücke auf und basteln später daraus ein Mobile, das sie dann über die Wiege des Babys hängen. Die Füße der Mutter werden in Kräuterbädern gewaschen und dann mit Maismehl trocken gerieben (das ist einfach himmlisch). Die Füße der Mutter zu waschen und zu trocknen macht den Segenswunsch deutlich, dass sie den heiligen Pfad der Wehen und der Geburt erfolgreich beschreiten soll.

Dann treten alle Frauen des Kreises miteinander in Verbindung, indem sie ein langes rotes Band um ihre Handgelenke winden, als Symbol für die Nabelschnur, die sie einst mit ihrer eigenen Mutter verbunden hat. Eine Schüssel mit rot gefärbten Eiern (Rote-Beete-Saft färbt ganz hervorragend) wird im Kreis herumgereicht, und die Frauen sprechen nacheinander drei Segenswünsche aus: einen für die Mutter, einen für das Baby und einen für die globale Gemeinschaft der Frauen. Man kann die Mutter auch mit Gedichten und Liedern beschenken. Manchmal schenkt man ihr ein Bündel oder einen Beutel mit geweihten Gegenständen.

Wenn es dann Zeit wird, den Kreis zu öffnen, wird das rote Band so zerschnitten, dass jede Frau ein Stück davon an ihrem Handgelenk weiter tragen kann, um in Gedanken bei der werdenden Mutter zu bleiben, bis sie ihr Baby geboren hat. Die Eier werden vom Kreis gesegnet und dann an einem besonderen Ort im Freien vergraben, wo später auch die Plazenta eingegraben und ein Obstbaum oder ein Rosenbusch darüber gepflanzt wird. (Im Übrigen können auch Frauen, die im Krankenhaus gebären, darum bitten, dass man ihnen ihre Plazenta mit nach Hause gibt.)

Es ist ganz wichtig, dass wir bei einem solchen Ritual flexibel sind. Bei der Gestaltung sollte immer die Persönlichkeit der werdenden Mutter im Vordergrund stehen. Eine ganz einfache Methode ist zum Beispiel das gemeinsame Anfertigen eines Geburtsgewandes für die Mutter, das sie während der Entbindung tragen wird. Das kann einfach nur ein übergroßes T-Shirt sein, das mit Textilmalfarbe, Stickereien, Pailletten oder ähnlichem verziert wird. Bei der Arbeit an dem Gewand singen die

Frauen oder erzählen einander Geschichten über Geburten, die sie bereits durchlebt haben. Zur selben Zeit können sie auch ein kleines Kleidchen für das Baby anfertigen. Oder sie kommen einfach zusammen, um eine Patchwork-Decke herzustellen, wobei jede Frau ein Quadrat gestaltet. Am Ende werden die Quadrate zusammengefügt.

Eine weitere einfache Geste entsprechend der Tradition der Apachen ist es, der werdenden Mutter ein Füllhorn voller Früchte, Süßigkeiten, Nüssen und Geld zu schenken, als Symbol für die Fülle in den vier Lebensabschnitten Kindheit, Jugend, Reife und Alter.

Wie man es auch anstellt, der Zeremonie folgt immer ein Festmahl und ungezwungenes Feiern. Jetzt können auch Männer zur Feier dazu stoßen. Der Vater kann natürlich auch eine eigene Ritualfeier machen - während seine Frau mit den anderen Frauen zusammenkommt, kann er sich mit seinen männlichen Freunden und Verwandten treffen, die ihm Anekdoten erzählen und ihr Wissen über die Verantwortung als Familienvater mit ihm teilen. Aber die Geburt an sich findet nun mal im Körper der Frau statt, deshalb ist es entscheidend, dass das Geburtsritual auch speziell ihr zu Ehren gefeiert wird. Am Ende der Zeremonie sollte sie von einem großen Glücksgefühl erfüllt sein, voller Mut und Liebe.

— C. Leonard

Ganz ähnlich werden junge Frauen auch darin behindert, sich eines kreativen Unterfangens anzunehmen oder ein Unternehmen zu gründen. Man nimmt ihnen ihren Mut, weil es angeblich zu anstrengend oder zu riskant ist, was sie vorhaben - aber genau dieser Anstrengung und des Risikos bedarf es, wenn ihre Bemühungen fruchten sollen. Wie viele Memos mit innovativen Vorschlägen zur Verbesserung der Unternehmensstruktur sind schon im Schredder eines Büros gelandet, wurden nicht abgeschickt, weil die Autorin sich gefragt hat: „Wie komme ich eigentlich dazu?“ Und mit dem Trend des Personalabbaus in der letzten Zeit wird es für die Frauen immer schwieriger, den Mut zu finden - geschweige denn die Unterstützung - die Dinge selbst anzupacken.

Viel zu oft begeben sich Frauen in die Rolle der ewig Nährenden. Sie erfüllen nur noch die Bedürfnisse und Erwartungen anderer und achten kaum mehr auf sich selbst. Und so bleiben sie stecken, erniedrigt und verschüchtert. Eine Frau Mitte fünfzig erinnert sich:

„Es ist fast unmöglich, in unserer Gesellschaft nicht als ewig Nährende zu enden. Das ist jedenfalls, soweit ich das sagen kann, die Rolle, die in unserer Kultur angesagt ist. Der den Frauen angeborene und sehr positive Impuls, Kinder zu nähren und zu erziehen, wurde vom Patriarchat in solchem Maße ausgebeutet, dass

eine Frau am Ende noch erwachsene Männer bemuttern muss, die sich ihrerseits wie Kinder benehmen dürfen. Diese Ausbeutung ist wohl der Hauptgrund für die Differenzen zwischen Mann und Frau - man gibt sich so viel Mühe, uns in dieser Rolle einzusperren.

Wenn eine Frau aus dieser Rolle ausbrechen will, muss sie sich wieder ihren eigenen Bedürfnissen zuwenden, und davor schreckt sie zurück - sich um sich selbst zu kümmern statt um jemand anderen kann einem wirklich Angst machen, man fühlt sich wie ein böses Mädchen. Aber auch als Mutter ist man sich selbst verpflichtet. Ich glaube nicht, dass das möglich ist, wenn man nicht in einem Kreis von Schwestern gut aufgehoben ist, wo man lernt, sich mit sich selbst gut zu fühlen und sich als etwas Wunderbares wahrzunehmen, weil es genau das ist, was du in den Augen der anderen Frauen bist, die du selbst sehr bewunderst - es hilft einem dabei, sich darüber klar zu werden, dass man es wert ist, dass das eigene Leben wirklich das ist, was an erster Stelle stehen sollte."

Frauen im Alter der Weisen Alten werden auf ähnliche Weise ausgebeutet. Anstatt ihnen Einfluss in ihrer sozialen Umgebung zuzugestehen, wie es ihrer Weisheit angemessen wäre, werden die Weisen Alten von heute meist auf niedere Arbeiten reduziert, wenn sie überhaupt eine Arbeit finden. Ganz anders in den frühen matriarchal geprägten Kulturen im Mittleren Osten oder in Ägypten, wo die Weisen Alten Meisterinnen der Heilkünste waren und als Ärztinnen, Chirurginnen oder Hebammen arbeiteten. Als Schreiberinnen machten sie Aufzeichnungen für Tempel oder Herrscher, pflegten eine überaus lebendige Geschichtsschreibung, erstellten Kalender und offizielle Tabellen über Gewichte und Maße, transkribierten und redigierten Schriften und unterhielten Bibliotheken.[3] Die Weisen Alten in unserer Gesellschaft dagegen leben oft genug in großer Armut und Isolation; die wenigen, die dieses Los nicht teilen, müssen hart darum kämpfen, einen reifen und bedeutsamen Weg des Selbstausdruckes beschreiten zu können. Denn ebenso wie die Mutter durch ihren vollen Mond stets nach den dunklen und grundlegenden Dingen im Leben sucht, so braucht die Weise Alte mit ihrem schwarzen Mond das Licht des Einbezogenseins in das Weltgeschehen. Ihre Zeit ist die Wintersonnwende, in der das Licht zurückkehrt und die Dunkelheit besiegt.

In vielen indigenen Kulturen verehrte man die Weise Alte wegen ihres Blutmysteriums der Menopause. Weil sie ihr „weises Blut" mit all seinen magischen und visionären Eigenschaften zurückhalten, hielt man sie für fähig, die Gemeinschaft zu führen. Wir aber degradieren diesen Vorgang zu einem medizinischen Problem, das es mit allerlei Medikamenten und Prozeduren zu bereinigen gilt, fast so wie die Kindsgeburt. So wie das Schreckgespenst Kaiserschnitt auf die werdende Mutter lauert, so muss sich die Weise Alte stets in Acht nehmen vor einer Hysterektomie, der Entfernung der Gebärmutter. Und ebenso, wie die werdende Mutter nicht nur die körperlichen, sondern vor allem auch die seelischen Folgen von Eingriffen und Medikamenten bei der Geburt bedenken sollte, so muss sich auch jede Frau in der Menopause darüber klar werden, welche Risiken sich hinter einer Hormonbehandlung für sie verbergen - und das ist wahrhaftig nicht einfach angesichts der heftigen Werbung, die wir von unserer Pharmaindustrie vor die Nase gesetzt bekommen.

Wie kann sich eine Weise Alte also dagegen wehren, ausgegrenzt zu werden - wie kann sie dabei stark bleiben? Sie kann Kraft schöpfen aus ihrem Gefühl für das rechte Timing und Angemessenheit, das sie sich in ihrer Zeit als Zauberin zu Eigen gemacht hat. Ganz langsam und vorsichtig strickt sie sich eine neue Identität jenseits des Fortpflanzungszyklus.

> *„Ich bin noch eine junge Weise Alte, ganz sicher keine ausgereifte Weise - aber ich habe meine Menopause so ziemlich hinter mir gelassen, langsam bekomme ich meine Energie zurück und fühle nicht mehr all diese kindischen Dinge, die ich am Anfang dieses Überganges gefühlt habe. Die Gefühlsschwankungen haben mich sehr an die Pubertät erinnert - ich war sehr explosiv und bin leicht in Tränen ausgebrochen. Auf diese Weise habe ich gemerkt, wie sehr ich doch von meinem Körper abhängig bin, ich habe gelernt, was mein Körper kann und was er nicht kann. Meine Libido zum Beispiel ging ganz steil den Bach herunter, und dabei hatte ich immer einen ziemlich starken Sexualtrieb - das war wie der Sturz in den Abgrund. Ich hatte mir mal geschworen, dass ich wilden Sex haben würde, bis ich eines Tages sterbe. Als ich dann realisierte, wie viel von diesem Bedürfnis eigentlich rein körperlich und hormongesteuert war, fühlte ich mich ein bisschen ... ja, es war mir fast peinlich, dass ich immer gedacht hatte, ich würde mich gut kennen, und plötzlich stellt sich heraus, dass das, was ich für mich gehalten habe, eigentlich fast nur körperlich da war. An diesem Punkt begann vieles unwichtig zu werden, mein Bedürfnis nach Beziehung und nach dem Schutz, den mir mein Partner immer gegeben hatte. Ich begann zu erkennen, dass meine Stärke aus meiner eigenen Zentriertheit entsprang, meiner geistigen Mitte. Wir sind alle eins und alle allein; wir zerfallen in Tausend kleine Stücke, um uns gegenseitig zu beobachten, um uns selbst zu beobachten.*
>
> *Ich glaube, als Weise Alte fällt es einem nicht mehr so schwer, die eigenen Fehler zu beobachten und auch die Fehler der anderen, man hat Dinge kommen und wieder gehen sehen, und vieles davon wiederholt sich einfach - man erkennt die Muster nun viel leichter, denn man hat ja schließlich schon einige Zeit gelebt und hatte Gelegenheit, auch die größeren Zyklen zu erkennen. Man kann dann darüber lachen, es einfach hinnehmen und genießen; man kann das Leben einfach dahin ziehen lassen.“*

Die Weise Alte ist nun Mittlerin zwischen den inneren und den äußeren Welten und erkennt nun auch ihre Verantwortung gegenüber dem größeren Organismus, Gaia. Und so muss sie sich immer tiefer in die Abgeschiedenheit zurückziehen, wodurch sie jedoch gewissermaßen lichtdurchlässig wird, so dass ihre Erfahrungen mit der Dunkelheit durch sie hindurch scheinen:

> *„Ganz entscheidend ist dabei, dass du aufhörst auf eine Ego-bezogene Weise zu glauben, du wärest das Alles, das Ende, die Quelle und die Handelnde. Du identifizierst dich stattdessen mit einer universelleren Macht und vertraust dich ihrer Führung an - denn du bist die einzige Manifestation des Göttlichen, die das tun kann, was du eben tust, und wenn du dich dem vollkommen hingibst und ihm nicht mehr im Weg stehst, den ganzen Egokram beiseite schaffst, dann bist du in der Lage, ein wunderschönes, begnadetes, tüchtiges, müheloses Leben zu führen."*

Es gibt zwei Tarotkarten für die Dualität der Weisen Alten: die Welt und den Eremiten. Bei Vicki Noble heißt der Eremit Weise Alte, und sie beschreibt sie als eine, die „die Macht besitzt, mit den Energien zu wirtschaften - sie bestimmt selbst, wie sie Energien einsetzt oder bewahrt".[4] Der Untertitel der Karte „Innenschau" spricht das Verlangen der Weisen Alten an, sich aus dem Leben zurückzuziehen, um das Geheimnis zu ergründen, ihre Träume verstehen zu lernen und bevorstehende Ereignisse vorauszusehen. Die Weise Alte ist die ultimative aktive Zuhörerin, die sich des Zeitpunkts und des Tonfalls dessen, der oder was zu ihr spricht, stets bewusst ist. Mary Daly hat gesagt, sie „schaut in das Labyrinth hinter dem Sichtbaren" und dringt so immer tiefer vor zum Kern der Dinge.[5] Großen Einfluss darauf haben ihre schwächer werdende Vitalität und physische Verfassung: durch schlichtes Älterwerden beginnt man, die unwesentlichen Dinge abzugeben.

> *„Mit der Menopause beginnt auch der Rückzug, denn an diesem Punkt wird einem schmerzlich bewusst, dass die traditionelle Schönheit, die man einmal besessen hat (was auch immer das gewesen ist) sich nun wirklich auflöst, und man verspürt das Verlangen, sie durch die wahre Schönheit von innen zu ersetzen. Das ist unbedingt erforderlich, denn sonst werden auch du selbst und das Bild, das du von dir hast, sich auflösen - und das wäre wirklich schade. Ich glaube, dass es ein wahres Glück ist für uns Frauen, in unserem Lebenszyklus so etwas wie die Menopause zu haben, denn sie stößt uns einfach mitten hinein in die Erkenntnis, mit der Männer sich so elendig abmühen müssen - für sie gibt es kein unverkennbares Zeichen, das ihnen signalisiert „Oh, na gut, ich werde alt, aber es ist in Ordnung so." Es fängt mit ganz kleinen Dingen an, du machst deine Handarbeit nicht mehr so gut wie vorher, du hörst schlechter und musst Gesagtes wiederholen lassen oder um Hilfe bitten, wenn du schwer zu tragen hast. All diese Sachen, auf die du stolz warst, sie selbst erledigen zu können, kannst du nicht mehr, sie werden dir abgenommen oder du gibst sie selber ab. Und das ist bereits eine Vorbereitung auf die letzte Übergangsstufe des Todes. Wenn du jetzt gut aufpasst und lernst, die unwichtigen Dinge loszulassen, dann wird es dir zu gegebener Zeit leichter fallen, auch die großen Dinge loszulassen."*

Außerdem macht sich die Weise Alte ganz aus freien Stücken und dabei manchmal sogar sehr streng von allem frei, was sie irgendwie isoliert, einschränkt oder übermäßig fordert. Denn nur dann, wenn sie falsche, nicht authentische Teile ihres Selbst aufspürt und neu zusammenfügt, kann sie ihr Meisterwerk vollenden und den größten und komplexesten Teppich weben, den man je gesehen hat - das Netz des Lebens. Die Aufgabe der Weisen Alten, gleichzeitig sich selbst und die Gesellschaft neu zu erschaffen, nennt Vicki Noble „einen Kreis ziehen". Indem sie ihre Erkenntnisse aus intensiver innerer Arbeit offenbart, bringt die Weise Alte ihre ansonsten dunklen und abgeschiedenen Forschungen ans Licht (und so auch ins Gleichgewicht).

Ein Aspekt dieses Prozesses ist es, ganz schlicht und einfach die Wahrheit zu sagen oder, wie eine Frau es ausdrückte, die eigene Stimme zu finden:

> *„Seine Stimme zu finden ist ein großer Teil des Reifeprozesses, denn wenn du dich als Mutter um deine Kinder kümmerst und eigentlich Hilfe benötigst, gibt es Zeiten, in denen du einfach die Klappe hältst um des lieben Friedens Willen. Wenn du die Menopause erreicht hast, gibt es nur noch wenig zu verlieren, wenn du also jemals deinem wahren Wesen entsprechen möchtest, dann ist jetzt genau der richtige Zeitpunkt, damit anzufangen, sonst wirst du deine Gewohnheiten noch mit ins Grab nehmen. Wenn du also auf der Straße unterwegs bist und man dich nicht sieht, dann kannst du deine Stimme erheben und dafür sorgen, dass man dich bemerkt und dich so sieht, wie du wirklich bist."*

Immer die Wahrheit zu sagen, hat den Vorteil, dass lineare Gedankenmuster und die Ursache-Wirkung-Prägungen, die uns immer nur aufgehalten haben im Leben, durchbrochen werden. Die Weise Alte lehrt uns nur, indem sie selbst als Beispiel dient, denn sie vermittelt die Weisheit nicht, sie verkörpert sie. Wenn sie ihre Stimme erhebt, ergießt sich ihre Weisheit auf alle, die um sie herum sind und erzeugt eine generationenübergreifende Wachsamkeit. Die Weise Alte ist vielen eine Mutter, jedoch nicht als Nährende, sondern indem sie anspruchsvolle Aufgabenbereiche im Leben der Gemeinschaft übernimmt.

> *„Was meine Arbeit angeht, so kann ich heute wesentlich klarer die motivierende Energie in der Sache erkennen und sie in Bewegung setzen; ich beobachte, wie die Muster sich selbst stricken und woran es liegt, dass sich die Dinge so und nicht anders abspielen. Das kann ich auch mit anderen Ereignissen, die davon betroffen sind, in Zusammenhang bringen, denn ich bin ein Teil des großen Teppichs. Eigentlich hab ich das Gefühl, dass ich den Teppich aktiv mit webe - ich bin auf die Gnade der Parzen nicht angewiesen, vielmehr bin ich eine von ihnen.*
>
> *Trotzdem bin ich noch mitten im Übergang, einige Teile meines Wesens sind immer noch im Wandel inbegriffen, da bin ich noch nicht ganz die Meisterin*

meines Schicksals. Aber ich spüre ganz genau, ob es so ist oder ob ich mich doch wieder selbst kontrolliere, ob ich in meiner Mitte bin, ohne darüber nachzudenken: „Sollte ich jetzt wirklich hier sein oder doch lieber anderswo?" Hier und jetzt ist das einzig Richtige, es ist einfach gut so, hier zu sein, ich selbst zu sein. Und je mehr ich meinen Platz finde, desto mehr hab ich auch das Bedürfnis, diesen Platz zu pflegen. Dieser Teil von mir, der immer unsicher ist und denkt: „Hach, ich weiß nicht recht, ist das richtig, was ich tue, sollte ich nicht was anderes tun?" - mit diesem Teil von mir werde ich zunehmend ungeduldig - eigentlich sage ich ihm schon, er soll endlich die Fliege machen."

Das Paradoxon von Hingabe und Kontrolle, das man bei einer Kindsgeburt durchlebt, trifft auch auf die Weise Alte zu. Auch die Frauen im Alter der Weisen Alten müssen ein Gleichgewicht finden zwischen Aufnehmen und Loslassen. Denn obwohl die Weise Alte ihr eigenes Leben gewissermaßen loslässt, so öffnet sie doch gleichzeitig ihre Arme für die ganze Welt - und sie öffnet sie sehr weit, so weit sie kann. Als Zauberin tanzte sie mit ihrem inneren Feuer; jetzt nimmt sie die Tanzschritte, die sie dort gelernt hat, und tanzt mit dem gesamten Erdenreich. Und in ihrem Tanz verbirgt sich der Kern des Lebens - komplex und vielfältig, stark und schwach, wunderschön und abstoßend - und das alles wird nun verwoben in einem Muster grenzenloser Vollkommenheit.

Was ihre Sexualität angeht, so übersteht die Weise Alte ihren zwischenzeitlichen Mangel an Testosteron und findet wieder zurück zu ihrer alten Libido. In ihren Forschungsaufzeichnungen mit dem Titel „Sexualität im Alter: Eine Studie über 106 Kulturen" berichten die Autoren Niles Newton und Rhonda Winn, dass es in fast allen indigenen Kulturen die Frauen jenseits der Menopause sind, welche den größten Spaß an derbem Humor haben, sich am aufreizendsten kleiden und ebenso tanzen, und in 70% dieser Kulturen sind sie es sogar, welche die jungen Männer in die Sexualität einführen.[6] Offenbar ist man der Ansicht, dass ältere Frauen über den nötigen Weitblick und entsprechenden Sachverstand verfügen, um die nächste Generation eine gesunde Sexualität zu lehren. Dazu ruft die Weise Alte Baubo an, die obszöne Göttin sexuellen Wissens und Humors, welche ihre Vulva dreist zur Schau stellt, im vollen Bewusstsein darüber, welche Macht und Heiligkeit sie birgt.

Die Dreistheit der Weisen Alten verweist darauf, dass sie sich ihrer sozialen Verantwortung sehr stark bewusst ist, aber auch auf ihren Wunsch, kulturelles Leiden und Missetaten auf persönlicher Ebene neu zu weben. Wie diese Frau, siebzig Jahre alt, erzählt:

„Ich denke nicht nach über den Tod - ich möchte einfach nur noch ein paar Jahre leben; ich möchte erleben, was noch so geschehen wird. Wenn Plan A nicht mehr aufgeht, greife ich eben auf Plan B zurück. Ich habe zwei künstliche Hüftgelenke und ein künstliches Kniegelenk - das sportliche Leben, das ich früher geführt

habe, ist also nicht mehr möglich, deshalb lerne ich jetzt, mit einem Computer zu arbeiten, ich lerne Bridge spielen, eben solche Dinge, die ein Ersatz dafür sind, dass ich nicht mehr Tennis spielen kann - ich ersetze einfach das eine gegen etwas neues. Ich glaube, solange man nicht mit sich selbst zufrieden ist, gibt es immer was zu lernen - das Gehirn hat noch so viel Kapazität für Informationen, und es gibt ein unerschöpfliches Meer an Wissen, aus dem wir schöpfen können.

Greisin ist ein furchtbares Wort - würde man mich als Weise Alte bezeichnen, wäre ich wohl ernsthaft beleidigt. Aber mich haben einige Leute gefragt, was denn mein Beitrag zum Weltgeschehen war, und ich muss sagen, dass ich eine Menge gemacht habe in meinem Leben. Ich war immer interessiert an verschiedensten Dingen, die nicht unbedingt immer miteinander in Verbindung standen, und das fasziniert die Menschen. Ich glaube heute noch, dass ich mein Alter verliere, wenn ich auf meinem Saxophon spiele - ich spiele gut, ich singe auch gut, und mein Mann und ich haben im Jahr so um die 20 Auftritte - es kommt einfach eine ungeheure Menge von meinem wahren Ich zum Ausdruck, wenn ich hinter meinem Horn sitze. Und ich bin auch besser geworden, jetzt kann ich endlich genau den Klang erzeugen, der mir immer vorschwebte. Wir haben ein Studio, und dann sitze ich immer unten im Haus und denke mir: „Ich will jetzt nicht; ich mag jetzt nicht blasen", aber wenn ich dann das Studio betrete, wow, dann kriege ich es doch hin. Dann wird eine gewisse Energie frei; Müdigkeit und Gliederschmerzen verschwinden auf einen Schlag, als wären sie nie da gewesen. Das macht die Kreativität. Und das geschieht ganz ungezwungen - ich glaube, man könnte beinahe sagen, die Musik fließt einfach durch mich hindurch.

Ich fand es sehr schwer, in dieser Gesellschaft als Frau zurechtzukommen. In allem, was ich gerne getan hätte, wurde ich behindert, weil ich eine Frau war; und das war wirklich sehr hart für mich. Der Gedanke daran, dass ich nur ein Mensch zweiter Wahl sei, weil ich eben als Frau geboren wurde - das war es, was mir zu schaffen machte. Um dir mal ein Beispiel zu nennen: In der Grundschule spielte ich in einer Band, ich war die Lead-Saxophonistin. Als ich in die High School kam, wollte ich eigentlich weitermachen, aber mein Musiklehrer, Mr Morton, sagte zu mir: „Oh nein, du bist eine Frau, du kannst nicht in einer Band spielen." Das hat mich absolut schwer getroffen. Dann war ich auf dem College, mein Hauptfach war Anthropologie, und ich wollte an Exkursionen teilnehmen, aber wieder kam nur: „Oh, du kannst nicht mit zur Exkursion, du bist eine Frau." Das sind die Dinge, die mir wirklich sehr wehgetan haben, die für mich am schlimmsten waren. Bis heute und bis zu dem Tag, an dem ich schließlich unter der kalten Marmorplatte liege, werde ich stinksauer sein auf Mr Morton und die Typen aus Anthropologie, die mir einfach ein Nein an den Kopf knallten."

Die Einbeziehung von Schmerz und Leid ist entscheidend für die Arbeit der Weisen Alten und wesentlich für ihre Weisheit. Ihre Alchimie besteht darin, die vielen Teile des Schmerzes - Ignoranz, Ungerechtigkeit, Grausamkeit, Gewalt und

Missbrauch - in Mitgefühl und Sorge gegenüber der gesamten Menschheit zu verwandeln. Mary Daly sagt über die Weisen Alten, zu denen sie selbst gehört: „Wir machen uns die Besuche der Dämonen zunutze, um tiefer in Kontakt zu treten mit unseren eigenen Kräften und Tugenden ... wir durchschauen ihre Täuschungsversuche und erkennen unsere eigene Wahrheit."[7] Deshalb ist die Weise Alte auch nicht unterzukriegen; die sie beherrschende Göttin ist Hekate, Wächterin der Kreuzwege, welche die Schreie trauriger, verwirrter Frauen hört und ihnen zu Hilfe eilt.

So wird die Weise Alte zur Heilerin. Sie ist nicht nur sozial engagiert, sondern auch auf persönlicher Ebene. Sie bietet den großen Freiraum, in dem andere die Möglichkeit haben, vollkommen authentisch zu werden, sich selbst zu finden. Ist sie erst einmal jenseits der Menopause, entdeckt sie sehr bald, dass alles, was ihrer Heilung und ihren visionären Fähigkeiten im Wege stand, sich mehr oder weniger in Luft aufgelöst hat. Tief ins Innere zu blicken, in das große Geheimnis, und daraus Möglichkeiten und Informationen zur Heilung zu schöpfen - darauf hat sie ein Anrecht, ja es ist sogar ihr Schicksal, ihr wahres Wesen an diesem Punkt in ihrem Leben.

Etwas Persönliches: Als ich in der Menopause war, hatte ich oft das Gefühl, wahnsinnig zu werden. Ich wollte keine Medikamente nehmen, obwohl mich meine Freunde, und insbesondere auch mein Mann, oft gedrängt haben, zum Arzt zu gehen. Ich bin prinzipiell nicht gegen medizinische Unterstützung, aber ich hatte einfach das Gefühl, dass das, was gerade mit mir geschah, einfach *mehr* war - ich hatte schon während meiner Geburten die Wahrheit über die Blutmysterien erfahren dürfen, und ich wusste, dass mir die Menopause ebenfalls ein paar spezielle Geheimnisse enthüllen würde.

Und ich hatte so Recht! Nachdem ich aufgehört hatte zu bluten, konnte ich plötzlich meditieren, mich mit Leichtigkeit in Trance versetzen und intuitiv mit meinen Freunden und meiner Familie kommunizieren auf eine Weise, von der ich vorher nur immer geträumt hatte. Als ich schon fast ein Jahr lang nicht mehr geblutet hatte, bekam ich unerwartet eine letzte Periode, und es war, als würde plötzlich der Vorhang vor meinen Augen zufallen - nun konnte ich nicht mehr auf diese neue, visionäre Art und Weise sehen.

Dieses Erleben machte mir deutlich, wo ich gewesen war und wo ich jetzt stand, und mein Vertrauen in meine Heilkräfte wurde noch stärker. In den darauf folgenden Monaten begann ich, andere Frauen zu lehren, wie sie diese Fähigkeiten aufspüren und nutzen konnten; gelegentlich bat mich dann eine der Frauen um eine private Heilung. Die Kraft und Schönheit dieser Erfahrungen kann ich gar nicht in Worte fassen, ebenso wenig wie die ungeheure Menge an Einblicken, die mir jede davon einbrachte. Ich muss ehrlich zugeben, dass dieses experimentelle Lernen in einer tiefgreifenden, heiligen Weise meinen früheren Hang zum Bücher Studieren verdrängt hat - jetzt kann ich nicht nur unmittelbar Wissen erlangen, ich lerne auch viel mehr dabei, wenn ich Auge in Auge mit anderen Frauen übe.

Und es gibt eine Menge zu lernen, will man das große Netz des Lebens ein wenig entwirren! Die Dinge sind nicht immer so, wie sie scheinen, der beste Weg muss nicht immer der kürzeste sein, und der Humor kann oftmals Berge versetzen, wenn alles andere bereits schief gegangen ist. Auch dies ist die Weisheit der Hekate - die Schlauen werden überleben. Die Weise Alte ähnelt der Hekate, denn auch sie übt sich darin, ihre Gestalt zu wandeln - die Kunst, mit reiner Willenskraft die eigene Erscheinung und Identität zu ändern, um eine schwierige Situation herauszufordern oder eine Wahrheit von einem bestimmten Aussichtspunkt aus zu erfahren.

> *„Wenn ich eines gelernt habe, dann das, dass die Menschen älteren Damen gegenüber einfach freundlich sind. Ich wurde einmal angehalten, weil ich auf der Autobahn zu schnell gefahren war; ich hatte 85 Meilen drauf. Ich glaube, der Polizist, der mich stoppte, war ziemlich überrascht, als er mich sah. Er hätte mir ein Knöllchen verpassen müssen - das hatte ich nun mal verdient - aber stattdessen gab er mir nur eine Verwarnung. Ich hab da eine Freundin, die mindestens so alt ist wie ich, wenn nicht sogar älter, und wir haben beschlossen, dass wir die schusseligen alten Damen mimen, wenn es uns nützt. Und wirklich: das wirkt wahre Wunder. Die Weise Alte hat eine Menge Macht. An diesem Punkt deines Lebens hast du einfach schon alles erlebt, was das Leben zu bieten hat. Auch die unangenehmen Dinge. Aber man kommt immer wieder auf die Beine und überlebt. Eine bittere Lektion, die ich lernen musste, ist, mir nicht mehr irgendwelchen Mist gefallen zu lassen. Irgendwann durchschaust du die Leute und den Müll, den sie dir andrehen wollen, und dann kommst du an den Punkt, wo du dir sagst: „Danke, keinen Mist mehr für mich", und gehst einfach weiter.*
>
> *Heute habe ich die Zeit, mich in Dinge einzumischen, die mir falsch vorkommen und die geheilt werden müssen; heute kann ich diese Arbeit endlich machen. Meine Freundinnen machen das genauso. Wir bemühen uns, die Dinge in Ordnung zu bringen, und zwar nicht nur für Leute unseres Alters, sondern auch für die Kinder und die jungen Menschen. Ganz egal, was die Leute denken, das Alter ist wirklich eine Zeit, in der man vieles geregelt kriegt.*
>
> *Ich denke, die Weise Alte ist sehr würdevoll. Sie verschafft sich Respekt. Ich erwarte von den Menschen, dass sie mich respektieren. Ich weiß, dass manche vor mir Angst haben, [flüstert] und darüber bin ich froh!"*

Um etwas erreichen zu können, tun sich die Weisen Alten meistens zusammen. Den wenigsten ist bekannt, dass unsere Verfassung eine exakte Kopie des Führungsmodells der Irokesen darstellt (welches Thomas Jefferson sehr stark beeinflusste) mit einem entscheidenden Mangel - wir haben den Rat der Clanmütter (oder Rat der Großmütter) ausgelassen, das eigentliche Rückgrat der Ratsversammlungen in allen Stämmen der Native Americans. Man stelle sich nur einmal vor, wie anders das Leben doch wäre, würde man die Großmütter regelmäßig um

Rat bitten in Sachen Umweltschutz, Ökonomie und Politik! Und dem „Gesetz der Rechtssprechung" der Native Americans zufolge waren es ebenfalls die Großmütter, die das letzte Wort hatten, wenn es eine soziale oder politische Missetat zu richten galt. Wenn zum Beispiel ein Häuptling seinen Stamm nicht so führte, dass immer hinreichend Essen, Wasser und Unterkunft vorhanden waren, dann sorgten die Großmütter dafür, dass er abgelöst wurde. Oder wenn in Kriegszeiten ein Häuptling zu Feindseligkeiten aufhetzte und damit das Wohl seines Stammes gefährdete, dann versuchten die Großmütter, ihn umzustimmen oder setzen ihn schließlich ab. Es war eine Faustregel, dass wichtige Entscheidungen nur mit dem Rat von Menschen mit immenser Erfahrung getroffen werden durften, das hieß, sie mussten mindestens sieben Generationen miterlebt haben![8]

Lassen wir eine zeitgenössische Weise Alte über die Verantwortlichkeiten der Frau - und die des Mannes - in unserer Gesellschaft sprechen:

„Ich habe in letzter Zeit sehr viel über das nachgedacht, was ich als die vier Mysterien bezeichne - Geburt, Tod, Sex und Essen - und wie in früheren Zeiten die Frauen über sie herrschten, dessen bin ich mir sicher, bis sie schließlich nacheinander alle von den Patriarchen unterworfen, entweiht, ausgebeutet und vermarktet wurden. Was daraus geworden ist, ist ein wahres Desaster, wie jeder sehen kann. Ich glaube, dass diese Dinge wieder unter die Fittiche der Frauen gehören, was ja nicht bedeutet, dass die Männer keinen Zugang zu diesen Mysterien haben sollen. Aber dadurch wird endlich wieder klar, wo es langgeht und wo nicht.

Auch über Sexualität hab ich mir meine Gedanken gemacht, über welche Heiligkeit eine Gebärmutter doch verfügt und dass doch in jedem Fall stets die Frauen Hüter dieses Mysteriums bleiben sollten. Nicht mit Gerede, sondern mit dem, was sie erlauben und was sie weihen. Ich persönlich finde, wenn der Geschlechtsverkehr nur dazu dienen soll, Nachkommen zu zeugen, dann ist das eine sehr beschränkte Betrachtungsweise von Sexualität. Man kann daraus eine ungeheure Menge Energie schöpfen, wenn man sich nicht einem komplett phallusorientierten Verhalten unterwirft. Die Weise Alte sollte dies an die Tochter weitergeben, auch an die Jungfrau und die Blutsschwester, damit sie die Kraft haben, diese Heiligkeit zu erhalten - das würde jedenfalls Vergewaltigungen, ungewollten Kindern und anderen Abscheulichkeiten in sexueller Hinsicht vorbeugen.

Seit die Frauen die Heiligkeit der Mysterien aufgegeben haben (oder sie ausgetrieben bekamen), haben sie Angst davor, sie wieder in ihre Hände zu nehmen. Ich erzähle das allen Frauen, denen ich begegne; und zuerst sind sie immer begeistert, bis sie schließlich beginnen, sich den Kopf über die Folgen zu zerbrechen. Es ist beängstigend, wieder Verantwortung zu übernehmen. Das ist schon anstrengend genug mit dem eigenen Partner, und sogar mit uns selbst haben wir hart zu kämpfen, wenn wir unsere gewohnten Muster durchbrechen wollen. Je mehr Liebe und Sex dabei eine Rolle spielen, desto tiefer musst du hinabsteigen, desto tiefer sitzt die Angst, desto finsterer wird es auch. „Ich bin allein, niemand wird mich mehr so lieben wie jetzt, ich bin nicht stark genug, nicht klug genug, ich spinne total. Was wird aus meinen Kindern, was wird mit ihnen geschehen, das überleb' ich nicht" - all diese Stimmen erheben sich, und es gilt eine Menge Arbeit an der eigenen Seele zu verrichten, bis man schließlich mit ihnen leben kann. Rennen wir weg vor den Stimmen, laufen wir direkt in die Falle hinein.

Letztendlich muss man bereit sein, allein zu sein, was es auch kosten möge. Irgendwo muss man die Bereitschaft entwickeln, alles zu verlieren. Inwiefern lässt du dich eigentlich auf dein Leben ein, wenn du bereit bist, alles aufzugeben, um ein gutes Leben zu führen? Genau das macht die Weise Alte - sie lässt es drauf ankommen."

Ritual für die Weise Alte

Uralte Königin der Weisheit
Hekate, Cerridwen
Große Alte - komm zu uns!

Diesen Übergangsritus macht man, wenn eine Frau ihre Menopause abgeschlossen hat und seit mindestens einem Jahr nicht mehr geblutet hat. Die Zeit nach der Menopause kündigt einen Übergang in eine neue Lebensphase an, in der sie für ihre Lebenserfahrung geehrt werden wird. Es ist also eine Zeit des Feierns. (Wenn eine Frau aufgrund von chirurgischen Eingriffen oder von Medikamenten eine vorzeitige Menopause erfährt, ist eine grobe Richtlinie für die Phase der Weisen Alten ein Alter von fünfundsechzig Jahren.)

In nicht industrialisierten Gesellschaften wird auch heute noch die Menopause gefeiert. Aber leider werden diese Riten immer häufiger von patriarchalischen Scham- und Ekelgefühlen verunreinigt. Die Frauen sollten sich diese Rituale un-bedingt zurückerobern, ehe sie gänzlich zerstört werden.

In der Tradition der Seneca geht eine Frau, die in die Wechseljahre eintritt, zu den Großmüttern des Stammes und wählt mit ihnen zusammen ein Thema aus, in welchem sie die jungen Frauen ihrer Gemeinschaft unterrichten wird. Solche Themen könnten die Spiritualität von Träumen, Tieren, Bäumen oder Nahrung sein. Oder aber sie spricht vor Frauen und Kindern über die Probleme während des Reifeprozesses. Nachdem sie ein Jahr lang unterrichtet hat, wird sie selbst zur Großmutter und wird fortan als weise Frau verehrt. Wenn ihre Menopause dann abgeschlossen ist, wird ihr eine weitere Ehre zuteil: Sie darf nun mitbestimmen, wer in ihrem Stamm Häuptling wird.

In einigen jüdischen Gemeinden kennzeichnen die älteren Frauen ihren Übergang von der Mutter zur Weisen Alten, indem sie sich einen neuen Namen geben. Auch die Indianerfrauen der Native Americans bekamen nach ihrer Menopause oftmals einen neuen Namen von ihrem Häuptling verliehen.

Unser Ritual für die Weise Alte haben wir auf der Basis eines Standardformats entwickelt. Die weiblichen Freunde und Verwandten der Frau kommen zusammen, um den Raum zu gestalten, sie schmücken ihn mit Immergrün, als Zeichen für Unsterblichkeit, oder anderen wintergrünen Zweigen, die klassischerweise für die Weise Alte stehen. Dann wird der Kreis gezogen und die vier Himmelsrichtungen oder vier Gesichter der Göttin werden herbeigerufen, ganz besonders die Hekate im Norden, welche die Kreuzwege des Lebens und die Unsterblichkeit repräsentiert. Die Zeremonie kann nun begonnen werden, indem man eine Mutterlinie spinnt: Eine Kerze oder ein anderer Ritualgegenstand wird im Kreis herum gereicht, wobei jede Frau ihren Namen sagt, dann die Namen ihrer Mutter, Großmutter, Urgroßmutter, immer weiter zurück in der Linie ihrer Vorfahrinnen, soweit sie sich erinnern kann. „Ich bin Susanne, Tochter der Brigitte, Enkelin der Margarethe, Urenkelin der Klara."

Das Ritual kann auf verschiedene Weise ablaufen, man kann wilde, ausgelassene Partys feiern oder der Frau Geschenke machen, um sie zu ehren. Ich erinnere mich an ein Ritual, das wir einmal für eine Hebammenkollegin feierten, die in ihre Zeit der Weisen Alten eintrat und sich von ihrer Arbeit zurückzog. Jede anwesende Hebamme erzählte eine Anekdote über die Arbeit mit ihr zusammen, und während sie ihre Geschichte erzählte, flocht sie rote, weiße und schwarze Bänder zusammen mit einem besonderen Schmuckband zu einem „Geschichtengürtel". Einige Geschichten waren urkomisch, aber am Ende fanden wir uns inmitten einer ergreifenden Zeremonie von unschätzbarem Wert wieder. Die Frauen können auch abwechselnd darüber sprechen, was es ihnen bedeutet hat, die Weise Alte zur Freundin zu haben, oder ihr eine wichtige persönliche Frage stellen, um ihren weisen Rat zu empfangen. Dieses Ritual soll schließlich nicht nur eine reine Feier werden, sondern gewissermaßen auch eine Einweihung. In der Tradition der Native Americans muss die Weise Alte versprechen, ihre Kraft in den Dienst der Versorgung und der Erneuerung des Lebens „All Unserer Verwandten" zu stellen.[9]

Eine andere Variante ist es, in der Mitte des Kreises einen Kessel mit Wasser aufzustellen, aus dem die Frauen dann nacheinander einen Schluck trinken und dabei sagen: „Ich erkenne die Weisheit vergangener Zeitalter an.“ Die Weise Alte steht in der Mitte und berichtet, was sie im Leben gelernt hat, welches Wissen sie noch erlangen möchte und was sie noch zu tun hat, um die Aufgabe ihres Lebens zu erfüllen. Dann kommt die älteste der anwesenden Frauen zu ihr, schöpft aus dem Kessel Wasser und gibt es ihr zu trinken, dabei spricht sie: „Finde in der Weisheit vergangener Zeiten die Mittel, dein Schicksal zu erfüllen“ oder „Wirf ab die Haut, die dir zu eng geworden ist.“[10] Dann wird der Weisen Alten traditionell ein Granatapfel überreicht - davon soll sie nun so viele Kerne essen, wie sie an Jahren zählt, und ebenso viele Segenswünsche sollen ihr gesagt werden für die Jahre, die ihr noch bevorstehen.

Ein wichtiger Aspekt ist auch die Zurückgezogenheit (wie sie auch in vielen anderen Ritualen zu finden ist, Symbol für Wiedergeburt und Wiedereingliederung), deshalb kann die Weise Alte ihr Ritual auch ganz für sich beenden. Sie geht allein zu einer dreigegabelten Kreuzung, wo sie der Hekate Speisen opfert und ein Gebet spricht:

> Einen langen Weg bin ich gegangen von meiner Mutter Brust bis hin zum Greisenalter. Dank sei dir, Hekate, für die guten Zeiten der Vergangenheit und die guten Zeiten, die noch auf mich warten.[11]

Die Weise Alte bringt ihr Opfer und darf nicht zurückschauen, als Zeichen dafür, dass sie ihre Zweifel hinter sich lässt und auf das vertraut, was nun kommen wird. Währenddessen feiern ihre Freundinnen weiter und sind fröhlich. Bei ihrer Rückkehr empfangen sie sie mit Liebe und Lachen und öffnen den Kreis mit dem Versprechen, sie während ihrer krönenden Lebensjahre so gut sie können zu unterstützen.

> Neue Rituale kann man größer und formaler gestalten. Alles, was man braucht, ist eine kleine Gemeinschaft von Freunden und Familie, einige Inspiration aus alten Traditionen und Symbolik, eine klare Formulierung der Veränderung, die nun stattfindet, und deren Bedeutung - und Mut.[12]

— C. Leonard

Mutter und Weise Alte werden vereint dadurch, dass sie beide lernen müssen, zu vertrauen. Die Mutter muss ihrem Körper vertrauen, wenn sie gebiert, und so lernt sie auch, ihren Instinkten zu trauen, die sie nach der Geburt im Umgang mit dem Kind leiten werden. Die Weise Alte muss sich von ihrer früheren Identität befreien und lernt auf diese Weise, ihrem Schicksal zu vertrauen. Indem sie vollkommenes Vertrauen in das Leben setzt, wird sie selbst zur Großen Mutter, die sich um alles sorgt.

Sie wird Teil einer Alchimie, aus der heraus sie das Persönliche transzendieren kann und in das Universum eintaucht. Diese Grenze wird sie nun immer wieder überschreiten, wenn sie ihre Arbeit machen will. Als Zauberin hat sie gelernt, gegensätzliche Energien in sich selbst sowie auch in ihren engen Beziehungen miteinander zu vereinen; als Weise Alte muss sie nun ein sensibles Gleichgewicht aufrecht erhalten zwischen den inneren und äußeren Welten. Auch hier haben wir wieder das Paradoxon von Hingabe und Kontrolle. Die Weise Alte ist im Leben so fest verwurzelt, dass sie nirgends anders sein kann, als an ihrem Platz, aber nur, wenn sie all das riskiert, wird sie herausfinden, wo ihr wahrer Platz ist. Dies ist die letzte Lektion von tiefer Liebe und Loslassen:

> *„Die Phase der Weisen Alten bringt eine Menge innerer Arbeit mit sich. Ich bemühe mich, gelassen zu sein, aber das ist nicht einfach, es ist harte Arbeit. Ich versuche, die losen Enden miteinander zu verknüpfen und Dinge abzuschließen, die ich schon längst hätte abschließen müssen. Alte Verletzungen aus der Kindheit, und jetzt denk ich bei mir: „Zeit, das endlich loszulassen." Das ist leichter gesagt als getan, aber zumindest gebe ich mir Mühe. Und darum geht es auch bei der Weisen Alten - sie findet ein eigenes Wertesystem, beurteilt ihr Leben und stellt fest, dass sie ein paar wirklich gute Dinge getan hat, und wenn man erst einmal den Müll losgeworden ist, den man all die Jahre mit sich herumgeschleppt hat, kann man noch eine ganze Menge mehr tun.*
>
> *Mein Ritual für die Weise Alte war der Anfang meiner Weisheit. Es hat mir eine Menge Wachstum an mir selbst beschert. Ich habe das Gefühl, dass ich in den letzten Jahren viel mehr wachsen konnte als in den ersten siebzig. Wirklich, so viel Wachstum - das ist ein sehr erhebendes Gefühl."*

Indem sie ihr Leben auf das wahrhaft Wesentliche reduziert und ihren eigenen Tanz findet, ganz leicht im großen Lauf der Dinge, sät die Weise Alte die Saat für ihre eigene Wiedergeburt. Sie beginnt, ein metaphysisches Band zu weben (ganz ähnlich wie das Band zwischen Mutter und Embryo), das sie mit der Mutter aller Dinge verbindet und sie durch die Dunkelheit des Todes tragen wird. In der nächsten Phase kehrt ein winziges bisschen Licht - der aufgehende Mond nämlich - zurück, damit das, was sich in der Zeit der Weisen Alten noch in der Dämmerung verbirgt, schließlich bei der Dunklen Mutter entfalten und in das Licht der Wiederbelebung eintauchen kann, selbst dann, wenn das Leben auf Erden zu Ende geht.

Kapitel 10

Die Hebamme und die Dunkle Mutter

Die Hebamme und die Dunkle Mutter sind beides Hüterinnen der Schwelle - der Schwelle der Geburt und der Schwelle des Todes. Die Hebamme kann im wörtlichen Sinne eine Geburtshelferin sein, sie kann aber auch lehren, ermöglichen oder erleichtern, was auch immer in anderen Menschen ans Licht gebracht werden möchte. Die Hebamme bringt das hervor, was wesentlich ist; sie ist mit helfender Hand zur Stelle, wenn das Leben sich selbst neu erschafft und erneuert. Dabei nährt, schützt und ehrt sie das Unerfahrene, Innovative, Neue.

Ihre Arbeit ist eine natürliche Weiterführung dessen, was sie selbst als Gebärende und Mutter gelernt hat: Nämlich dass Hingabe eine Quelle der Macht ist und man Weisheit erlangt, wenn man immer genau im Jetzt bleibt. Sara Rudick, die Autorin des Buches *Mütterliches Denken*, beschreibt, auf welche Weise die Mutterschaft ihren Intellektualismus verdrängt und ihr ganz neue Wege von Sein und Wissen gezeigt hat:

> Ich stellte fest, dass ich wesentlich genauer beobachtete, geduldiger zuhörte und von Gesten, Stimmungen und Gedanken ganz in Anspruch genommen wurde. Je mehr ich mich darauf einließ, desto tiefer wurde auch meine Anteilnahme. Ich hatte so hart daran gearbeitet, meine Gefühle durch meine Gedanken kontrollieren zu kön-

> nen, und jetzt brach das alles zusammen. Anstatt nach Argumenten zu suchen, um meine Gefühle gefügig zu machen, erlaubte ich nun meinen Gefühlen, in mein abstraktes Denken vorzudringen.[1]

Als Mutter lernst du, dich ganz auf deine Kinder abzustimmen. Auch die Hebamme macht sich diese Fähigkeit zunutze. Sie passt sich jenen an, die an anderer Stelle des biologischen Kreislaufs stehen, und ermutigt sie, ihr Leben selbst in die Hand zu nehmen, ihr Geschick und ihre einzigartigen Talente auszuschöpfen und ihre eigene Wahrheit zu finden. Ebenso wie die Mutter, die ganz fasziniert ist von ihrem Sprössling und sich an dessen Entwicklung erfreut, so drängt es auch die Hebamme, andere in ihrer kreativen Entfaltung zu unterstützen und die Triumphe des menschlichen Geistes zu feiern.

Den Autorinnen Mary Belenky, Blythe Clinchy, Nancy Goldberger und Jill Tarule zufolge „wird sich die intellektuelle und ethische Entwicklung bei Kindern, deren Eltern mit ihnen wirklich kommunizieren, wahrscheinlich wesentlich schneller und sicherer vollziehen." In ihrem bahnbrechenden Buch *Das andere Denken* bringen die Autorinnen diese Tatsache in Verbindung mit der Art und Weise, wie eine „Hebamme" zu lehren versteht:

> Hebammenlehrerinnen helfen den Menschen dabei, ihr eigenes Bewusstsein zu gebären. Sie ermutigen ihre Schüler, ihre eigene Stimme zu finden und sie auch zu erheben. Ihr oberstes Gebot ist es, die zerbrechlichen, ungeborenen Ideen ihrer Schüler zu bewahren und ihnen ans Licht zu verhelfen, ohne dass die ihnen innewohnenden Wahrheiten zerstört werden oder sich in akzeptable Lügen verwandeln.[2]

Die Hebamme sieht es als ihre Aufgabe an, mit ihren Klienten oder Schülern nicht nur verbal in Dialog zu treten, sondern auch körperlich, emotional und intuitiv. Im englischen Wort *midwife* steckt der Kern „mit der Frau". Ein Eckpfeiler ihrer Arbeit ist das Lehren durch Verbundensein, und eben nicht durch auswendig lernen lassen. Im Gegensatz zum Arzt, der eher dazu neigt, auf Distanz zu bleiben, betrachtet die Hebamme ihre Arbeit als eine leidenschaftliche Suche nach Wissen, während der sie auf derselben Stufe steht mit denen, die sie gerade begleitet. Dabei verleugnet sie nicht etwa ihren Sachverstand oder ihre Verantwortung, aber sie ist sich dessen bewusst, dass sie von jedem, dem sie gerade beisteht, etwas lernen kann.[3] Das wäre viel leichter zu verstehen, wenn wie im Niederländischen die Worte für Lehren und Lernen die gleichen wären. Eine erfahrene Ausbilderin erzählt:

> *„Wenn ich unterrichte, sitze ich mit meinen Schülern im Kreis. Es sind erwachsene Menschen, und ich rede mir nicht ein, dass ich mehr wüsste als sie, bis auf dieses*

kleine Gebiet, auf das ich mich nun einmal spezialisiert habe. Ich stelle fest, je ehrlicher ich bin und je aufrichtiger ich von meinen eigenen Schwierigkeiten und Erfolgen erzähle, desto mehr öffnen sich auch meine Schüler vor mir und voreinander, und das macht das Lernen für uns alle viel Gewinn bringender.

Nach den ersten Jahren des Lehrens wird man irgendwann vor die Wahl gestellt - du kannst entweder beim Standard bleiben, oder aber du erfindest dich permanent neu auf deinem Sachgebiet, riskierst etwas und findest eine Möglichkeit, deine Leidenschaft mit einzubringen. Das ist jedenfalls der Weg, den ich gehe - so erhalte ich meine Liebe für die Sache aufrecht und bringe die Liebe ins Fließen zwischen mir und meinen Schülern.

Inzwischen habe ich ein ziemlich gutes Gefühl dafür, welche Zweifel, Ängste, aber auch welcher Enthusiasmus und welche verborgene Sehnsüchte in meinen Schülern schlummern. Ich passe immer den richtigen Moment ab, um ihre Fähigkeiten zu lernen ein wenig anzukurbeln. Ich glaube, dass es mir auch eine Menge Zeit erspart, wenn ich Schüler zusammenführe, die ergänzend miteinander arbeiten können - Lernen hat so viel mit Selbstbestätigung zu tun. Heute erst, nach fünfzehn Jahren, habe ich das Gefühl, dass ich wirklich *unterrichte.*"

Diese Methode, alles, was im Klassenzimmer auftaucht, in den Unterricht mit einzubeziehen (anstatt es zu verleugnen), hat viel von einer Ausbildung, in der bestimmte Dinge eben dann gelehrt werden, wenn es die Arbeit erforderlich macht. Das Geschichtenerzählen ist ein wichtiger Bestandteil dieser Herangehensweise:

„*Hebammen lernen voneinander, indem sie einander Geschichten von Geburten erzählen. In manchen dieser Geschichten stecken wichtige Lektionen, und die werden dann immer wieder erzählt. Das ist mündliche Überlieferung - man erzählt die Geschichten in dem Moment, wo sie etwas beizutragen haben zu dem, was gerade geschieht. Das ist viel sinnvoller als das sture Lehren nach einem Buch.*"

Die konventionelle Lehrmethode im „Banker-Stil", bei der, wie Paulo Freire es beschreibt, „das Wissen von oben herab in die Schüler hineingegossen wird, als wären sie leere Flaschen", verhindert, dass angeborene Fähigkeiten weiterentwickelt werden und Selbstvertrauen entstehen kann.[4]

Um noch einmal auf den Kern der Sprache zurückzukommen: Es ist kein Zufall, dass in unserer Sprache in der Schüler-Lehrer-Beziehung eine deutliche Hierarchie zu erkennen ist. Sie reflektiert ganz einfach nur die Dualität des vorherrschenden christlichen Glaubens, wo ja auch Himmel und Erde, Körper und Geist polarisiert werden. Kurz haben wir auch über die Folgen der Hexenjagden in Europa und den Vereinigten Staaten gesprochen - jetzt müssen wir untersuchen, inwiefern diese Verfolgung von Frauen dieses Berufsstandes mit dem Entstehen der Mediziner- und Lehrerberufe in Verbindung stand und inwiefern uns diese „Zeiten der Scheiterhaufen“ bis heute darin behindern, auf die Weisheit unserer Körper zurückzugreifen und sie mit anderen zu teilen.

Professionalität oder die Übernahme von Diensten und Leistungen, welche die Menschen bis dato traditionell selbst ausgeübt hatten, durch eine bezahlte Elite begann im sechzehnten Jahrhundert, als die katholische Kirche erstmalig „Experten“ einsetzte, um der heidnischen Spiritualität aktiv entgegenzuwirken. Durch diese Reformation wurde zwar das Wissensmonopol, welches die katholische Kirche innehatte, zerstört, doch gleichzeitig wurde ein Markt geschaffen, auf dem ein Mann, der in der Lage war, für seine Bildung und Ausbildung zu zahlen, seine Machtposition durchaus festigen konnte. Frauen hingegen blieb die höhere Bildung verwehrt.

Dennoch brachten die Gemeinden weiterhin ihre eigenen Heilerinnen, die Hebammen, hervor, was besonders dadurch gestärkt wurde, dass sich die Methoden der Ärzte sowohl als teuer als auch als sehr unsicher erwiesen. Im Gegensatz zu Ärzten bauten die Hebammen auf vorbeugende Maßnahmen wie Sauberkeit, die Verwendung von Kräutern und gute Ernährung, um die Kraft ihrer Patienten zu erhalten. Manchmal bereiteten sie auch Schmerzmittel zu und mussten teuer dafür bezahlen - Anne Hutchinson wurde auf dem Scheiterhaufen verbrannt, weil sie einer gebärenden Frau die Schmerzen mit Laudanum stillte. Dennoch machten sie Fortschritte, sie unterrichteten und standen den Menschen stets mit gutem Rat zur Seite, was gesundheitliche und persönliche Belange anbetraf, so wie es auch heute noch der Fall ist. Die Hebammen sorgten für ihre Gemeinde von der Geburt bis zum Tod, und sie behandelten ein recht großes Spektrum an Leiden und Krankheiten. Natürlich ehrten sie auch die Blutmysterien der Frauen und bemühten sich, diese in das Gemeinschaftsleben mit einzuweben. Kein Wunder also, dass es im *Malleus Maleficarum*, dem Handbuch der Inquisition, heißt: „Niemand vermag der katholischen Kirche größeren Schaden zuzufügen als die Hebammen.“[5]

Die Unterdrückung der Hebammen hatte für die Gesellschaft schwerwiegende Folgen. Starhawk erklärt dazu: „Zerstört man das Vertrauen, das eine Kultur in ihre Heiler setzt, zerstört man auch das Vertrauen dieser Kultur in sich selbst, man zerschlägt die Bande, die sie zusammenhalten und öffnet sie für eine Kontrolle durch Außenstehende.“[6] Der Kampf zwischen Hebammen und medizinischer Elite setzt sich bis zum heutigen Tage fort - nicht nur in den USA, wo viele ausgebildete und kompetente Hebammen einfach dafür vor Gericht gestellt wurden, dass sie praktizieren, sondern in der ganzen Welt, soweit der Arm der profitgeilen Medizin eben reicht. Und dieser Kampf ist weit mehr als ein kleines Gerangel auf professionellem Gebiet, er spiegelt den Neid der Patriarchen, wie Starhawk es beschreibt:

> Wenn die Gesellschaft, in der ich lebe, das bewährte Wissen über meinen eigenen Körper vor mir zurückhalten will und mich zwingt, mich an Männer zu wenden, wenn ich des Rats und der Hilfe bedarf in absolut weiblichen Angelegenheiten, dann höre ich als Frau deutlich die Botschaft heraus, die mich als inkompetent und unfähig erklärt, mich um mich selbst zu kümmern. Wenn weibliche Heilerinnen degradiert und als schmutzig und bösartig dargestellt werden, dann wird den Frauen als Gruppe ein Gefühl von Schande, Selbsthass und Angst vor ihrer eigenen Kraft eingegeben.[7]

Wenn wir uns aus dieser Unterdrückung befreien wollen, brauchen wir Stärke. Die Waite- Tarotkarte der Stärke zeigt eine Frau, die ganz sanft einem Löwen das Maul schließt, wobei über ihrem Kopf eine liegende Acht, Symbol für das ewige Leben, zu sehen ist. Im Crowley-Tarot ist es die Lust, reitend auf dem Rücken eines Löwen und Kraft schöpfend aus ihrem Wissen über Sexualität und Erneuerung. Im *Motherpeace*-Deck ist sie „die Muttergöttin ... die gleichzeitig Naturfreundin als auch zivilisierende Kraft ist", umgeben von Totemtieren, mit bestimmten Kräften, aus denen sie sich nährt: Der Hase, lunare und unterbewusste Erleuchtung; die Schlange, visionäre und transformative Energie; der Wolf, Schutz und Stärke durch Wildheit; die Spinne, Verbundenheit mit der Gesamtheit des Lebens.[8]

Die oberste Direktive für die Karte der Stärke verbirgt sich in Vicki Nobles Untertitel: „Magische Helfer finden". Die Hebamme muss all ihre Verbündeten zusammenrufen, seien es Totemtiere, Orakel oder spirituelle Führer, wenn sie stark und kompetent sein will als Hüterin der Schöpfung. Ihr Mond beginnt nun, abzunehmen und die Dunkelheit in sich aufzunehmen, und so kann es auch für sie schwierig werden, nichtlineare Arten von Wissen zu erkennen und ihnen zu vertrauen, wenn mysteriöse Stimmen und Bilder unaufgefordert aus ihrem Unterbewusstsein heraufsteigen. Doch genau das ist ihre Aufgabe - sie muss an diesem Tor zwischen den Welten stehen und lernen, an diesem heiligen Ort das Vertrauen zu sich selbst zu finden, auch dann, wenn sie anderen den Weg zeigt.

Eine Hebamme, zweiundfünfzig, berichtet:

> *„Ich habe mich immer schon auf meine Intuition verlassen - wenn sich etwas nicht richtig anfühlt, dann sehe ich mich um nach physischen Anzeichen oder Signalen und mache auf dieser Basis weiter. Allerdings gibt es nicht immer physische Anzeichen - wenn ich bei einer bestimmten Situation kein gutes Gefühl habe, dann verlasse ich mich einfach auf meinen Instinkt. Über die Jahre habe ich gelernt, meinen eigenen Kram - meine Ängste und persönliche Probleme - zu identifizieren und daheim zu lassen, wenn ich bei einer Geburt helfe. Ich passe sehr genau darauf auf, meine persönlichen Probleme nicht mit in diesen Prozess hinein zu nehmen."*

Eine Frau Mitte zwanzig identifizierte sich mit einer Hebamme auf ihrer Arbeit, einer Abtreibungsklinik:

> *„Bei meiner Arbeit in der Klinik musste ich lernen, eine Menge Klassenunterschiede und kulturell bedingte Vorurteile abzubauen. Ich habe versucht, mich immer daran zu erinnern, dass alle Frauen nur eines der Gesichter der Göttin sind, aber das ist nicht einfach, wenn man es mit einer Frau zu tun bekommt, die ihre Hygiene furchtbar vernachlässigt oder an einer Geschlechtskrankheit leidet, und du musst sie durch diesen traumatisierenden Prozess begleiten. Ich hatte eine Mauer um mich herum gebaut, die mich von anderen Klassen abgrenzte, ich habe sehr hart gearbeitet für alles, was ich heute erreicht habe, und ich kleide und bewege mich auch in einer Art und Weise, durch die ich mich von meiner Vergangenheit abtrennen möchte. Doch wenn ich Frauen bei einem Schwangerschaftsabbruch begleite, spielt das alles keine Rolle mehr - dann sind es einfach nur Frauen, gleich welcher Farbe, Größe oder welchen Glaubens.*
>
> *Abtreibung ist wieder ein Aspekt im Leben einer Frau, für den sie sich schämen soll, ein weiterer Schlag gegen uns, noch etwas, das die Männer, die Religion und die Gesellschaft kontrollieren wollen. Es frustriert mich ungemein, dass gerade die Frauen, die die Hilfe am nötigsten haben, sie am wenigsten bekommen. Die Männer begreifen es einfach nicht - du kannst sie in den OP schubsen und hoffen, dass sie's endlich schnallen, wenn sie ihre Partnerinnen da liegen sehen, wie sie sich aufbäumen vor Schmerzen, aber meistens begreifen sie es auch dann nicht. Die Leute hören nicht auf mit dem Sex - solange wir Sexualität und Verhütungsmittel nicht thematisieren, wird Abtreibung immer ein Thema bleiben. Aber wir werden jetzt nicht umkehren, zu viele Frauen haben dafür schon ihr Leben gelassen.“*

Die Hebamme lernt, sowohl innere als auch äußere Unterdrückung zu bekämpfen, reaktiviert damit ihre eigentliche Identität und bereitet sich auf ihre bevorstehende Wiedergeburt als Amazone vor. Sie erforscht die Grenze zwischen dieser und anderen Wirklichkeiten und entfacht damit ihre Wildheit neu. Kürzlich hatte man mich gebeten, eine Präsentation zum Thema „Geburt - so normal wie möglich“ zu machen, und wieder einmal war ich erschüttert, wie heimtückisch dieses heilige Blutritual von Standardisierung und dem Hang zur Kontrolle durchdrungen wird. Es gibt keine „normale Geburt“ - jede Geburt ist individuell und nicht zu vergleichen, es findet ein breites Spektrum an physischem, emotionalem und spirituellem Wachstum statt, das ganz einfach außergewöhnlich ist. Eine artgemäße, reduzierte Betrachtung des Geburtsgeschehens dagegen erzeugt ein wahres Zerrbild vom Jahrtausende lang verehrten Können und der Kunst einer Hebamme.

Wie auch immer die Hebamme ihre Begleitung und ihren Beistand gestaltet, sie muss ein gewisses Maß an Sicherheit gewährleisten. Sie sollte aber ihre Klientinnen und Schülerinnen ermutigen, selbst an ihre Grenzen zu gehen, tiefe

Gefühlsströme zu erleben, ihre eigenen Möglichkeiten zur Verwandlung zu entdecken und ein neues, kreatives Gebiet zu erforschen. Es ist die Aufgabe der Hebamme, das Unsichtbare sichtbar und verständlich zu machen, sowohl für andere als auch für sich selbst. Dabei erkennt und bestätigt sie reinste Instinkte und Botschaften des Körpers und versucht, diese in fassbare Handlungen und Worte zu übersetzen.

Durch diese Arbeit begreift die Hebamme, wie alles Leben miteinander in Verbindung steht und erkennt die Wahrheit der Gaia-Hypothese. Eine unserer Befragten nannte das „das erotische Feld“:

> *„Wenn ich in der Wüste draußen bin, habe ich Zeit für mich allein, aber ich entdecke immer wieder, dass ich gar nicht allein bin, das ist nur eine Illusion, denn das ganze Universum ist mit mir dort draußen. Nachdem ich gemerkt hatte, dass das Universum lebendig ist, glaube ich nun auch, dass es nicht nur lebendig, sondern auch freundlich und hilfreich ist. Es ist für mich da. Wenn ich meine Augen und Ohren aufsperre und aufmerksam bin, sehe ich, dass ich eine Menge Verbündete habe.*
>
> *In diesem Zusammenhang mache ich mir auch viele Gedanken darüber, was Beziehung eigentlich bedeutet. Wir neigen dazu, das Wort „Beziehung“ mit derjenigen Person zu identifizieren, mit der wir Sex haben - das ist es, was wichtig ist - aber wenn wir den Gedanken des Geschlechtsverkehrs und des Orgasmus' einfach mal herausnehmen aus diesem Bild, dann können wir uns mit allen Menschen und Lebensformen um uns herum auf ein allgemeines erotisches Feld begeben. Mit Erotik meine ich ein tiefes Verbundensein miteinander, mit allen Sinnen. Wenn wir wirklich ganz und gar in diesem erotischen Feld leben könnten, wäre es tatsächlich nicht mehr von Bedeutung, mit wem wir dort sind - das fände ich wirklich am besten. Am leichtesten finde ich es, allein dort in der Natur zu sein - aber wenn die Frauen sich dieses erotische Feld wieder zu eigen machen würden, hätten sie den Männern weitaus mehr zu bieten als diesen jämmerlichen kleinen Orgasmus, den sie sonst erleben. Denken wir nur einmal daran, was es für Auswirkungen für die ganze Welt hätte, für die Welt der Natur, wenn wir als Volk dieses erotische Feld betreten würden - wir kämen gar nicht mehr auf die Idee, auch nur das kleinste bisschen davon zu zerstören.*
>
> *Vor kurzem ist eine Freundin gestorben, und mir kam ein Bild in den Sinn von dieser gewaltigen Hingabe. Reden wir gleich mal über Hingabe in der Erotik - wenn du einmal mit den Bäumen, Pflanzen und Tieren im erotischen Feld gewesen bist, stelle dir einfach vor, wie du dich im Moment des Todes in ihnen auflöst! Ich glaube, die Dunkle Mutter hält ihre Arme weit offen für dich in dieser Auflösung, und wir alle lösen uns in ihr auf. Als ich meine Freundin beobachtete, dachte ich bei mir, wie gut es doch sein muss, wenn man einfach alles fallen lässt, alles loslässt. Wir geben uns etwas ungeheuer Großem hin, und wir haben keine Ahnung, was es eigentlich ist.“*

Hier wird die Verbindung deutlich zwischen der Arbeit der Hebamme und der der Dunklen Mutter, denn beide müssen sich hineinbegeben in dieses erotische Feld, wenn sie sich mit den Übergängen von Geburt und Tod auseinandersetzen wollen. Dafür müssen sie sich auf das Wesentliche konzentrieren; die Hebamme verfeinert ihr wesentlichstes Selbst durch die Mutterschaft, während die Dunkle Mutter ihren Rückzug fortsetzt, den sie als Weise Alte begonnen hat.

> *„Mir passiert gerade etwas Seltsames - ich bin sechsundsiebzig und habe mein Leben lang gearbeitet - und plötzlich, im letzten Jahr, überkam mich so ein nagendes Gefühl: „Virginia, wird Zeit, dass du in Rente gehst." Ich bin noch immer gesund, habe immer noch meinen Job, und ich arbeite auch nicht fürs Geld; ich arbeite, weil ich das liebe, was ich tue - und da kommt auch das nagende Gefühl ins Spiel: „Virginia, es wird Zeit. Du solltest dich aus deinem Beruf zurückziehen, solange du noch auf der Höhe bist, solange du noch gehen kannst, ohne ihn zu hassen." Damit ging auch ein Bedürfnis nach Rückzug einher. Ich folge einem östlichen Weg und kann sehr gut alleine arbeiten. Anscheinend brauche ich nicht besonders viele Menschen um mich herum, und ich sehne mich nach Einfachheit, ich will raus aus der Welt und hinein in die Meditation - inzwischen meditiere ich zwei bis drei Stunden am Tag, und ich möchte das gerne auf vier bis sechs Stunden ausweiten. Ich möchte mein Leben soweit vereinfachen, dass mich die Welt nicht mehr auslaugt. Ich gehe nicht mehr ins Theater, besuche keine Sinfoniekonzerte mehr, obwohl ich all diese Dinge geliebt habe - ich war auch schon lange nicht mehr im Kino. Ich glaube, ich gehe jetzt in einen Lebensabschnitt der Stille über, wo ich mehr im Einklang bin mit der höheren Macht und mich auf den Übergang des Todes vorbereiten kann. Das kann schon morgen sein oder erst in fünfzehn Jahren, ich weiß es nicht, aber ich spüre, dass es herannaht, und ich möchte spirituell so gut es geht darauf vorbereitet sein, damit ich im entscheidenden Moment wirklich bereit bin für diesen Übergang. Ich habe viele Freunde und Bekannte, die gerne feiern und so weiter, und ich sage ihnen immer: „Mich braucht ihr nicht mehr fragen, ich will nicht mehr auf Partys gehen." Das raubt mir meine Energie und laugt mich aus, ich will aber bei Kräften bleiben.*
>
> *Ich werde auch aus Kalifornien wegziehen, nach Idaho - dort haben wir ein Stück Land gekauft; meine Kinder und ich wollen bauen. Ich habe nie im Schnee gelebt, aber ich bin eigentlich ein Wintermensch; ich liebe die grauen Tage, und ich glaube, der Schnee wird meine Sehnsucht nach Einfachheit noch verstärken, weil ich dann nicht mehr raus kann und meine Zeit auf andere Weise verbringen muss. Man hat mir erzählt, es sei dort sehr friedlich - die Berge und Bäume sollen im Schnee wunderschön aussehen."*

Die Jahreszeit von Weiser Alter und Dunkler Mutter ist der Winter, er steht für Rückzug, Einsamkeit und die Weisheit des Winterschlafs. Unter den Totemtieren dieser Jahreszeit befinden sich der Bär, die Eule und der Wolf, welche allesamt für eine Sichtweise stehen, die auf der Einfachheit beruht und den Fokus auf das innere Leben, die spirituelle Flucht, richtet. Eine Frau, dreiundsiebzig, beschrieb uns die wachsende Bedeutung ihrer Traumzeit:

> *„Ich glaube, wir können unseren Träumen mehr abgewinnen, wenn wir alt werden, denn sie treten an die Stelle unseres aktiven Lebens. In meinen Träumen kann ich rennen, spazieren gehen, springen, spielen - alles das, was ich eigentlich nicht mehr machen kann, aber in meinen Träumen ist es ganz natürlich. Ich habe mal irgendwo gelesen, dass man ab einem gewissen Alter seinen Blick von der Wachzeit auf die Schlafenszeit richten soll. Und da ist was Wahres dran - in meinen Träumen gibt es keinen Makel an mir, ich bin vollkommen gesund. Und das ist sehr erfrischend."*

Der Winter ist eine Jahreszeit der Latenz, eine Zeit, in der die Natur sich erholen und auf die Wiedergeburt im Frühling vorbereiten kann. Ebenso reduziert auch die Dunkle Mutter ihre weltlichen Belange auf ein Minimum, sie entrümpelt ihre Schränke und verschenkt ihre Habe. Meine Mutter ist Ende siebzig und hat bereits Foto- und Erinnerungsalben für mich und meine Schwester zusammengestellt - damit erfüllt sie die traditionelle Rolle einer alten Frau als Familien- und Kulturhistorikerin. Viele Frauen in dieser Phase haben das Bedürfnis, ihren persönlichen Besitz auf das Nötigste zu reduzieren und ihre Angelegenheiten zu regeln, damit das nicht später ihren Kindern zur Last fallen würde. Dieser Auszug aus einem Gebet von Elizabeth Gray Vining macht das deutlich:

> Hilf mir, meine Arbeit an jedem Tag ein Stück weit in Ordnung zu bringen, damit sie nicht zur Last wird für jene, die sie dann wegräumen müssen, wenn ich gegangen bin. Lasse mich wachsam sein und vorbereitet darauf, dass ich aus diesem Leben gerufen werde.[9]

Doch nicht jede Dunkle Mutter erlebt solch eine allmähliche Aufgabe ihres einstigen aktiven Lebens. Einigen wird das Unwesentliche auch abrupt weggenommen, zum Beispiel durch schlimme Krankheiten oder Behinderung. Die Göttin Kali, welche den zerstörerischen Aspekt dieser Phase verkörpert, zerreißt das Vergängliche und spaltet es vom Unvergänglichen ab. Ihr Gesichtsausdruck ist grimmig, ihre Haut schwarz, und voller Kraft tanzt sie über dem Leichnam ihres Gefährten, Shiva, selbst dann noch, als ihre Yoni seinen Lingam (Penis) verschlingt. Kali steht an der Grenze zwischen Tod und Wiedergeburt und repräsentiert die Große Mutter als die Alles Verschlingende. Die Griechen nannten sie Atropos, die Schnitterin, die alles zerschlägt, was nicht mehr von Nutzen ist und den Faden eines jeden Lebens durchtrennt. In Ägypten ist sie als Nut bekannt, die hinter dem Schleier wohnt und der kein Sterblicher ins Angesicht blicken kann.[10] Die Priesterinnen im Dienste der Kali waren in der tantrischen Überlieferung als Dakinis (oder Wolkenfeen) bekannt; zu ihren Aufgaben gehörte unter anderem, die Sterbenden in den letzten Augenblicken des Lebens zu umarmen und ihr Leiden zu mildern. Außerdem nahmen sie den letzten Atemzug der Erleuchteten mit dem Kuss des Friedens entgegen, bereiteten die Körper der Verstorbenen auf die Bestattung vor und leiteten Bestattungsrituale. Zwar sind sie meistens gutartig und sanftmütig, doch wenn es das Karma erfordert, können die Dakinis auch Strenge walten lassen und einen gewaltsamen oder schmerzlichen Tod herbeiführen.[11]

Die Dunkle Mutter hat sich mit den zerstörerischen Aspekten des Lebens abgefunden, denn sie weiß, dass diese für die Wiedergeburt unerlässlich sind. Auch die Hebamme kennt den Prozess der Selbstauflösung, der der Entbindung vorausgeht. Eine Hüterin der Schwelle zu sein, bedeutet, auf beiden Seiten des Tores, in beiden Welten zu Hause zu sein. Die meisten der Frauen, die während ihrer Zeit als Dunkle Mutter oder als Hebamme sehr ausgiebig gearbeitet haben, haben auch einige Zeit mit der Verwandlerin zugebracht. Sie hat sie gelehrt, mit Angst und Mut umzugehen und Wege zu finden, Veränderungen zu akzeptieren und herbeizuführen. Einige Frauen erleben diese Phasen auch unabhängig von ihrem Alter und können die Lektionen, die sie dort gelernt haben, in verschiedensten Lebenslagen anwenden:

> *„Ich nutze die Energie der dunklen Seite, der Dunklen Mutter, in meiner Arbeit mit verschiedenen Unternehmen. Ich muss Entscheidungen treffen, wobei ich auf mein qualitatives, angeborenes Gefühl für die Menschen, aber auch auf einige analytische Vorgänge oder Statistiken achten muss. Mehr und mehr Unternehmen suchen sich Frauen als Ratgeber - sie erklären sich das vielleicht anhand von Demographien oder den Daten über das Kaufverhalten der Frauen, aber sie wissen auch, dass da noch etwas mehr dahinter steckt, etwas, das sie nicht verstehen.*
>
> *Als ich in die Welt des Business eintrat, dachte ich immer, die Männer wüssten etwas, das ich nicht wusste, aber heute betrachte ich sie fast als Kinder und weiß, wie ich mit ihnen arbeiten muss. Manchmal weiß ich so gut wie gar nichts über das, was sie gerade diskutieren, und doch gebe ich ihnen aus der Intuition heraus einen Ratschlag, der für sie von Wert ist. Diesen Männern fehlt etwas, und ich weiß, was es ist - es ist mein Bewusstsein darüber, was sie in ihrem Leben darstellen, das ist ein sehr frauenhaftes Wissen. Das ist witzig, denn auch die Männer wissen, dass es da so eine Leere gibt, und wenn man ein wenig von dem Frauenwissen mit ihnen teilt, dann haben beide Parteien etwas davon. Es geht nicht darum, irgendjemandes Lehrerin, Geliebte oder Sekretärin zu sein, es geht einfach darum, seinen Platz in der Welt zu kennen und ihn einzunehmen und das Rätsel zu entschlüsseln.*
>
> *Der Archetyp der Athene ist sehr wichtig, wenn du viel mit dem Verstand arbeiten und mit Männern fertig werden musst, aber du musst ihn auch mit*

Hekate/Kali verbinden. Die Leute hören auf Menschen, in denen die dunkle Seite lebendig ist - das ist meine Kraftquelle, ich mache mir die dunkle Seite zunutze. Die dunkle Seite setzt sich hinweg über Alter, Geschlecht oder Erlebtes. Sie ist die Erkenntnis der Göttin. Das gibt mir Hoffnung, je älter ich werde. Wenn Frauen sich auf ihre dunkle Seite einlassen würden, wären sie immer attraktiv.

So versuche ich, die Menschen unter mir zu lehren. Ich suche nach den Wurzeln von Beziehung, wo die Mutterliebe ruht, wie eine Löwin, die ihre Jungen verteidigt. Manchmal zeige ich auch die zornige Seite der Göttin, womit die meisten Frauen leider Schwierigkeiten haben - das heilige Miststück. Es ist wichtig, sich darauf einzulassen und sich nicht dafür zu entschuldigen."

Eine unserer Befragten, achtundvierzig und Mutter eines sieben Jahre alten Sohnes, sah sich selbst in der Phase der Hebamme, fühlte sich aber auch mit der Dunklen Mutter verbunden, besonders mit dem Kali-Aspekt:

„Die Hebamme ist für mich eine Art Helferin, mich selbst auf die Welt zu bringen, mein erwachseneres Ich zu gebären. Für mich steht sie ganz klar der Dunklen Mutter gegenüber, denn diese steht für die Ruhe vor der Verwandlung. Die Wesenheit der Dunklen Mutter hilft mir dabei, meinen Übergang zur Amazone zu vollziehen - sie ist ein sehr starker Teil meines Selbst, den ich gerade erst zu entdecken beginne. Sie ist mein erwachsenes Selbst mit den vielen Armen, wie Kali, und sie kann Dämonen verjagen, ein Kind wiegen, eine Arbeit erledigen, auf sich selbst achten und sich dabei doch noch um andere kümmern sowie um ihre Aufgaben in der Welt. Dank der Hebamme habe ich entdeckt, dass ich ein ganzer Mensch bin, in mir selbst und durch mich selbst, das war neu für mich. Ich bin nicht mehr so zaghaft, ich spüre, wie eine Kraft in mir aufsteigt und ich bin heute viel risikofreudiger.

Meine Kunsttherapiegruppe hat mir sehr dabei geholfen, mich mit meiner Risikobereitschaft wohl zu fühlen und mich selbst zu entdecken. Sie haben mir geholfen, mich in die Dunkelheit hineinzuwagen - und ich habe erkannt, dass die Dunkelheit etwas Wunderbares ist, so etwas wie eine Gebärmutter, ein Ort, an dem man Nahrung findet und Sicherheit. Und dann gibt es noch die andere Seite der Dunkelheit - am Abgrund der Angst, wo viel Kraft und Aufregung verborgen sind - aber das schreckt mich nicht mehr ab, im Gegenteil: Ich freue mich immer darauf. Ich bin so neugierig auf die Dunkelheit wie noch nie zuvor; ich hungere nach ihr, sehne mich nach ihr.

Bei der Kunsttherapie sind wir vier Frauen und eine Leiterin, wir treffen uns einmal die Woche. Wir beginnen immer damit, einen Kreis zu ziehen und schaffen uns so einen geschützten Raum; dann überlegen wir uns, ob wir dieses Mal reden oder malen wollen. Beim Malen liegen die Dinge viel offener, man malt sie spontan, und sie kommen direkt aus dem Unterbewusstsein. Wir malen einfach, das geht sogar ziemlich schnell, und es zeigt uns stets, wo wir gerade stehen. Dann ge-

hen wir im Kreis herum und schauen uns an, was jede von uns gemalt hat. Danach bewegen wir uns ein bisschen und machen eine geführte Meditation, um uns auf die Arbeit zu konzentrieren, die wir nun in Angriff nehmen wollen. Was aus der Bewegung heraus entsteht, fließt mit in unsere Arbeit ein; sie fließt aus unseren Körpern heraus und direkt weiter in diese nonverbale Form, und das ist so direkt, so unverfälscht. Eigentlich hat das mit Kunst nichts zu tun, nicht wirklich - es ist nur ein anderer Weg der Kommunikation.

In letzter Zeit haben sich meine Bilder sehr verändert - lange Zeit habe ich viel Schwarz verwendet, als Ausdruck für Depression, Alleinsein, Diskriminierung, Verzweiflung, Traurigkeit, Kummer, und auch immer etwas Rot für Ärger. Jetzt male ich viel mit Grün für Wachstum, und das Schwarz hat eine neue Bedeutung bekommen: Es ist jetzt das Schwarz der Amazonenkriegerin, die Farbe der wilden Kali.

Mir ist aufgefallen, dass wir in unserer Gruppe alle am selben Punkt in unserem Leben sind, einem Wendepunkt nämlich, wo sich die Dunkelheit verwandelt von der Angst in die Erkenntnis. Wir alle haben erst spät Kinder bekommen, weshalb die Hebamme uns erst in der Mitte unseres Lebens begegnet ist. Als ich mir zum ersten Mal die Grafik des Lebenskreises ansah, dachte ich bei mir: „Sollte ich nicht schon ein bisschen weiter sein?" Nein, ich stecke noch immer in der Phase der Nährenden. Aber ich glaube, mein Alter verleiht dieser Phase eine ganz neue Qualität; es verleiht ihr mehr Tiefe."

Diese Frau wurde erst spät von der Hebamme heimgesucht, aber die Dunkle Mutter kann einen schon früher treffen, wenn man zum Beispiel eine lebensbedrohliche oder unheilbare Krankheit bekommt. Es ist nicht leicht, mit der Aussicht auf Tod fertig zu werden, wenn man eigentlich noch gar nicht an der Reihe sein sollte; eine jüngere Frau muss sich dann auf ihre innere Hebamme berufen, die ihr dabei helfen kann, loszulassen. Hier ein Bericht von einer Dreiundfünfzigjährigen, der gerade ein bösartiger Hirntumor entfernt wurde:

„Als die Ärzte sich über meine Prognose unterhielten und davon redeten, dass man „aggressiv" vorgehen müsse, dachte ich immer bei mir: „Die reden nicht über mich - ich bleibe am Leben, ich will leben." Das hat mich so sehr geschwächt - zuerst war ich wie betäubt, ich konnte nicht denken, wusste nicht, was ich jetzt machen sollte. Aber ein Freund, der mich begleitet hatte, ein Analytiker, kannte zufällig Leute, die das überlebt hatten; er nannte mir ihre Namen und schenkte mir damit einen Funken Hoffnung. Niemand hatte sich irgendwelche Gedanken darum gemacht, was ich nun tun sollte; ich hatte freie Auswahl: Zumindest könnte ich mein Leben so weiterleben, wie ich es leben wollte, ich musste mich nicht auf die einschränkende Angst der Ärzte, Biopsien und Prognosen einlassen. Mir wurde sehr bewusst, dass ich selbst die Verantwortung für mein Leben hatte. Als ich einmal nach Hilfe rief, sagte jemand zu mir: „Kleine, du bist die Fahrerin

von diesem Bus, du schaffst das schon!" - das waren hoffnungsvolle Worte, die ich dringend brauchte, um meine Angst vor der Dunkelheit zu vertreiben. Dann war ich endlich in der Lage zu sagen: „Ich öffne mich für alle Energien der Welt - alle Arten von Heilenergien." Ich ging raus und stellte mich in den Mondschein, sprach mit dem Mond, mit den Bäumen, stellte den Bäumen Fragen auf meinen Spaziergängen - und wenn ich still war, war das erste, was ich in mir hörte, die Antwort auf meine Fragen.

Aber auch die Ärzte waren für mich da, um mir zu helfen. Ich fand einige Ärzte, die auch mit mir als Mensch respektvoll umgehen konnten - sie kümmerten sich, waren mitfühlend - und Mitgefühl ist so ungeheuer wichtig, wenn man plötzlich das Gefühl hat, aus dem Leben heraus zu fallen. Du fällst einfach raus und weißt nicht, wie du die Lücke schließen sollst, die dich vom Leben abspaltet. Plötzlich bist du nicht mehr dieselbe, die du früher warst - du kannst nicht mehr alles machen, was du vorher gemacht hast, oder du hast Angst davor, es zu versuchen.

Dann begriff ich: Wenn ich meinen inneren Frieden hatte, konnte ich alles schaffen, dann konnte ich mich an etwas festhalten, da war etwas um mich herum, in mir drinnen. Plötzlich tauchten Menschen auf wie Engel und machten mir Vorschläge, was ich doch alles tun sollte und versuchen konnte. Ich glaube wirklich an Wunder - als Kind las ich die Geschichten aus dem Alten Testament und glaubte sie auch. Ich war bereit, zu glauben, dass alles möglich war, dass es keine Grenzen gab.

Dann hatte ich eine Untersuchung, deren Ergebnis keinen Tumorbefund zeigte. Die Ärzte wollten es allerdings nicht glauben und veranlassten den nächsten Schritt der Behandlung. Aber ich glaubte es sehr wohl und fragte in meinen Meditationen, ob die Behandlung mir schaden würde. Ich hatte Angst vor den Behandlungen, aber ich erfuhr, dass es in Ordnung war, weiterzumachen. Ich ließ mich außerdem alternativ behandeln - mitten in einer Jin-Shin-Behandlung erfuhr ich eine Heilung, direkt dort auf dem Behandlungstisch, und meine Angst war verschwunden. Irgendetwas in mir sprach „Ich brauche diesen Tumor nicht mehr." Das war ein unglaubliches Gefühl. Aber es hat noch lange gedauert, bevor die Zeit gekommen war, da mein „inoperabler" Tumor schließlich doch wieder operabel geworden war. Ich muss noch immer hart daran arbeiten, auf den Beinen bleiben, ich kann es mir nicht erlauben, mich gehen zu lassen.

Es gab vieles, was mir geholfen hat; ich kann nicht genau sagen, was es alles war. Die Ärzte sagen: „Ist die moderne Medizin nicht toll?" Ja, wenn man keine Angst davor hat, und wenn sie sinnvoll ist. Einmal sagte mein Arzt zu mir: „Sie haben sehr hart gearbeitet", und ich fragte mich, ob er damit all die Meditationen, Visualisierungen und Gebete gemeint hat. Aber von diesen Dingen verstehen Ärzte meistens nichts. Ich habe auch sehr viel geweint.

Ich möchte jedem, der am Rande des Todes steht, etwas mit auf den Weg geben: Du weißt zwar nicht, wie lange du noch hast, aber du bist immer noch der

Fahrer in diesem Bus, du hast noch immer die Verantwortung für dich. Wenn es etwas gibt, was du gerne tun würdest, dich aber nie getraut hast, dann ist es jetzt an der Zeit dafür. Geh raus in die Sonne, lass dich von ihrer Wärme durchfluten und sei dir bewusst, dass du wundervoll bist, ganz egal, was da geschieht. Wenn es etwas gibt, für das du dich schuldig fühlst, vergib dir. Sieh dich als neugeborenes Kind - ist dieses Baby nicht liebenswert? Das süße kleine Kind, das du einmal warst - halte es im Arm. Dieses schöne kleine Wesen ist immer in dir, es ist immer da gewesen, das bist immer noch du. Liebe diesen Teil von dir selbst, und höre niemals auf, ihn zu lieben. Wenn du dich über etwas ärgerst, dann schmeiß es nun endlich auf den Müll, wirf alles weg, wofür du dich schuldig fühlst. Setze dich ins Licht hinaus - in das Licht der Liebe.

Ich glaube fest daran, dass wir mit dem Göttlichen verbunden sind, mit Gott, dem Geist, dem Chi, was auch immer - es gibt wirklich etwas da draußen. Sieh dir nur all die Dinge an, die ganz unerwartet eintreffen und so wunderschön sind - sie kommen zu dir. Stell dir einfach vor, dass du dich zurücklehnen kannst und aufgefangen wirst von etwas, dass dir Wohlbefinden schenkt und dich hält. In letzter Zeit habe ich immer ein Bild vor Augen von einem herrlichen, blauen Plüschsessel, in den ich hineinkriechen kann, mein Göttersitz - dort fühle ich mich vollkommen geschützt."

Eine Dunkle Mutter befindet sich auf beiden Seiten der Schwelle, sie ist nicht nur die, die selbst dem Tode nahe ist, sondern auch eine, die dem Tod begegnet, indem sie anderen Menschen während dieses Übergangs beisteht. Es ist eine übergreifende Rolle, ebenso wie die der Hebamme (Hebammen sprechen oft davon, dass sie selbst wiedergeboren werden, wenn sie bei einer Geburt assistieren). Frauen, die Menschen beim Sterben begleitet haben, haben ein ganz eigenes spezielles Wissen:

„Ich habe zum ersten Mal Sterbebegleitung gemacht, als mein Mann gestorben ist. Ich war damals neunundvierzig. Wie ist das nun, seinen besten Freund, seinen Geliebten, seinen Arbeitskollegen zu verlieren? Es ist so ähnlich, wie bei einer Geburt zu helfen, nur dass dabei auch ein Stück von dir selbst stirbt. Trotzdem sagst du immer wieder: „Du machst das gut, wunderbar, lass einfach los." Am Ende war ich diejenige, die zu meinem Mann sagen musste: „Schau mal, du warst doch immer derjenige, der mir gesagt hat, der Tod die größte unbekannte Reise wäre - es ist nun Zeit."

Woher wusste ich, dass es an der Zeit war? Nun ja, er war einfach nicht mehr wirklich da, er konnte nicht mehr sprechen - tja, es war eben an der Zeit. Als Frau weiß man so was. Und als neulich dasselbe mit einem Freund geschah, musste ich es nicht mal sagen - er wusste es auch. Es war ein erstaunlicher Tod - es war der Tod eines Kriegers. Am Volkstrauertag erfuhr er, dass er an Leberkrebs erkrankt war, und er begann sofort, alle Angelegenheiten für seine Familie zu regeln. Er starb am ersten August. Er war schon fast siebzig, hatte aber noch immer eine Menge Schüler, und es gab auch einen Roman, den er noch nicht ganz beendet hatte. Meine Freundin und ich brachten das Buch auf den Rechner, so dass er es alles vor sich haben konnte. Ich denke, das gehört zu den wichtigsten Dingen - dem Sterbenden dabei zu helfen, unerledigte Dinge zu regeln. Er hat mir niemals wirklich gesagt, dass er sterben wird; er erzählte es allen, nur mir nicht. Und wir haben auch tatsächlich nicht darüber gesprochen - ab und an fragte er mich: „Mache ich mich gut?" und ich sagte: „Gott, du machst dich fabelhaft!" Er war wirklich ein Paradebeispiel von einem Sterbenden. Er starb zu Hause in seinem Bett.

Ich selber konnte mit alldem nur fertig werden, indem ich mich in mein Auto setzte und schrie, ich war wütend auf meinen eigenen Tod, als ich die verlor, die ich liebte. Das war für mich wie eine Erlösung, es war notwenig, damit ich wieder geben konnte. Wenn ich mit ihnen am Sterbebett saß, konnte ich meinen eigenen Tränen keinen freien Lauf lassen, also musste ich fort und eine Weile einfach nur schreien."

Eine andere Frau, neunundvierzig, berichtet:

„Ein wenig kenne ich die Dunkle Mutter, denn ich trage eine Menge Kali-Energie mit mir herum. Als mir das zum ersten Mal bewusst wurde, damals war ich Mitte dreißig, hatte ich Schwierigkeiten damit, denn ich wollte diese Seite von mir nicht kennen lernen, diesen zerstörerischen Kram. Aber während meiner Arbeit als Hebamme kam ich oft damit in Berührung. Und dann habe ich in den letzten fünf Jahren vier enge Freunde verloren, und ein fünfter schließt sich gerade an - die Frauen starben alle an Krebs, die Männer an AIDS. Meine eine Freundin kämpft mit dem Brustkrebs - wir klammern uns immer noch an die Hoffnung, dass ein Wunder geschehen könnte, aber der Krebs ist schon sehr weit fortgeschritten.

Was ich erlebt habe, war eine ekstatische Tiefe von Gefühlen, die sich während des Sterbeprozesses einstellt. Nachdem ich mittlerweile über fünfhundert Geburten begleitet habe, bin ich zu dem Schluss gekommen, dass es so ziemlich derselbe Vorgang ist. Die erste Frau, die ich in ihrem Sterben begleitet habe, gestand sich selbst und ihrer Familie ein, dass sie sterben würde und dachte dann, dass es nun auch sofort passieren würde - aber das tat es nicht. Das ist wie bei der Geburt, dieser Übergang kann fünf Minuten dauern, er kann sich aber auch über fünf Stunden hinziehen. Auch die Loslösung vom Körper ähnelt der Geburt, wo sich erst das ganze Perineum öffnen muss, damit das Baby heraus kann; im Tod muss der Körper bereit sein, die Seele freizugeben, aber er hält sie fest, genauso wie das Perineum das Baby festhält. Er wird nicht zu schnell loslassen, denn zu schnell wäre gefährlich. Es ist ein wunderschönes, phantastisches Fließen, und es ist so intensiv - Geburt ist auf eine freudige Weise intensiv, der Tod auf eine Weise, die von tiefem Schmerz erfüllt ist, aber irgendwo auch von einer gewissen

Freude. Keine alltägliche Freude, es ist ganz und gar nichts Alltägliches, es ist nur ein anderer Bewusstseinszustand, bei jemanden zu sitzen, der sich seines Sterbens bewusst und ganz bei der Sache ist.

Ich gehe dann in immer tiefere Ebenen hinunter, ich werde ganz ruhig; mein ganzes Leben spielt sich plötzlich im Schneckentempo ab, weil es auf so vieles zu achten gilt, so viel wahrzunehmen, zu würdigen. Man ist an so vielem beteiligt und in so vieles mit einbezogen, wenn ein Mensch diese Welt verlässt, dass man sich einfach nicht im üblichen Tempo bewegen kann. Du kannst nicht bei einem sterbenden Menschen sein und dabei so schnell leben wie sonst. Es ist eine Übung, eine spirituelle Übung, um gaaaanz ruhig zu werden, du musst dich auf das Tempo deines Gegenübers einlassen, sonst wirst du es verpassen.

Wenn man loslässt, entwirren sich die Dinge, aber die Energie wird nicht weniger dadurch. Ich hatte einmal ein erstaunliches Erlebnis mit einer Frau, bei der ich saß, es war Nacht, alles ganz still - und ich sah den Todesengel, wie er am Fuß ihres Bettes stand, es war ein männliches Wesen. Und er sog sie in sich auf - ein Teil ihrer Seele, ihres Lebens, ihrer Energie wurde frei und strömte aus ihrem Scheitel heraus, und er sog es in sich auf, sog es auf, sog es auf, sog es auf. Im Moment des eigentlichen Todes war nur die Familie bei ihr, aber als ich sie verließ, war nur noch wenig in ihrem Körper, das meiste hatte der Engel, und er war unglaublich liebevoll, ein vollkommen liebevolles Wesen, unendlich geduldig; er hatte nicht die geringste Eile - wie eine perfekte Hebamme, die einfach auf den Körper der Frau und die Bewegungen des Kindes achtet.

Die beiden Männer, die ich begleitet habe, hatten beide das Erlebnis, über eine Schwelle zu gehen, als sie starben - das war, was sie sich vorher ausgemalt hatten, und so ist es dann auch geschehen. So ist das wahrscheinlich mit dem Tod: Es passiert genau das, woran du glaubst, ehe du wieder eintauchst in den Großen Ozean.“

Das Totenritual

Der Tod ist der letzte Übergangsritus im Lebenszyklus einer Frau. Das Totenritual ist ein Gedenkritual, um das Leben der Frau zu feiern, die nun die Schwelle überquert hat, und all ihrer wertvollen Gaben zu gedenken. Es ist ein Ritual des Trauerns, der Totenklage und des Weinens um den Schmerz und die Abtrennung, welche der Tod mit sich bringt. Aber es ist auch ein Ritual der Hoffnung, der Liebe und des Segens, im Wissen darum, dass jedem Ende ein neuer Anfang folgt.

Alle Frauen sollten zusammen mit ihren Lieben ihr eigenes Totenritual planen und gestalten, am besten schon viele Jahre im Voraus. Das ist für unsere Kultur ein erschreckender Gedanke, denn wir neigen eher dazu, den Tod um jeden Preis zu verleugnen. Doch Sterben ist ein ebenso unvermeidlicher und natürlicher Vorgang wie die Geburt, und deshalb sollte man sich auf ihn ebenso gut vorbereiten. Genauso wie man vor einer Geburt Kurse besucht, um Atem- und Entspannungstechniken und andere hilfreiche Dinge zu lernen, kann man sich auch auf den Tod entsprechend vorbereiten, indem man lernt, so zu visualisieren und zu atmen, dass man sich wohl fühlt. Und ebenso, wie wir den Ablauf einer Geburt planen und uns überlegen, wie wir uns diese Erfahrung erleben wollen, können wir einen ähnlichen Plan entwerfen, um eines Tages bewusst sterben zu können.

Der Zweck eines Totenrituals ist es, das Phänomen des Todes zu würdigen und in einen feierlichen Rahmen einzubinden, um es vom alltäglichen Leben abzuheben, damit seine Kraft der Verwandlung richtig zur Geltung kommen kann. Ebenso wie bei der Geburt ist es wünschenswert, dass der Sterbeprozess sich in einer vertrauten Umgebung vollziehen kann, am besten zu Hause. Aus diesem Grund ist es sehr wichtig, so etwas wie einen „letzten Willen" zu hinterlassen oder einer nahe stehenden Person eine Vollmacht zu erteilen, damit wir sicher sein können, dass unsere Wünsche berücksichtigt werden und keine lebenserhaltenden Maßnahmen ergriffen werden, die wir vielleicht um keinen Preis haben wollten, und damit auch alles andere vorhanden ist, was wir brauchen, um mit Würde aus dem Leben treten zu können, wenn unsere Zeit gekommen ist.

Ein alter Brauch, den man in das Totenritual eingliedern kann, ist der Todeskuss, der auch als Kuss des Friedens bekannt ist. Dabei beugt sich eine jüngere Person - eine Tochter vielleicht oder eine besonders enge Freundin, die bestenfalls ausgebildet sein sollte in der Kunst, einen bewussten Tod zu begleiten - über die Sterbende und inhaliert tief deren letzten Atemzug, als würde sie all ihre Weisheit dadurch in sich aufnehmen. In früheren Zeiten war dies eine überaus heiliger Brauch unter den Frauenheilerinnen, durch den sichergestellt werden sollte, dass der alte Glaube bewahrt und weiter getragen wird. Wenn eine Frau diesen Seelenkuss empfängt und in ihrem späteren Leben ein Kind zur Welt bringt, so werden in diesem Kind die Essenz und die Weisheit der Verstorbenen lebendig - wie in alten Überlieferungen:

Gehüllt in ein Gewand von neuem Fleisch,
Von einer neuen Mutter geboren,
Mit starken Gliedern und klügerem Kopf
Macht sich die alte Seele wieder auf die Reise.[12]

Ein afrikanischer Brauch zur Ehrung der Toten ist es, unmittelbar nach dem Augenblick des Todes einen Neun-Tage-Altar zu gestalten. Das ist ganz einfach ein geweihter Raum, in dem die persönlichen Sachen der verstorbenen Frau, ihre Handarbeiten, Fotos, Schätze und so weiter aufbewahrt werden. Hier können ihre Lieben nun beisammen sitzen, ihrer gedenken und über sie meditieren. Wenn die vier Himmelsrichtungen eingeladen werden, kann man im Osten Weihrauch verbrennen, weiße Kerzen im Süden entzünden (diese müssen dann die ganzen neun Tage weiter brennen), im Westen einen Kelch mit Wasser oder Wein aufstellen, und ein Teil ihrer Asche oder einen besonderen Stein im Norden niederlegen. In die Mitte werden Blumen und ein schönes Bild der Verstorbenen gestellt. Man glaubt, durch diese neuntägige Totenwache werde die Seele der Frau an ihr letztes Ziel gebracht.

Sinn und Zweck des Totenrituals ist es eigentlich, den Lebenden Beistand zu spenden. Deshalb kann es unter Umständen vonnöten sein, zwei Gedenkfeiern abzuhalten: eine in der Kirche oder im Gemeindehaus für all jene, die sich in einer konventionellen Umgebung wohler fühlen; und ein Ritual, welches die Frau vorher selbst bestimmt hat, das in einem Rahmen stattfindet, der ihr angemessen erschien, und an dem die Menschen teilnehmen, die ihr am nächsten waren. Bei der öffentlichen Gedenkfeier können Gedichte verlesen und Musik gespielt werden, die ihrem persönlichen Geschmack und Vorlieben entsprechen, jedoch ohne irgendwelche Dogmen, die ihrem Glauben entgegenstehen. Der Zweck dieser Veranstaltung ist es, all jene zusammen zu bringen, die sie geliebt haben, damit sie sich gemeinsam erinnern, einander Anekdoten und Geschichten erzählen und sich gegenseitig trösten können.

Beim privaten Ritual werden vermutlich die Familie sowie ihre engsten Freunde anwesend sein. Es sollte an einem Platz in der Natur stattfinden, den sie sehr gemocht hat, und dort kann man sich dann gemeinsam an ihre einzigartige spirituelle Praxis erinnern. Hier kann man ihre Asche verstreuen; eine Gruppe von Klagefrauen kann vielleicht anderen dabei helfen, sich aus ihrer Traurigkeit zu lösen und ihrem Kummer Luft zu machen. Das Ritual sollte um den Neumond herum stattfinden, denn dann fließen die Energien des Friedens und des Wiederauftauchens.

Beide Zusammenkünfte sollten mit einem Festmahl beendet werden. Die Speisen sollten frisch und grün sein, als Zeichen für neues Wachstum und Erneuerung, und es sollte reichlich zu Trinken vorhanden sein. Solche Loslösungsrituale sind auch immer dazu da, das Leben zu feiern - Musik und Lachen sind also wünschenswert.

Ein traditionelles Gebet der Pueblo rät uns:

Halte fest an dem, was gut ist,
sei es auch nur eine Handvoll Erde.
Halte fest an dem, was du glaubst,
sei es auch ein Baum, der ganz alleine steht.
Halte fest an dem, was zu tun ist,
sei es auch noch ein langer Weg zu gehen.
Halt dich fest an meiner Hand,
auch dann, wenn ich von dir gegangen bin.[13]

— C. Leonard

Wenn wir eine so gesunde Einstellung zum Tod hätten, wie es hier beschrieben steht, dann könnten wir uns befreien von unserer pathologischen Angst, den Körper verlassen zu müssen, die Tag für Tag unser Leben beschattet. Diese Angst weckt in uns das Bedürfnis, den Tod zu kontrollieren, ihn zu desinfizieren und durch Medikamente hinauszuzögern - genauso, wie es mit den Geburten gemacht wird; beides sind derartig intensive Ereignisse, dass sie einer Kultur, die der positiven Archetypen für diese ermächtigenden Übergänge beraubt ist, eine Höllenangst einjagen. Deshalb ist es ungemein wichtig, solche Rituale wieder einzuführen im Clan, in der Familie - man muss sie wieder nach Hause holen. Die Statistiken beweisen, dass Gebären oder Sterben zu Hause nicht weniger sicher oder schmerzhaft sind, als in einem Krankenhaus; tatsächlich ist sogar eher das Gegenteil der Fall. Es hat sich nämlich erwiesen, dass die Verwendung von zu viel Technologie bei der Kindsgeburt zu gesteigerter Angst, Schmerzen und Komplikationen führen kann. Und jeder von uns kennt Geschichten oder weiß aus erster Hand, wie der technologische Horror einem Sterbenden die Würde nehmen kann.

In seinem Bestseller *Wie wir sterben* beobachtet Sherwin B. Nuland:

> Jeder möchte wissen, wie genau das Sterben abläuft, obwohl nur wenige das zugeben ... Den meisten Menschen bleibt der Tod ein ewiges Geheimnis, erotisierend wie auch Angst einflößend. Unwiderstehlich werden wir von den Ängsten angezogen, die uns am schrecklichsten erscheinen; wir werden von ihnen angezogen aufgrund einer primitiven Erregung, die aus dem Flirt mit der Gefahr hervorgeht. Die Motten und das Licht, die Menschen und der Tod - da gibt es kaum einen Unterschied.[14]

Weiterhin ist Nuland der Ansicht, dass der Tod an sich wenig würdevoll ist, ganz gleich in welcher Umgebung, einzig die Art und Weise, in der ein Mensch gelebt hat, kann seinem Tod Glanz verleihen. Allerdings ist das nicht in jeder Kultur der

Fall. Wir haben das Mysterium des Todes derartig entweiht, dass wir nur noch daran denken können, was wohl danach kommen mag - das Leben auf einer anderen Ebene, abgetrennt von der Wirklichkeit, die wir kennen. Wir erhoffen uns Erlösung - aber wovon wollen wir erlöst werden? Der Wunsch, diese Welt so schnell wie möglich hinter uns zu lassen, entspringt unserer dualistischen Lebensweise, unserer zerrissenen Sicht auf Himmel und Erde. Im Gegensatz dazu beschreibt das *Tibetische Buch der Toten* einen weitaus komplizierteren Übergang im Tode, bei dem die Seele mehrere Tage braucht, um ihn abzuschließen.

Was sich hinter dem Vorhang verbirgt, kann niemand sagen; wir wissen nur, dass der Tod der unvermeidliche Sensenmann ist, der uns als reife Früchte vom Feld des Lebens ernten wird. Aus biologischer Sicht ist der Tod die Grundlage für neues Leben, Tod und Leben sind miteinander verbunden. Ein paar weitere Worte Nulands:

> Die Natur muss ihre Arbeit machen. Dabei findet sie für jedes Individuum, das aus ihr hervorgegangen ist, die passende Methode. Den einen macht sie anfällig für Herzkrankheiten, den nächsten für einen Schlaganfall und wieder einen anderen für Krebs, die einen trifft es erst nach einer langen Zeit auf dieser Erde, andere schon viel zu früh, jedenfalls aus unserer Sicht der Dinge. Die Ökonomie im Tierreich sorgt immer wieder für die notwendigen Umstände, dass eine Generation durch die nächste abgelöst werden kann.
>
> Die Menschheit ist, trotz all ihrer einzigartigen Fähigkeiten, auch nur ein Teil des Ökosystems wie jede andere zoologische oder botanische Lebensform, da macht die Natur keine Ausnahme. Wir sterben, damit die Welt weiterleben kann. Uns wurde das Wunder des Lebens geschenkt, weil Trillionen über Trillionen den Weg für uns bereitet haben und dann gestorben sind - in gewissem Sinne sind sie für uns gestorben ... Die Tragödie des Einzelnen wird auf diese Weise, durch das Gleichgewicht der Natur, der Triumph des fortbestehenden Lebens.[15]

Wenn wir dem Tod seine Heiligkeit zurückgeben wollen, müssen wir diese biologische Sichtweise von der Verwandlung auch auf emotionale und spirituelle Bereiche ausweiten. In dieser Hinsicht berichten uns viele Frauen von Kommunikation mit ihren Lieben im Moment des Todes:

> *„Ich persönlich glaube, dass Liebe auch nach dem Tod noch kommuniziert werden kann. Mein Mann war mehrere Tage lang vermisst gemeldet, und wir hatten keine Ahnung, wo er steckte; wir machten uns Sorgen, dass er vielleicht einen schrecklichen Unfall gehabt haben könnte. Die Angst um ihn, nicht wissend wo er*

war und wie es ihm ging, war schier unerträglich. Meine Mutter war gekommen, um mir beim Warten Gesellschaft zu leisten, und ich erzählte ihr, dass meine Liebe zu ihm so tief war, dass wir seelisch so eng miteinander verbunden waren, dass ich wissen würde, wenn er tot wäre. An diesem Abend war ich sicher, dass er noch am Leben war.

Am nächsten Morgen stand ich ganz ruhig in der Küche und sah aus dem Fenster, als ein gerahmtes Bild von ihm in einem Nebenraum von der Wand fiel und in tausend Teile zersprang, als es den Boden berührte. Meine Mutter kam die Treppen herunter gerannt und sagte, sie hoffe, dass das kein schlechtes Zeichen sei. „Doch, das ist es ... jetzt ist er tot", sagte ich ihr, „und du musst jetzt bitte sofort gehen." Was ich dann tat, kam rein instinktiv. Ich ging hinauf auf unseren Balkon, zog alle meine Sachen aus und setzte mich still in die Sonne, atmete ganz tief und langsam, bis ich schließlich vollkommen ruhig war. Dann hörte ich, wie er meinen Namen sagte, ganz sanft, ganz deutlich. Ich habe ihn definitiv *gehört - ich war bestimmt nicht hysterisch und hatte auch keine Halluzinationen. Und die Art, wie er dieses eine Wort zu mir sprach, sprach Bände für mich. Er sagte es ganz ruhig, friedlich, er ließ mich wissen, dass es ihm gut ging und er genau dort war, wo er sein sollte. Dann spürte ich, wie ich ihn physisch verlor, als würde sein Geist aus mir heraus fließen.*

Später fand ich heraus, dass dieser Vorfall genau im Moment seines Todes passiert war. Diese bittersüße Wahrheit dieses Verlustes gab mir jedoch den Mut, stark zu sein und mein Leben weiter zu führen."

Wenn wir ein bewusstes und besonnenes Leben führen, erlangen wir mit der Zeit immer mehr Weisheit und spirituelle Wachsamkeit, auch wenn unser Körper altert und schwächer wird. Der Tod muss mit Sicherheit eine Transmutation unseres seelischen Wachstums, unserer Erkenntnisse mit sich bringen - logischerweise erwarten wir, dass sich im Tode alles das, was wir geworden sind, zusammenfügt. Doch führt das nun zur Wiedergeburt - zur Vereinigung der Seele mit der Überseele/einem höheren Wesen - oder gehen wir einfach nur heim zur Mutter? Ganz gleich, was wir auch glauben wollen, wir sind ein Teil der Evolution der Menschheit, der Kompost für den Fortbestand des Lebens. Jedem Ende folgt immer auch ein Neubeginn; warum also sollte der Tod des Körpers zu irgendetwas anderem als zur Wiedergeburt führen? Das Leben ist der ewige Zustand - der Tod ist nur ein notwendiger Schritt zur Erneuerung.

Keine unter unseren Befragten konnte das so wunderbar auf den Punkt bringen, wie diese Frau, neunzig Jahre alt:

„Ich fühle mich ganz ruhig, ganz sicher, so als wüsste ich, worum es im Leben geht, wohin es geht. Wenn du morgen im Sterberegister in der Zeitung liest, dass ich gegangen bin, dann wisse, dass ich diese Welt voller Erwartungen verließ. Als Peter Pan einmal in einer Felsspalte festklemmte und das Wasser um ihn herum immer

höher stieg und es ganz danach aussah, als müsste er ertrinken, warf er den Kopf zurück und rief: „Sterben muss ein schrecklich großes Abenteuer sein!" Genauso denke ich auch - ich habe nicht die geringste Ahnung, was mich erwartet, aber ich freue mich darauf. Es ist so schade, dass wir uns so sehr gegen den Tod wehren. Es ist doch, als ob die Sonne untergeht und dieses herrliche Licht von den Häuserwänden verschwindet - aber es wird ein neues Licht geben.

Thoreau ist einer meiner Lieblingsmenschen, er hat einmal gesagt: „Dem natürlichen Tod wohnt, genau wie einer natürlichen Geburt, eine ungeheure Schönheit inne." Es ist ganz einfach nur ein Weitergehen, ein Loslassen, damit das nächste Leben beginnen kann. Ich spüre tief in mir drinnen ein Gefühl von Vollkommenheit und Einfachheit. Irgendwo bin ich immer ein religiöser Mensch gewesen, doch in den letzten fünf Jahren bin ich der Wirklichkeit meines Wesens immer näher gekommen. Ich muss mich nun nicht mehr zu irgendeiner Religion bekennen. Ich gehöre keiner Kirche an - das war einmal Teil meines Lebens, aber jetzt spielt sich das alles unmittelbar zwischen mir selbst und Gott ab, zwischen mir und dem Leben. Ich denke, was auch immer im Tod mit mir geschieht, es hängt davon ab, was ich glaube, von der Stärke meiner Lebensphilosophie und davon, was ich im Leben geschaffen habe.

Was die Reinkarnation betrifft - ich suche nicht nach meinen Wurzeln in irgendwelchen vergangenen Leben, dieses eine Leben hier reicht mir schon vollkommen! Aber ich glaube durchaus daran, dass die Seele wiedergeboren wird - nicht als ich selbst, aber als meine Essenz. Ich glaube, dass die Essenz dessen, was wir jetzt sind, sich nach dem Tod mit anderen Essenzen verbindet. Das würde jedenfalls erklären, wie es möglich ist, sich im Leben mit bestimmten Menschen so schnell zu verbinden, ohne erst die Prüfungen der Freundschaft bestehen zu müssen.

Und wenn diese Essenz meinen Körper verlassen hat ... na ja, ich habe vor kurzem erst erfahren, dass all meine Organe noch gespendet werden können, wenn es schnell genug geht - meine Augen, mein Herz (welches übrigens ein sehr starkes Herz ist) - und ich bin schon ganz aufgeregt [kichert], ich freue mich richtig aufs Sterben. Das Leben schafft uns ganz einfach nur aus dem Weg, damit mehr Leben kommen kann."

Am Ende kehren wir zurück zur Verwandlerin. Und nachdem wir ihr schon mehrere Male begegnet sind, sollte uns unser letzter Abstieg im Leben schon vertraut vorkommen. Wir kennen bereits unsere Ängste und Schrullen, wenn es ums Loslassen geht, wir wissen, wie wir am besten zu ihr vordringen können. Dennoch kann man nicht in Worte fassen, was an dieser Schwelle des Todes geschieht. Was darauf *folgt*, ist das Wunder des Lebens, das sich selbst neu erschafft - die Verwandlerin in Gestalt der Zerstörerin hat sich selbst verwandelt in die Schöpferin, und das Leben beginnt von neuem. Verwandlung um Verwandlung um Verwandlung, eine endlose Spirale; das ist das Große Geheimnis, das wir auf irdischer Ebene niemals ganz begreifen können.

Und so kann das flackernde Licht der Dunklen Mutter erneut erstrahlen in der Tochter, in der das Leben wieder aufwallt. Wenn eine Frau gebiert, gipfelt ihr Stöhnen in einem Schrei zwischen ihren Schenkeln, und der Tod löst sich ins Leben auf in unglaublicher Kraft und Schönheit. Dies ist der Stoff, aus dem wir geschaffen sind - das Blut, der Atem, der Körper der Großen Mutter. Wir sind Sie, und Sie ist wir.

Wenn wir unsere Archetypen ehren und Vertrauen in sie setzen, werden wir Schwung und Kraft finden in den Tiefen der Weiblichkeit, wie sie nie da gewesen ist auf Erden. Dies ist unsere Chance, die großen Mysterien zu erkunden, die Freuden und Annehmlichkeiten des Frauseins, zusammen mit unseren Müttern, Töchtern, Schwestern, Geliebten und Freunden. Der Zeitpunkt ist genau richtig, wir haben die Wahl.

Kapitel 11

Einen Kreis ins Leben rufen

Wenn wir unser Wissen über die dreizehn Archetypen wirklich zum Leben erwecken wollen, brauchen wir den Austausch mit anderen. Dass Frauen in Kreisen zusammenkommen, ist das Natürlichste von der Welt; die meisten von uns haben das bereits als Mädchen getan, als wir uns zum Spielen trafen, uns gegenseitig Geschichten erzählten, beieinander übernachteten, zusammen kicherten und so weiter. In den Teenager-Jahren nehmen diese Kreise schon eine ganz andere Gestalt an, wir versammeln uns in Cliquen, denn jetzt kommt das Bedürfnis in uns auf, die Aufmerksamkeit der jungen Männer zu erregen. Welche hat die schickste Frisur, die tollsten Klamotten, die beste Figur? Viele von uns mussten auch die schmerzliche Erfahrung machen, von diesem oder jenen Kreis an der Schule ausgeschlossen zu werden. Darin liegt vielleicht die Wurzel des Misstrauens, das Frauen gegenüber Kreisen hegen.

Auch unsere Geschichte verdient Beachtung. Einige von uns haben, genetisch verschlüsselt, unterbewusste Erinnerungen an die Inquisition in Europa, an Hexenjagden in den USA, den Sklavenhandel von Afrika, an die Witwenverbrennung im alten Indien und so weiter. Während der Inquisition wurde es den Frauen verboten, sich weiterhin bei Vollmond zu treffen; jedes Zusammenkommen von Frauen war verdächtig und konnte nur noch heimlich stattfinden. Deshalb wurde das Treffen in Kreisen zu einem Synonym für Gefahr.

In den letzten Jahrzehnten wurden die Zusammenkünfte der Frauen marginalisiert als Kaffeeklatsch, Tratschveranstaltungen, „Bewusstseins-Erweckungs"-Gruppen, dämliche kleine Treffen, bei denen es um Kleider, Diäten und Beziehungskummer ging. Aber immer haben sich die Frauen auch in wichtigen Kreisen zusammengefunden - beim Weben, Waschen, Pflanzen, Ernten oder Handarbeiten.

> *„Ich wuchs als einsames Kind in den Südstaaten auf. Meine Tanten (meist angeheiratet und angeführt von Tante Tommie) bildeten einen Kreis von Wissen, in den ich eingeweiht wurde als ich sieben Jahre alt war, und dem ich bis zur Hälfte meiner Teenagerzeit angehörte. Es gab ein paar Dinge, die diesen Damen überaus wichtig waren - ein gehobener Lebensstil, ihre Familien, ihre Männer und ihre Vorstellung davon, was es bedeutete, als Frau in den Südstaaten zu leben. An einige ihrer Lektionen in Form von Moralpredigten kann ich mich noch gut erinnern:*
>
> - *„Wenn du dich nicht selbst um dich kümmerst, kümmert sich keiner um dich."*
> - *„Eine Frau, die sich nicht um sich selbst kümmert [inklusive ihres körperlichen Zustands und der äußeren Erscheinung] ist eine verdammte Närrin."*
> - *„Willst du Freunde haben, musst du selbst ein Freund sein." [Was unter anderem hieß, dass man beim ersten Anzeichen einer Katastrophe einen Teller Süßigkeiten zu seinen Freunden bringen musste.]*
> - *„Der Herr hilft denen [besonders den Frauen], die sich selbst helfen."*
>
> *Mit ein paar kleinen Veränderungen versehen, waren diese Weisheiten überaus hilfreich für mich. Mein Sinn für Kameradschaft und Zugehörigkeit, den ich in meinem Tantchenkreis bekommen hatte, ermöglichte es mir, auch als Erwachsene viele, viele Freunde zu haben. Und das ist ein wahrer Segen!"*

Frauen haben auch stets ihre Kräfte vereint, wenn es auf schwierige Zeiten zuging. So haben sie einander geholfen, sich auf die Hochzeit oder auf eine Geburt vorzubereiten, oder den Leichnam eines Angehörigen für die Bestattung oder die Kremation vorzubereiten. In sehr vielen indigenen Kulturen verließ man sich auf den Rat der Frauen, wenn es galt, eine Entscheidung zu treffen, so gab es zum Beispiel in der Kultur der Native Americans den Rat der Clanmütter. Und nach allem, was wir über die ägyptische, sumerische, afrikanische und keltische Kultur (um nur einige zu nennen) wissen, trafen auch dort die Frauen regelmäßig zusammen, um Rituale zu feiern und Magie zu wirken. Jean Bolen sagte dazu:

> Wann auch immer es etwas gegeben hat, das dann verboten wurde, hat dieses etwas überlebt im kollektiven Unbewussten oder einem morphischen Feld und wartet nur darauf, wieder an ins Bewusstsein geholt zu werden. Es geht nicht darum, das „Rad neu zu erfinden", sondern darum, sich zu erinnern. Die Achtung vor dem heiligen Weiblichen und dessen Verkörperung durch weise Frauen, Priesterinnen oder Orakel mag aus der Geschichte des Patriarchats herausgeschnitten, verboten und irgendwann vergessen worden sein, doch wenn der Prozess der Erinnerung erst einmal begonnen hat, dann ist das, als hätte man den Deckel von einem abgedeckten Springbrunnen genommen, der einstmals eine heilige Quelle gewesen ist.[1]

Die Neigung der Frauen, sich in Kreisen zu treffen, kann teilweise auch mit der Evolution des Gehirns zusammenhängen. In der Urzeit war die Fähigkeit der Frauen, stets wachsam zu sein und gleichzeitig andere Dinge zu tun, ganz wesentlich, wenn sie ihrer Kinder in relativ gefährlichen Lebensumständen großziehen wollten. Mit dem Baby auf dem Arm, die anderen Kinder am Rockzipfel, die stets nach ihrer Aufmerksamkeit verlangten, das Essen zubereitend und mit irgendeinem wilden Tier vor der Tür - so wurde die Frau zu einer Expertin darin, ihre Aufmerksamkeit zu verstreuen, eine Expertin im Multitasking, um das Überleben zu sichern. Der Mann dagegen musste höchst konzentriert bleiben, seine Aufmerksamkeit nur auf eine Sache richten, wenn er jagte und sich selbst oder seine Familie verteidigen musste. Mit der Zeit kristallisierten sich dadurch deutliche Unterschiede in der Gehirnstruktur und -funktion bei Männern und Frauen heraus.

Einzigartig bei den Frauen ist eine Verdickung des Gewebes, welches die linke und die rechte Gehirnhälfte verbindet - den Gehirnbalken und die anterioren Nervenfaserbündel - wodurch wir jederzeit von einer Gehirnhälfte in die andere wechseln können.[2] Bei fünfzig Prozent der Frauen ist auch die präfrontale Hirnrinde dicker als beim Mann. In diesem Teil des Gehirns befinden sich Kontrollzentren, welche das Verhalten bestimmen; beim Mann sind die Funktionen laut der Gehirnhälfte im höchsten Grade spezialisiert, „lateralisiert"; wohingegen die Funktionen bei der Frau verstreut und in beiden Gehirnhälften vorhanden sind. Ein hervorragendes Beispiel sind die Gefühlszentren, die bei der Frau in beiden Hemisphären vorhanden sind, bei den Männern hingegen ausschließlich in der linken. Wenn wir bedenken, dass die Männer nur in der linken Gehirnhälfte Sprachzentren haben, finden wir darin vielleicht eine biologische Erklärung dafür, dass es Männern so schwer fällt, ihre Gefühle auszudrücken.[3] So ist es wenig überraschend, dass Männer auch sonst eine deutliche Vorliebe für die linke Hemisphäre (die für geradliniges Denken steht) haben, während Frauen normalerweise beide Gehirnhälften nutzen. Die rechte Seite des Gehirns ist viel mehr mit dem Körper verbunden als die linke, deshalb haben Frauen auch eher Zugang zum Körperwissen, wenn sie denken und sprechen, als Männer.[4]

Die Neurobiologie hat nicht nur eine Erklärung für die Multitaskingfähigkeit der Frauen, sondern auch für ihre Suche nach Vielfalt. Frauen sehnen sich nach dem Großen Ganzen; sie sind unglaublich fasziniert davon, wie die Dinge zusammen- und voneinander abhängen. Ein Beispiel dafür ist die Art und Weise, wie wir Probleme lösen - wir versuchen, alles mit einzubeziehen und so viele Faktoren wie möglich zu berücksichtigen, wir suchen sogar nach widersprüchlichen Blickpunkten, um dem Kern der Sache nahe zu kommen und die ihr innewohnende Wahrheit herauszufiltern. Wir umkreisen das Problem, ehe wir uns entschließen, in seinen Kern vorzudringen, um eine Lösung zu finden. Dieses Verhalten hat die Autorin Helen Fisher als „Netzdenken" bezeichnet.[5]

Die Begabung der Frauen für kontextuelles, ganzheitliches Denken hat dazu geführt, dass nun hohe Erwartungen an sie gestellt werden von ihren männlichen Partnern, besonders in Sachen komplexer Kommunikation. Aber unseren Forschungen zufolge scheinen diese Erwartungen ziemlich unrealistisch zu sein. Erinnern wir uns an die männliche Art, Probleme zu lösen - sie zerstückeln die Dinge, kategorisieren sie und addieren dann die Faktoren methodisch zusammen, im Maurerstil. Wenn Männer und Frauen nun gemeinsam Probleme lösen wollen, ist es kein Wunder, dass die Männer nicht verstehen können, warum Frauen so viele Faktoren einbringen, die doch „gar keine Rolle spielen" und „einfach nicht auf den Punkt kommen", wohingegen den Frauen schleierhaft ist, warum die Männer immer so „kontrolliert" und „wortkarg" sind, wenn sie etwas mit ihnen bereden wollen.

Wenn ich einer Frau, die im Begriff ist, den Mann ihrer Träume zu heiraten, einen Rat geben sollte, dann wäre es der hier: Begehe nicht den Fehler, aus ihm eine weibliche Vertraute machen zu wollen! Ich würde sagen, dass neunzig Prozent der Frauen, die sich über ihren Partner aufregen, genau diesen Fehler begangen haben und als Konsequenz nun Gefühle von Frustration, Enttäuschung und Einsamkeit ertragen müssen.

Deshalb ist es so wichtig, sich mit anderen Frauen zu treffen. Man hat eigentlich gar keine andere Wahl. Es ist nicht nur entscheidend für unser persönliches Wohlbefinden und unsere Weiterentwicklung, sondern auch für das Wohl einer größeren Gemeinschaft. Wir wissen darum, dass alle Dinge miteinander verbunden sind; seit unseren Kindertagen dämmert uns diese Erkenntnis und wird mit der Zeit immer klarer. Ob es uns nun bewusst ist oder nicht - wir spüren es, wenn es einem unserer Freunde nicht gut geht oder in unseren Familien etwas nicht stimmt - dann wird der Kreis durchbrochen. Unser Wohlbefinden ist unzertrennlich mit dem der Menschen um uns herum verknüpft, wir sind ein Teil des Lebensnetzes. Ja, in unserer Kultur werden Frauen in dieser Hinsicht ausgenutzt, und immer wieder versucht man, uns abhängig zu machen, aber das ist kein Grund dafür, dass wir uns nicht in Kreisen begegnen.

Wie bereits die renommierte Autorin Alice Walker sagte:

> Ich bin nun seit drei Jahren in einem Kreis aktiv. Dieser Kreis gehört zu den allerwichtigsten Verbindungen in meinem Leben. Einer der Gründe, weshalb dieser Kreis so kraftvoll ist, ist der, dass er vom Großmuttergeist gespeist und eigentlich auch geformt wird. Dem Geist der Unvoreingenommenheit, der Gleichheit und der Gelassenheit. Er umsorgt, aber er kann auch grimmig sein. Er hat keine Verwendung für Hierarchien. Oder für das Patriarchat. Eine Zeit lang nimmt er Gewalt gegen sich selbst hin, früher oder später wird er sich aber wehren. Dies ist der Geist der Erde selbst.[6]

Der Kreis ist ein Gegenmittel gegen Einsamkeit, Abtrennung und Isolation, wie sie leider die Regel sind in unserer Kultur, in der sich der Individualismus soweit entwickelt hat, dass ein Leben ohne physischen Kontakt mit anderen immer einfacher wird. Die Technologie macht es möglich, eine zwischenmenschliche Dynamik fast vollständig zu umgehen: Wir zapfen unser Benzin selbst, machen unsere Bankgeschäfte mit Computern, schauen alleine Fernsehen oder spielen Videospiele und bestellen unser Essen per Telefon. Kein Wunder, dass wir uns mit unseren Problemen allein gelassen fühlen und kein Mensch mehr eine Beziehung zu uns hat. Eine unserer Befragten hat haarscharf beobachtet: „Unsere Gesellschaft scheint stolz darauf zu sein, immer neue Wege für die Menschen zu finden, damit sie immer weniger miteinander zu tun haben."

Im Gegensatz dazu lassen wir eine erfahrene Kreisteilnehmerin sprechen:

> *„Ich gehöre einem Kreis von acht Frauen an, wir treffen uns nunmehr schon seit achtzehn Jahren. Gemeinsam haben wir schon viele Schwellen überschritten, haben zusammen Lebensabschnitte gefeiert und betrauert. Kinder wurden geboren, sind erwachsen geworden, haben geheiratet und wurden wieder geschieden, und wir haben einander stets all unsere Gefühle und bohrenden Fragen offenbart. Wir wissen, dass wir alle da sein werden, wenn jede von uns eines Tages sterben muss. Das stetige Summen unserer Geschichte und des Vertrauens stützt unsere Gemeinschaft. Wir sind zu Schwestern geworden, wir haben zusammen gelacht, geweint, geforscht und entdeckt.*
>
> *Wir haben unsere gemeinsame Arbeit auch verschiedentlich nach außen getragen. So haben wir zum Beispiel vor kurzem einige Vorträge über das Altwerden gehalten, um Frauen dabei zu helfen, ein kraftvolles und schönes Alter zu erleben. Außerdem haben wir einige Aufsehen erregende Lesungen abgehalten aus dem Buch* Die Vagina Monologe, *ein Geschenk an die Gesellschaft."*

Was also hält die Frauen zurück? Einige haben vielleicht Angst vor der ungeheuren Kraft, die in so einem Kreis erzeugt werden kann. Aber die größte Angst der

Frauen, die nie Teil eines Kreises gewesen sind, besteht wohl darin, dass man in Dogmen stecken bleiben und die eigene Individualität verlieren oder zu Dingen getrieben werden könnte, die sie gar nicht vertreten können. Und wenn sie dann austreten wollen, werden sie vielleicht verspottet, ausgestoßen oder dem Dorfklatsch ausgesetzt. Aber genau da liegt der Unterschied zwischen einem Kreis und einer Clique - eine Clique ist etwas exklusives, basierend auf erzwungener Gemeinsamkeit und bedingungsloser Loyalität, eine geschlossene Gruppe; der Kreis aber ist offen, veränderbar in seiner Natur, wie es auch die Menschen sind, aus denen er besteht, ein lebendiger, beweglicher Körper. In einer Clique wird Individualität erstickt, aber der Kreis ermöglicht gesunde Beziehungen, in denen Authentizität das A und O ist. Sedonia Cahill, Koautorin von *Wisdom Circles: A Guide to Self Discovery and Community Building in Small Groups*, sagt dazu folgendes:

> *„Ein Kreis ist deshalb so stark, weil er aus der Synergie aller Begabungen und Erkenntnisse der einzelnen Individuen profitiert. Sobald das Vertrauen zueinander gefestigt ist, sind wir in diesem Kreis nicht nur körperlich anwesend, sondern bringen auch unsere Ängste, Kindheitserlebnisse, persönliche Vorlieben, Fähigkeiten und Schwächen mit ein. Wir zeigen uns, akzeptieren unsere Verschiedenheit, geben einander Antworten, vertrauen einander, sind für einander da, gehen gemeinsam in die Tiefen und bleiben dabei stets wachsam. Die Intensität dieser konzentrierten Wachsamkeit lädt auch die Welt der Geister dazu ein, an unserem Prozess teilzunehmen. In Raum und Zeit eines Kreises wird alles heilig.“*[7]

Glücklicherweise gibt es einige altehrwürdige Richtlinien für Kreise, um diese Vision zu verwirklichen. Die Struktur des Kreises ist nicht etwa zufällig; sie ist eine Metapher für die Absicht, die dahinter steht. In einem herkömmlichen Klassenzimmer stehen die Stühle in Reihen hintereinander und blicken nach vorne, und jeder, außer dem Lehrer, kann den Raum jederzeit verlassen, ohne die Dynamik damit besonders zu stören. Oft sitzen die Schüler, und der Lehrer steht, wodurch noch deutlicher wird, wo die Macht liegt: beim Lehrer. In einem Kreis aber ist jeder der Anführer, die Macht wird gleichmäßig aufgeteilt. Der Zirkel bricht die alten Schüler-Lehrer-Muster auf; er verändert das hierarchische System, in dem nur ein einziger über Wissen verfügt und sprechen darf, während die anderen einfach nur zuhören. In einem Kreis ist jede Stimme so wertvoll wie die andere. Jeder der Anwesenden hat einen Platz, verlässt einer diesen Platz, klafft eine Lücke auf, die wieder geschlossen werden muss, um den Kreis vollständig zu machen:

> *„Die geteilte Macht in einem Kreis ist sowohl ein sehr starkes als auch ein sehr zerbrechliches Gebilde. Jede der Anwesenden muss ihr Ende des Fadens halten und mit einbringen. Sie hat die Wahl, einfach loszulassen und mit den anderen abzutauchen. Aber wenn auch nur eine Frau zögert am Rande des Abgrunds,*

dann kann sie es damit auch für alle anderen unmöglich machen, ein Gemeinschaftsgefühl und weibliche Tiefe zu empfinden.“[8]

Die Gründung des Kreises

Die einzelnen Bestandteile, die bei der Gründung eines Kreises zu beachten sind, lassen sich ganz einfach reduzieren auf Wer, Was, Wo, Wann und Wie.

WER soll zum Kreis dazu gehören? Wie viele Frauen sind nötig, damit man einen vollständigen Kreis hat? Wer dazu gehören sollte, hängt wirklich ganz stark von der Intention ab, was also an die zweite Frage anknüpft, worum es in der Gruppe gehen soll. Aber ganz gleich, welchen Fokus der Kreis einmal bekommen soll, es ist essenziell, dass alle Teilnehmerinnen bereit sind, in der Gruppe voll präsent, ehrlich und immer offen zu sein für jene, die bereit sind, dasselbe zu geben.

In den letzten fünfzehn Jahren habe ich eine ganze Reihe von Frauenkreisen erlebt und war ziemlich überrascht davon, dass die Teilnehmerinnen in den stärksten Kreisen gar nicht mal immer die besten Freundinnen waren, oftmals führen sie sogar sehr unterschiedliche Leben und begegnen sich außerhalb des Kreises so gut wie nie. Vielleicht ist es einfacher, emotionale Verwicklungen zu vermeiden, wenn man den alltäglichen Kontakt zueinander nicht hat. In dem Fall kann man, wenn der Kreis dann zusammenkommt, viel schneller auf den Punkt kommen. Die Verschiedenheit innerhalb des Kreises ist noch aus einem anderen Grund sehr wichtig; das Lernen kann so viel tiefer gehen, als dies möglich wäre in einer Gruppe von Frauen, die einander ähnlich sind, denn so müssen sie ganz neue Lektionen lernen in Sachen Menschlichkeit, Empathie und Mitgefühl.

Was die Größe der Gruppe angeht, so begrenzen die meisten Gruppen ihre Mitgliederzahl auf acht Frauen, niemals aber sind es mehr als zehn. Man kann auch mit nur drei Frauen beginnen. Seid euch jedoch immer dessen bewusst, dass jede Diskussion die ihr führt, jede Aktivität, die ihr unternehmt, den Einsatz einer jeden einzelnen erfordert. Und das sollte niemals von der Anzahl der Mitglieder abhängen.

WAS soll das Thema eurer Gruppe sein? Hier ist es wichtig, eine klare Absicht zu haben. Ihr könnt euch treffen, um einander zu unterstützen, um miteinander Spaß zu haben und zu spielen, oder um in die Tiefe zu reisen im Rahmen von Ritualen oder auch, um ehrenamtlich zu arbeiten. Idealerweise entscheidet ihr euch für eine Mischung aus alldem. In einem Kreis sollte immer das zum Thema werden, was in der Gruppe gerade angesagt ist; eine Frau erzählte mir zum Beispiel, dass sie einem kleinen Kreis von fünf Frauen angehörte, die sich selbst entweder die „Heißen Kartoffeln“, die „Bratkartoffeln“ oder die „Verrückten Süßkartoffeln“ nannten und die sich zusammengetan hatten, um die Weisheit der Postmenopause miteinander zu teilen.

Ein Kreis kann allen möglichen Zwecken dienen, wie diese Frau hier beschreibt:

> *„Wir haben über die Jahre verschiedene Kreise organisiert, um ganz bestimmte Ziele zu verfolgen, und trennten uns dann wieder, wenn sie für uns nicht länger von Bedeutung waren. Da gab es zum Beispiel die* Heart Lodge, *ein Kreis aus verheirateten Paaren, der für mich beendet war, als meine dritte Ehe in die Brüche ging, oder die* Spider Lodge, *ein Kreis von Frauen, in dem wir neue Machtmodelle untersuchten. Es gab den* Sky Mother's Basket, *wo sich Männer und Frauen trafen, um tiefsinnige und manchmal auch schreckliche Wahrheiten über Geschlechter auszutauschen, und die* Sisters of Medusa, *wo Frauen lernen wollten, ihrer eigenen Wahrheit zu folgen. Sie alle sind auf die eine oder andere Weise für alle Beteiligten sehr wertvoll gewesen.“*

Im Allgemeinen wird ein Kreis, in dem man über alle möglichen Themen diskutiert, kreativ arbeitet, ab und zu einen Ausflug ins Freie macht und ehrenamtliche Projekte leitet, wahrscheinlich sehr ausgewogen sein und jeder einzelnen die Gelegenheit geben, ihre Talente auszuschöpfen und auch neue zu entdecken.

Hier einige Diskussionsthemen:

- Mutterlinien - unsere weiblichen Verwandten, das Erbe der mütterlichen Linie, Anekdoten.
- Unsere sexuelle Vergangenheit, der erste Orgasmus!
- Unsere Vergangenheit mit Geld.
- Die Geschichten unserer Geburt.
- Geschichten über unsere Menarche.
- Was wir unseren Kindern erzählen und was nicht.
- Eitelkeit und Schönheit.
- Spiele, die wir als kleine Mädchen gespielt haben.
- Kreativität.
- Süchte.
- Macht.
- Ganzheitliche Wege, mit der Menopause zu leben.
- Wie wir uns unseren Tod vorstellen - unseren Plan vom Tod und unsere Übergangszeremonie.

Hier einige Aktivitäten:

- Collagen über ein bestimmtes Thema anfertigen.
- Pappkartons im Rahmen eines bestimmten Themas dekorieren - Yoni-Kästchen, Fruchtbarkeitskästchen, Menstruationskästchen.

- Blutriten zu Ehren der Teilnehmerinnen oder deren Angehörigen.
- Rituelle Geburtstagsfeiern der Teilnehmerinnen.
- Rituelle Feiern der Jahreszeiten und der Mittenfeste.
- In die Rolle einer Göttin schlüpfen (jeweils eine pro Treffen), wobei jede der Teilnehmerinnen einmal an der Reihe ist.
- Puppen basteln, die die innere Wilde, Weise Alte, Jungfrau und so weiter der Teilnehmerinnen zum Ausdruck bringen.
- Massagen und Aromatherapie.
- Bauchtanz (probiert's mal, ladet eine Leiterin ein, wenn ihr wollt).
- Trommelkreis, Gesangskreis.
- Masken anfertigen, zur Feier der Jahreszeiten oder eines Reifeprozesses, usw.

Ehrenamtliche Arbeit:

- Macht eine Benefizveranstaltung - ein Theaterstück, ein Konzert oder eine Lesung.
- Arbeitet in einem Jugendzentrum oder einem Altersheim.
- Veröffentlicht etwas - einen Kalender oder ein Kochbuch zum Beispiel.

Ausflüge:

- Kunstausstellungen oder Theaterstücke mit Frauenthemen.
- Campingausflüge.
- Nächtliche Kreise oder Lagerfeuer.
- Gemeinsames Übernachten.
- Partys und Veranstaltungen, zu denen auch die Partner und/ oder die Familie eingeladen sind.

Das sind nur ein paar Vorschläge für den Anfang. Oder vielleicht hilft dir eines dieser Themen bei der Festlegung der Intention deines Kreises. Wenn ihr dann wisst, worum es in eurem Kreis gehen soll, könnt ihr euch einen Namen geben.

Wo wollt ihr euch treffen? Ihr könnt euch bei einer der Teilnehmerinnen zu Hause treffen, immer abwechselnd. Das hat den Vorteil, dass die Vorbereitung und das Aufräumen hinterher gerechter verteilt werden. Das hält die Energie am Leben. Wenn man den Standort regelmäßig wechselt, kann man gleichzeitig auch die Leitung des Kreises jedes Mal einer anderen übertragen, wodurch die Machtverhältnisse ausgeglichen werden und jede dazu ermutigt wird, sich tiefer auf die Dynamik des Kreises einzulassen. Die jeweilige Leiterin könnte auch dafür verantwortlich gemacht werden, das Thema oder die Aktivitäten für das nächste Treffen zu bestimmen - es kommt immer darauf an, wie euer Kreis gerne arbeiten möchte.

Es kann natürlich auch sein, dass jemand den absolut besten Platz für eure Treffen anbieten kann und das dann quasi euer „Basislager" wird. Egal, wo ihr euch letztendlich treffen werdet, wichtig ist, dass ihr dort für euch sein könnt und Ruhe habt, um wirklich in die Tiefe gehen zu können. Deshalb wäre es gut, wenn andere Familienmitglieder sich für diesen Zeitraum in einem anderen Teil des Hauses aufhalten würden oder gar nicht zu Hause wären, außerdem sollten sämtliche Telefone und Anrufbeantworter ausgeschaltet bleiben. Ihr braucht auch genügend Platz, um bequem in einem Kreis sitzen zu können und in eurer Mitte noch einen Altar errichten zu können.

WANN ein Kreis sich trifft ist ebenfalls sehr wichtig. Soll die Gruppe sich am Tage oder am Abend treffen? Abendliche Treffen sind unter Umständen günstiger und sind für Frauen mit geregelten Arbeitszeiten vielleicht sogar die einzige Möglichkeit. Es ist allerdings auch unglaublich schön, sich tagsüber zu treffen - alle sind noch frisch, die Zeit fließt gemächlicher dahin, man kann ein gemeinsames Mittagessen veranstalten und diejenigen, die erst gegen Ende des Treffens ihren Beitrag leisten, müssen keine Angst haben, dass ihre Schwestern ihnen nur noch halbherzig zuhören! Solche Treffen am Tage kann man von 10 bis 15 Uhr ansetzen; Zusammenkünfte am Abend lassen sich mit einem leichten Essen so gegen 17 Uhr gut einleiten und sollten nicht später als 22 Uhr enden. (Zusammen essen schafft Raum, um Alltägliches auszutauschen, damit man sich in den Kreisgesprächen dann etwas mehr konzentrieren kann.)

Und dann muss man sich auch noch klar werden darüber, an welchem Tag der Kreis zusammentrifft. Das kann man verschieden lösen: Entweder einigen sich die Mitglieder auf einen festen Tag - zum Beispiel den ersten Montag des Monats - oder der nächste Termin wird zum Ende des Treffens hin bekannt gegeben. Wenn letzteres der Fall ist, so sollte die Bekanntgabe unbedingt gemacht werden, bevor der Kreis sich auflöst!

Je nachdem, welche Wünsche und spirituellen Vorstellungen die Teilnehmerinnen haben, können die Treffen auch an bestimmten Feiertagen stattfinden, zum Beispiel um den Wechsel der Jahreszeiten zu feiern. Die Gruppe kann sich auch regelmäßig zu einer bestimmten Mondphase treffen, Vollmond oder Neumond. Wenn ein Kreis dann schon eine Weile zusammengekommen ist, kann es auch erfrischend sein, die Routine einmal zu ändern.

WIE man im Kreis vorgehen möchte, werde ich im folgenden Abschnitt erörtern und dabei auf Format und Struktur eingehen. Ich möchte jedoch an dieser Stelle darauf hinweisen, wie wichtig es ist, einige Formalitäten einzuhalten, wenn es um einen neuen Treffpunkt oder ein neues Thema geht, wenn neue Mitglieder aufgenommen werden oder Auseinandersetzungen aufkommen. Viele Kreise müssen diese Dinge auf die harte Tour lernen, unbeholfen und mit vielen verletzten

Gefühlen. Wenn die nötige Klarheit in diesen Dingen nicht gegeben ist, kann das eine Gruppe zerbrechen, deshalb sollten sie geklärt werden, sobald der nötige Zusammenhalt in der Gruppe vorhanden ist.

Hier einige Grundregeln:

- Was im Kreis gesagt oder getan wird, bleibt auch im Kreis.
- Keine Gerüchte - unter den Kreismitgliedern wird niemals über eine andere Frau aus dem Kreis getratscht .
- Dasselbe gilt für Probleme oder Beschwerden, die den Kreis betreffen - sie sollten im Kreis besprochen werden, und zwar rechtzeitig.
- Persönliche Krisen stehen immer an oberster Stelle - der Kreis muss alles stehen und liegen lassen, um einer Schwester in Not zur Seite zu stehen.

Das Format - den Kreis ziehen

Den Kreis zu ziehen bedeutet einfach nur, dass ihr einem gewissen Schema folgt, um eine Atmosphäre für eure Arbeit zu schaffen, die einen Hauch des Besonderen oder, wie manche es nennen würden, Heiligen verbreitet. Die folgenden Schritte sind keltischen Ursprungs, man findet sie aber auch in zahlreichen anderen Traditionen, darunter im Buddhismus und im Christentum. Diese Schritte sollen allerdings lediglich Richtlinien darstellen, und die Art und Weise, wie sie zu vollziehen sind, könnt ihr jederzeit neu interpretieren und ein eigenes Konzept entwickeln. Letztendlich ist das Ganze ohnehin freiwillig, aber es kann eurem Kreis als Anhaltspunkt dienen, und in schwierigen Situationen kann man sich darauf verlassen, dass es funktioniert.

Bevor ihr den Kreis zieht, arrangiert zuerst die Sitzplätze und baut den Altar auf. Legt einen schönen großen Schal oder eine Wolldecke auf den Boden, irgendein Stück Stoff. Dann stellt in den vier Himmelsrichtungen Kerzen auf - also Osten, Süden, Westen und Norden - und eine in die Mitte. Dann legt einige schöne, bedeutsame Gegenstände auf den Stoff, so wie Göttinnenstatuen oder andere heilige Dinge. Achtet darauf, dass die vier Elemente vertreten sind: Wasser, Erde, Luft und Feuer. (Das Wasser kann in einer Schüssel oder einem Kelch bereitstehen, Erde von einem Stein oder einem Kristall, Luft durch Vogelfedern repräsentiert werden und Feuer durch Kerzenlicht.) Jede von euch sollte sich bemühen, euren Altar so schön und sinnträchtig wie möglich zu gestalten.

Nun zu den Schritten für das Ziehen des Kreises:

1. Reinigung.
2. Anrufung.
3. Verkünden der Absicht.
4. Energie aufsteigen lassen.
5. Verwandlung - Kern des Rituals.
6. Integration.
7. Schließung (manche nennen diesen letzten Schritt „das Öffnen des Kreises", denn damit entbindet man die Energie von der Gruppe.)

Der erste Schritt, die **Reinigung**, soll den Frauen im Kreis helfen, ihre Alltagsbelange für eine Weile beiseite lassen zu können. In meinem Kreis beginnen wir immer mit einer tibetischen Glocke, das hilft uns, uns zu entspannen und zu zentrieren. Dann räuchern wir entsprechend der indianischen Tradition, das bedeutet, dass wir eine Mischung verschiedener Kräuter in einer Räuchermuschel verbrennen, die wir im Kreis herumgehen lassen, wo dann jede von uns beräuchert wird. Getrockneter weißer Salbei gilt als Pflanze der Weisheit und wird traditionell wegen seiner reinigenden Kraft bei Zeremonien verwendet. Manchmal fügt man auch noch Zedernholz hinzu, um spirituelle Visionen zu bewirken.

Um den Rauch auf seinen Weg zu bringen, verwenden wir einen Räucherfächer, der aus langen, an einem Stiel zusammengebundenen Federn besteht. In der Tradition der Native Americans wird über diesen Fächer „Federmedizin" freigesetzt, bzw. die Eigenschaften des Vogels, aus dessen Federn der Fächer besteht. Wenn wir den Fächer verwenden, versuchen wir, unsere spirituelle Sicht oder unsere „Andersaugen" zu aktivieren, um Spannungen, Blockaden oder Negativität in der Aura der Frau zu erkennen, die wir gerade beräuchern. Finden wir welche, räuchern wir sie fort und ersetzen sie durch die positiven Energien der Liebe. Das Räuchern ist vor allem dazu da, um die Aura der Empfängerin zu reinigen.

Wir lassen, wie bereits erwähnt, die Räuchermuschel im Kreis herum gehen - dann beräuchere ich die Frau zu meiner Linken, sie beräuchert die Frau zu ihrer Linken und so weiter, bis alle gereinigt sind (die letzte im Kreis beräuchert auch den Altar). Alternativ kann auch eine einzige Frau alle räuchern, wobei bei jedem Treffen eine andere an der Reihe ist.

Der nächste Schritt ist die **Anrufung**, wobei die Kräfte in den Kreis eingeladen werden. Das kann man auf ganz verschiedene Weise machen. Eine Möglichkeit ist es, dass jede der Frauen eine Kerze anzündet und eine Kraft anruft, zum Beispiel Frieden, Mut, Mitgefühl oder Leichtigkeit. Sie kann auch ihre Ahnen anrufen oder ihren persönlichen spirituellen Führer. Damit befindet sich der Kreis dann zwischen den Welten.

Eine traditionelle Variante ist die Anrufung der vier Himmelsrichtungen: Osten, Süden, Westen und Norden. (Dabei ist zu beachten, dass auf der Nordhalbkugel die Kräfte im Uhrzeigersinn angerufen werden, auf der Südhalbkugel jedoch in entgegen gesetzter Richtung.) In der nördlichen Hemisphäre stehen der Osten für den Frühling und die Jungfrau, der Süden für den Sommer und die Mutter, der Westen für Herbst und Matrone und der Norden für den Winter und die Weise Alte. (In der südlichen Hemisphäre sind Norden und Süden vertauscht.)

Jeder Richtung werden bestimmte Eigenschaften zugeschrieben, außerdem repräsentiert sie auch eine Farbe und ein Element. In der nördlichen Hemisphäre steht der Osten für Erleuchtung, Wiedergeburt, Inspiration, den Flug der Seele; zu ihm gehören die Farbe Gelb und das Element Luft. Der Süden steht für Liebe, Familie, Sicherheit, Stabilität; zu ihm gehören die Farbe Rot und das Element Feuer. Der Westen steht für Innenschau, Reife, tiefe Gefühle, Mysterium; zu ihm gehören die Farbe Dunkelblau und das Element Wasser. Der Norden steht für Altertum, die Weisheit der Zeitalter, die Ahnen, Großmütter und Großväter; zu ihm gehören die Farbe Weiß und das Element Erde.

Manchmal werden den vier Himmelsrichtungen noch drei weitere Richtungen zur Seite gestellt: das Unten, das Oben und die Mitte. Das Unten repräsentiert alle Kräfte der Unterstützung, des Unterbewussten und die Unterwelt. Das Oben steht für den Himmel, das Universum und die Kräfte der Ausdehnung. Die Mitte repräsentiert das Zentrum von allem, was ist, den Kessel/die Verwandlerin, die Schöpferin, die Göttin des Wandels.

Im Folgenden einige Beispiele für die Anrufung der Richtungen:

Für den Osten:

„Oh ihr Wächter im Osten, Heimat der Jungfrau und des Frühlings, der Hoffnung und der Inspiration, wo die Seele fliegt und die Geflügelten uns den Weg zeigen werden, kommt zu uns in die Mitte unseres Kreises, erleuchtet unsere Herzen, lasst uns gemeinsam spielen und lachen.“

Für den Süden:

„Oh ihr Wächter im Süden, Heimat der Mutter, der Kinder und der Familie, des trauten Heimes, Heimat des wilden Kojoten, der Leidenschaft und des Spiels, kommt in unsere Mitte in diesem heiligen Kreis und bringt eure Süße mit, erfüllt unsere Herzen mit Liebe und Vertrauen.“

Für den Westen:

„Oh ihr Wächter im Westen, ihr starken Frauen, Heimat der Matrone und der Wassertiere, ihr weisen Wale mit eurem tiefen, rätselhaften Wissen, Heimat der Schwarzbärin, der stillen Wasser und der tiefen Seen, öffnet unsere Herzen für die Geschichten unserer Seelen, lasst die Weisheit fließen heute hier in diesem Kreis."

Für den Norden:

„Ihr Geister des Nordens, Großmütter des Nordens, Heimat der Weisen Alten, der weißen Bärin, der weißen Büffelkalbfrau, bitte lasst uns teilhaben an eurer Weisheit, lasst uns unsere alten Seelen spüren und die Wahrheit unserer Arbeit hier auf Erden erkennen, oh ihr Alten, kommt zu uns in diesen Kreis, haltet uns und helft uns."

Für das Unten:

„Oh ihr Geister und Wesenheiten des großen Unten, ihr Geister der Unterwelt, Kern unseres Seins, ihr dunklen, verborgenen Orte, ihr unterbewussten Kräfte, kommt her und begleitet uns bei unserer Arbeit heute hier, helft uns, tiefe Wahrheit zu erkennen und den Sinn, der im Schatten liegt."

Für das Oben:

„Oh ihr Kräfte des Himmels, Wolkenfeen, Engel und Helfer des gewaltigen Oben, führt uns in unserer Arbeit, bringt uns euer Wissen, erleuchtet uns, zeigt uns unseren Platz in der großen kosmischen Ordnung, im Netz des Lebens."

Und für die Mitte:

„In die Mitte, in den Bauch der Großen Mutter, den sicheren Hafen im Innen wie im Außen, Heimat aller Heimaten, bringt uns Frieden, bringt uns Verwandlung, schenkt uns Vertrauen in die Kräfte des Wachstums und der Veränderung."

Beginnt im Osten. Die Frau, die dort sitzt, steht auf, entzündet eine Kerze und wendet ihr Gesicht für die Anrufung nach Osten. Ebenso verfahrt ihr bei den anderen Richtungen.

Am wichtigsten bei den Anrufungen ist Aufrichtigkeit: Ihr sprecht quasi ein Gebet - sprecht es von Herzen! Ein einfacher, respektvoller Chant zu Ehren der

Großmutter in jeder der vier Richtungen genügt. Lernt die Richtungen und ihre Eigenschaften kennen, assoziiert, und dann lasst die Worte einfach fließen.

Der nächste Schritt ist das Verkünden der Absicht, also dessen, was der Kreis erreichen möchte; das hilft jeder Anwesenden, sich vollkommen auf die bevorstehende Arbeit zu konzentrieren.

Dann kommt das Aufsteigen lassen der Energie, wobei man meistens singt, trommelt, rasselt oder Chants rezitiert; das lockert Körper und Geist und bringt die Frauen miteinander in Verbindung. Es ist schade, dass so viele Frauen gehemmt sind im Hals, gehemmt, ihre Wahrheit zu verkünden und damit auch gehemmt beim Singen! Das Erzeugen von Energie kann ein wenig Geduld erfordern, aber es wird ganz bestimmt der Zeitpunkt kommen, da sich alle in der Gruppe verbunden fühlen und der Kreis verschmolzen ist. Jetzt kann die Verwandlung beginnen.

Wie die Verwandlung (und gleichzeitig der Kern des Rituals) sich nun tatsächlich gestaltet, hängt ganz davon ab, was die Gruppe geplant hat. Grundlegend wird der Kreis sich mit dem beschäftigen, was er sich vorgenommen hat, sei es das Diskutieren eines bestimmten Themas oder eine Aktivität. Viele Kreise bevorzugen allerdings erst einmal ein lockeres Gespräch, wobei jede Frau ein wenig von dem berichten kann, was sich in letzter Zeit in ihrem persönlichen Leben abgespielt hat (das kann aber auch getan werden, bevor der Kreis gezogen wird, vielleicht bei einem Tässchen Tee oder einem gemeinsamen Mahl). Wenn sich der Kreis aber eine Weile nicht getroffen hat oder sich für einige Teilnehmerinnen große Veränderungen ergeben haben, kann dieses Gespräch auch schon mal das ganze Treffen andauern.

Die Herausforderung bei diesem lockeren Gespräch besteht nicht nur darin, dass die dafür vorgesehene Zeit eingehalten wird (viele Kreise setzen deshalb eine Zeithüterin ein), sondern auch darin, dass immer die Wahrheit gesagt und nicht einfach nur geredet wird . Was der Unterschied zwischen diesen beiden Dingen ist? Ganz einfach: Die Wahrheit sagen, bedeutet mit dem Herzen zu sprechen; das ist nur möglich, wenn wir uns von unserer eigenen inneren Wahrheit leiten lassen, anstatt von unseren Köpfen.

Meist wird ein Redegegenstand verwendet - ein Stein, ein Stab oder eine kleine Göttinnenfigur. Wer diesen Gegenstand in der Hand hält, darf sprechen, während die übrigen ihre ungeteilte Aufmerksamkeit auf die Redende richten. Wir sprechen also nicht nur mit dem Herzen, sondern hören auch ebenso zu. Sedonia Cahill erklärt das folgendermaßen:

> *„Zuhören erfährt in einem Kreis eine ganz neue Bedeutung. Wirkliche Teilnahme bedeutet tiefes Zuhören, wobei der ganze Körper bei der Sache ist. Wenn wir einer Geschichte lauschen, unterlassen wir es, in den Fluss des Geschehens einzugreifen, uns einzumischen oder ihn zu unterbrechen. Wenn wir unsere eigenen Angelegenheiten für diesen Moment einfach einmal beiseite stellen, können wir viel besser füreinander da sein. Damit lernen wir auch, uns selbst besser zuzu-*

hören, wir achten unsere Gefühle, sind offen dafür, eigene Verhaltensmuster, Übertreibungen, Schwachpunkte zu untersuchen, sowie auch die Dinge, in denen wir stecken geblieben sind. Wir nehmen teil an den anderen, an ihrer Schuld, ihrer Scham, ihrer Reue und ihren Geheimnissen, all die Schleier, die uns die Sicht versperren auf unsere eigene ungeheure menschliche Schönheit.

Die Frauen in einem Kreis werden zu Spiegeln füreinander, zeigen einander verschiedene Teile ihrer Selbst. Durch diesen „Kreis von Spiegeln" haben wir die Chance, die Dinge, die wir miteinander besprechen, in einem weitaus größeren Rahmen zu betrachten. Wenn wir offenen Herzens reden und zuhören, beginnen wir zu verstehen, dass wir alle eine bestimmte Rolle spielen, jede von uns hat einen Teil der Antwort. Zusammen weben wir eine neue Geschichte, die ganzheitlicher ist, als die Bruchstücke, mit denen wir zuvor gelebt haben. Das kennen zu lernen und zu erleben, bedeutet Teil des Heilungsprozesses zu sein. „[9]

Die Bereitschaft, intensiv und vorurteilsfrei zuzuhören, entspricht einer Weisheit, wie sie durch die chinesische Göttin des Mitgefühls, Kuan Yin, verkörpert wird. Ihr Name bedeutet „Sie, die den Schreien der ganzen Welt lauscht". In Tibet heißt sie Tara, in Japan Kannon, und in Vietnam ist sie als Quan Am bekannt. Wieder andere nennen sie Jungfrau Maria oder Guadalupe. Wenn ihr wollt, könnt ihr ein Bild oder eine Statue einer dieser Göttinnen in der Mitte eures Altars aufstellen.

Wenn das Gespräch abgeschlossen ist, kommen wir zum eigentlichen Kern des Rituals. Das kann eines der Themen sein, die ich bereits genannt habe, vielleicht auch eine Trancereise oder eine andere Form der Heilarbeit. Dies ist die eigentliche Arbeit, bei der die Intensität unserer Konzentration ihren Höhepunkt erfährt.

„Bei diesem Treffen nach Samhain haben wir unsere Kraft verwoben mit den afghanischen Frauen, um ihnen dabei zu helfen, ihre verlorenen Stimmen wieder zu finden. Das war ein sehr intensiver Prozess, und sehr kraftvoll noch dazu. Ganz spontan haben wir unsere Stimmen erhoben und erzeugten einen absolut unglaublichen Klang - es war nicht wirklich ein Schrei, aber es war so ursprünglich und so laut, dass es einige von uns buchstäblich aus den Latschen kippen ließ - darin wurde all unser Mitgefühl für die afghanischen Frauen frei.

Unmittelbar danach erdeten wir uns, indem wir uns auf den Boden knieten, die Hände fest auf die Erde gepresst, und die Energie zurück sandten zu Mutter Erde, damit sie dort heilen könne. In dieser Haltung verharrten wir, bis unsere Atmung sich wieder verlangsamt hatte und wir uns wieder mehr oder weniger normal fühlten. (Wir haben beobachtet, dass wir, wenn wir nach einer so wilden Szene in unserem Kreis vergessen, uns zu erden, am Ende ziemlich reizbar werden - sehr zum Leidwesen unserer Partner.)

Danach sind wir noch einmal im Kreis herum gegangen, und als wir gemeinsam Chants sangen, machte jede von uns sich selbst ein Versprechen, aktiv etwas dagegen zu unternehmen, dass es weiterhin zu Unterdrückung, Gefängnisstrafen und Folterung von Frauen durch religiöse Extremisten kommen konnte. Fast unmittelbar nach diesem Ritual kam uns zu Ohren, dass die afghanische Frauen-Befreiungs-Organisation, RAWA, enorme politische Fortschritte gemacht hatte. Das war einfach unglaublich!“

Wenn das eigentliche Ritual beendet ist, kommt die Phase der INTEGRATION, durch welche die Schließung des Kreises vorbereitet wird. Dabei reichen die Teilnehmerinnen noch einmal den Redegegenstand herum und reden darüber (von Herzen!), was sie aus dieser Erfahrung mitgenommen haben, welche Geschenke ihnen gemacht wurden, oder sie legen ein Gelübde ab, wenn sie das wünschen. Sie können auch Worte der Anerkennung oder des Dankes sprechen, zu sich selbst oder zur Gruppe.

Die SCHLIEßUNG des Kreises beginnt mit einer kurzen Erdungsübung, zum Beispiel ein paar Minuten lang ganz ruhig und tief atmen zum Klang der Tibetischen Glocke. Dadurch entspannt sich der Kreis. Dann erhebt sich die Frau, die als letzte eine Richtung angerufen hat, dankt den Kräften und Wächtern, die sie zuvor eingeladen hat, und bläst ihre Kerze aus. Dann verabschieden auch die übrigen Frauen nacheinander die Kräfte, die sie eingeladen haben. Der Kreis ist damit sowohl geschlossen als auch geöffnet, und die Teilnehmerinnen können nun wieder reden, lachen und feiern!

Dieses Format lässt sich auch auf verschiedene Zeremonien anwenden. Was ist eigentlich der Unterschied zwischen einem Ritual und einer Zeremonie? In meiner Beschreibung oben bestand eines der Rituale im Räuchern, ein anderes Ritual war das Weiterreichen des Redegegenstandes. Nimmt man alle rituellen Elemente zusammen, hat man eine Zeremonie. Eine Zeremonie kann man feiern zu Ehren einer Hochzeit, zur Geburt eines Kindes, zu Ehren der Blutmysterien oder zur Feier der Jahreszeitenwechsel und der Mittenfeste.

Die Teilnehmerinnen bemerken sehr schnell die Vorzüge dieser Treffen. Ein Frau, die in der Frauenheilkunde tätig ist und eine große Zahl von Patientinnen betreut, sagte zu mir: „Würde sich jede Frau mit anderen Frauen in einem Kreis treffen, bekäme sie viel schneller ihre Antworten, die sie sonst tage- oder wochenlang nicht erkennt, obwohl sie die ganze Zeit vor ihrer Nase liegen.“ Eine andere Frau erzählte mir: „Was ich an meinen Kreis am meisten liebe, ist seine Tiefe. Alle lassen sich aufeinander ein. Das hat mein Leben verändert, denn ich konnte diese Tiefe auf meine übrigen Beziehungen übertragen.“ Wieder eine andere berichtete, dass der Kreis ihr geholfen hat, loszulassen, sich „gehen zu lassen“ und die eigenen Untiefen zu erforschen.

Und da kommen wir zu einem weiteren Aspekt, der einen Kreis sehr stark machen kann - die Bereitschaft, auch die dunklen, schattigen Seiten unserer Seelen zu ergründen, auch den unangenehmen Dingen ins Auge zu blicken und dort eine Weile zu verharren, bis uns die Erkenntnis heimsucht. „Der Kreis ist nicht in erster Linie dazu da, dass man sich dort besonders gut fühlen soll“, erklärt Cahill,

„aber er ist ein geschützter Raum, in dem man auch einmal Dinge tun kann, die einem Angst machen, man kann seine Wildheit entdecken, das Unaussprechliche endlich aussprechen oder sich fallenlassen ganz ohne Worte.“[10]

Eine Frau, die schon viele Jahre in Kreisen arbeitet, erzählt:

> *„Karen und ich waren sehr eng befreundet, als sich plötzlich eine Krise zwischen uns entwickelte. Mein Mann und ich ließen uns gerade scheiden, und ich war ein bisschen lebensmüde - ich habe nicht gleich meinen Tod geplant, aber ich hatte einfach keine Lust auf Leben. Ich habe mich komplett darauf verlassen, dass Karen mich unterstützt - wir waren unzertrennlich.*
>
> *Aber Karens Leben war ebenfalls überwältigend. Ihr Haus stand mitten auf dem Marktplatz, und ihre beiden Mädchen waren noch nicht einmal fünf. Karen wurde mit der Zeit immer ängstlicher, denn sie näherte sich jetzt langsam dem Alter, in dem ihre Mutter schlimme Depressionen bekam und schließlich Selbstmord beging. Das war einfach alles zu viel. Sie hörte auf zu essen, schlief nicht mehr, kam aber auch nicht aus dem Bett und wurde einfach nicht mehr fertig mit ihrem Leben. Manche würden das als Nervenzusammenbruch bezeichnen, aber Karen nannte es in ihrer Weisheit ihren Durchbruch. Und es war ein Durchbruch. Mit Hilfe ihrer Freunde, Familie und von Therapiesitzungen an mehreren Tagen in der Woche kehrte sie langsam wieder ins Leben zurück.*
>
> *Während ihres Genesungsprozesses musste sie auch mit mir und meinen Depressionen und meinem Gerede vom Sterbenwollen fertig werden. Als ihre Mutter sich das Leben nahm, fühlte Karen sich schuldig dafür, dass sie sie nicht hatte retten können, und nun ließ ich mit meinem Mist diese ganze Angst und Furcht in ihr wieder auflodern. Ihr Therapeut empfahl ihr ganz dringend, die Bande zu mir zu lösen, solange wir keine gesunde Beziehung zueinander aufbauen konnten. Das hat mir natürlich ganz und gar nicht gefallen. Mein Mann und Karen waren über fünfzehn Jahre lang meine besten Freunde gewesen, und nun wollte keiner von ihnen mehr was mit mir zu tun haben. Ich fühlte mich verlassen und verloren, war wütend und fragte mich, warum meine engsten Freunde mich auf einmal im Stich ließen.*
>
> *Karen und ich gingen einmal zusammen zu einer Therapiesitzung, damit wir uns an einem sicheren Ort unterhalten konnten, wo wir einander wirklich zuhören würden. Sie wollte so gern, dass ich verstand, dass sie an mir nichts auszusetzen hatte, aber unsere Beziehung dennoch ungesund war und sie auf unbestimmte Zeit erst einmal Abstand von mir brauchte. Ich war ihr dankbar für ihre Mühen, aber ich war verbittert.*
>
> *Und dann hat uns unser Schwesternkreis gerettet. Wir beide gehörten diesem Kreis an, und keine von uns verpasste auch nur ein einziges Treffen. Die anderen Frauen im Kreis haben lange Zeit mit uns dagesessen und versucht, uns Raum zu geben, damit es uns nicht allzu unangenehm war, so nah beieinander zu sein. Wenn ich den Redestab in Händen hielt und mir bewusst war, dass wir alle hier*

an einem geschützten Ort waren, an dem wir miteinander teilen konnten, was in uns vorging, konnte ich authentisch sein, wie es immer in unserem Kreis war. Wenn ich mich also mal wieder schrecklich fühlte, wusste ich, dass der Kreis ein angemessener Ort war, an dem ich reden konnte und auch gehört werden würde. Unsere Kreisschwestern versuchten, uns dabei zu helfen, die Dinge nüchtern zu betrachten und das zu depersonalisieren, was in uns vorging. Sie versicherten uns immer wieder, dass dies eine gesunde und notwendige Phase in unserer Freundschaft war, auch wenn es schmerzhaft war. Sie betrachteten unsere Freundschaft immer als etwas Besonderes, und ich glaube, sie waren über diese Wende ebenso geschockt wie wir selbst. Und so steckten wir alle irgendwie drin in der Sache, und wir versuchten alle, den anderen einen geschützten Rahmen zu bieten. Und ich hielt durch, obwohl ich oft darüber nachdachte, den Kreis zu verlassen, denn mein Herz war gebrochen und ich hatte Angst, Karen in die Augen zu sehen. Ich hielt durch, weil ich wusste, dass der Kreis der einzige Rahmen war, in dem Karen und ich im selben Raum sein konnten, miteinander vertraut und verbunden waren.

Mit der Zeit wurden wir beide gesünder, in uns selbst und mit unserem Leben. Der Kreis war der Ort, an dem wir hinabsteigen konnten in die Dunkelheit ... unsere Schwestern haben uns Mut gegeben, sie waren für uns da, bestätigten uns und glaubten an uns. Kostbare, heilige Schwestern!“

Zu den schönsten Dingen an einem Kreis gehört zweifelsohne das Gefühl der Sicherheit, denn man weiß genau, dass die Schwestern für einen da sind, wenn Not am Mann ist. Der folgende Bericht macht das auf sehr kraftvolle Weise deutlich:

„Ich treffe mich mit einer Gruppe von fünf Frauen, alle um die fünfzig bis sechzig. Unsere Verbindung geht sehr tief, und unsere Forschungen sind oftmals überraschend und schwierig, aber auch sehr schön. In diesem Kreis finde ich wirklich zu mir selbst.

Es gibt eine Frau in unserem Kreis, deren achtzehnjährige Tochter kaltblütig ermordet wurde von einem Eindringling. Unser Kreis war für sie da und unterstützte sie. Angesichts einer solch unaussprechlichen Tragödie ließen wir alles stehen und liegen, um ihr zuzuhören und ihr zur Seite zu stehen bei den Problemen, die sie nun zu lösen hatte. Einige von uns begleiten sie, um den Leichnam ihrer Tochter für die Verbrennung vorzubereiten, manchmal höre ich noch heute ihren Ausruf des Unglaubens und tiefen Schmerzes, als sie ihn zum ersten Mal sah. Wir bereiten mit ihr zusammen eine Abschiedszeremonie vor. Noch Jahre nach diesem Ereignis haben wir sie begleitet in ihrer Trauer und ihrer langsamen Heilung. Unser Kreis war stark genug, sie zu tragen mit ihrem Kummer, und wurde sogar noch stärker durch das intensive Zusammensein mit ihr und den anderen bei der Verarbeitung dieser Tragödie.“

Solch ein tiefer Zusammenhalt ist selten zu finden unter Frauen, die nicht durch ihr Blut miteinander verbunden sind. Aber es tut so gut, einen starken Kreis von Frauen zu haben, in dem man sich hineinfallen lassen kann. Besonders in einer so furchtbaren Situation sind die anderen Familienmitglieder vielleicht buchstäblich handlungsunfähig, zu tief sitzen der Schock und der Kummer, als dass man sich um die Details kümmern könnte, geschweige denn um einander. Die Unterstützung der Frauen füreinander zentriert sich in einem Kreis, aber sie kann sich auch ausbreiten und eine wahre Gemeinschaft erschaffen. Und genau das ist es, worum es im Kreis des Lebens geht - die Gemeinschaft der Frauen, in der jede von uns einen wichtigen Platz einnimmt.

Nachwort

Dieses Buch zu schreiben war für mich wahrhaftig eine Reise ins Ungewisse - eine Reise, die man schwerlich als rein intellektuelles Unterfangen beschreiben kann. Als wir mit der Arbeit begannen, hatten wir keine Ahnung, wie weit wir eintauchen müssen, wenn wir die Bedeutung der Archetypen wirklich erfassen wollten, und wie stark unsere Interviews alles beeinflussen würde, was wir bereits erörtert hatten. Für uns beide zusammen, wie auch für jede allein gab es erstaunliche Erlebnisse der Entdeckung, der Synchronizität, Blicke in die Zukunft und Visionen darüber, worum es in unserem Leben eigentlich geht.

Es macht großen Spaß, diese uralten Archetypen wieder zu entdecken und für sich selbst eine Rolle zu finden, die Substanz hat und sich dennoch natürlich anfühlt. Aber es kann auch ein wenig Stress und Unbehagen mit sich bringen, wenn wir unser Leben verändern wollen, um Platz zu schaffen für diese neuen Rollen. Ich habe mir angewöhnt, die Teilnehmer zu Beginn meiner Workshops darauf hinzuweisen, dass sie unter Umständen feststellen werden, dass die Prioritäten in ihrem Leben sich plötzlich dramatisch verändern. Eine Liebesbeziehung ist vielleicht gerade reif für eine Umwälzung und muss erst eine tiefe Verwandlung erfahren, ehe sich die Partner wieder wohl fühlen, oder man muss sich beruflich verändern, um eine passende Anstellung zu finden. Aus irgendeinem Grund neigen wir zu dem Glauben, wir könnten unser Leben im Außen revolutionieren, ohne dabei unsere emotionale Kuschelcouch verlassen zu müssen. Aber eher das Gegenteil ist der Fall - kein Schmerz, kein Gewinn. Wenn die Samen der Veränderung sich tief in uns drinnen öffnen und zu wachsen beginnen, dann ist die Verwandlung unseres Lebens oftmals ziemlich weit reichend und erst einmal desorientierend.

An dieser Stelle kommt ein Kreis von Helfern - dein Frauenkreis - ins Spiel. Bei der Kindsgeburt umringen traditionellerweise andere Frauen die werdende Mutter und erweitern ihre Körper und ihre Seelen, damit sie als Gefäß dienen können, den Schmerz in Freude zu verwandeln. Wir hatten ein ganz ähnliches Erlebnis des Mitgetragenwerdens und wurden eingehüllt durch die Weisheit der Frauen, die wir befragt haben, besonders dann, wenn die betreffende Sache ein bisschen zu hoch für uns war. Deshalb möchten wir noch einmal unseren tief empfundenen Dank aussprechen an all die Stimmen im Kreis des Lebens - denn als wir uns selbst in euch wieder fanden, ebenso wie in jedem der Archetypen, verspürten wir eine so tiefe Liebe und Achtung vor den Frauen, wie wir sie zuvor nie gekannt hatten.

Man sagt über die Lehrer, dass sie immer das lehren, über das sie selbst mehr wissen möchten; dasselbe gilt auch für das Schreiben. Carol und ich sind überaus dankbar, dass wir dieses riesige Thema aufgespürt haben, über das wir nachdenken und nachforschen konnten. Uns ist bewusst, dass wir den Nachhall dieses Projektes noch viele Jahre lang spüren werden.

Zum Schluss möchten wir dich bitten, dich mit den Archetypen auseinanderzusetzen, um Mitgefühl für Frauen in all ihren Lebenslagen zu finden, ganz gleich, ob du ihre Meinung oder ihren Glauben teilen kannst. Erhebe dich über die Gespaltenheit und den Wettkampf, den uns das Patriarchat einpflanzen wollte und erinnere dich an die simple Wahl zwischen „Macht durch“ oder „Macht über“. Wie kann man das in den Alltag übertragen? Wenn du schon einmal die wilde Hingabe der Amazone verspürt hast, warum solltest du diese Energie in einer anderen Frau fürchten oder unterdrücken wollen? Wenn du die Gnade der innigen Verbundenheit einer Geliebten erleben durftest, warum solltest du dich um der Leidenschaft willen in den Wettbewerb mit anderen Frauen stürzen? Wenn du die Macht der Zauberin schon einmal eingesetzt hast, warum solltest du eine andere Frau dafür verurteilen (oder es ihr missgönnen), wenn sie dasselbe tut? Oder wenn du am eigenen Leib die Häuslichkeit einer Mutter erfahren hast, warum solltest du eine andere Frau dafür belächeln, dass dies im Moment das ist, womit sie sich am meisten identifiziert? Der eigentliche Zweck eines Kreises ist es, die Frauen miteinander zu vereinen und sich niemals gegenseitig in Schubladen zu stecken.

Tatsächlich hat jede der Frauen, die wir befragt haben, von der Geschlossenheit eines Kreises geschwärmt. Immer wieder sagten uns die Frauen, dass sie es gar nicht erwarten können, dieses Buch in ihren Händen zu halten - sie waren der Meinung, dass es ein wichtiges Werk werden würde für die Frauen in aller Welt und dass der Zeitpunkt genau richtig sei. Das war einerseits für uns Autorinnen ein besonders schönes Kompliment, aber es macht auch ganz deutlich, dass das Bewusstsein der Frauen sich stark verändert, dass sie wieder Wert legen auf Verbundenheit und spirituelle Arbeit, die ihrem Leben Kraft und Demut verleihen. Es liegt eindeutig an uns selbst, die sozialen Konstrukte zu verändern, welche unsere Mysterien verunglimpfen und uns weismachen wollen, wir wären weniger stark und schön, als wir es eigentlich sein könnten.

Mysterien sind magisch - und die Frauen hungern förmlich danach, ihre angeborene Magie endlich wieder lebendig werden zu lassen. Es ist unser Erbe und unsere Bestimmung, tanzenden Schrittes den Kreis des Lebens zu durchwandern und die Archetypen in jeder Hinsicht zu erforschen. Welche Kraft und welche Freude es doch macht, die großen Muster unseres Lebens als Frauen zu durchschauen und gleichzeitig gefangen zu sein in dem Rätsel ihrer Offenbarung!

Anhang

Welchem Archetyp entsprichst du?

Dies ist ein kleines Quiz, das dir dabei helfen kann, herauszufinden, welchem der dreizehn Archetypen aus dem *Kreis des Lebens* du entsprichst. Viel Spaß dabei - und sei nicht allzu sensibel dabei! Antworte aus deiner jetzigen Sicht heraus, nicht aus Sicht deiner Vergangenheit oder deiner möglichen Zukunft. Halte Stift und Papier bereit, damit du deine Antworten notieren kannst. Fertig? Dann mal los...

1. In welcher physiologischen Phase (Blutmysterium) steckst du gerade?

    - Ich habe noch keine Menstruation (T)
    - Ich habe gerade angefangen zu bluten. (J)
    - Ich habe bereits eine Zeitlang meine Periode, habe aber noch kein Kind bekommen und denke auch nicht darüber nach. (B)
    - Ich habe meine Periode und denke darüber nach, ein Kind zu bekommen. (L)
    - Ich habe mindestens ein Kind zur Welt gebracht oder ein größeres kreatives Projekt. (M)
    - Ich habe meine Periode noch, aber Kinder möchte ich nicht mehr haben. (H)
    - Ich liebe es zu bluten! (A)
    - Ich bin zu beschäftigt, um das mitzukriegen, aber ich habe einige heftige PMS! (R)
    - Meine Blutungen werden langsam unregelmäßig, entweder sehr stark und oft oder unregelmäßig, weiter auseinander liegend. (P)
    - Anscheinend habe ich noch mit dem hormonellen Ungleichgewicht zu kämpfen. (Z)
    - Ich blute schon seit ein paar Jahren nicht mehr. (G)
    - Ich weiß gar nicht mehr, warum man darum so einen Wind macht. (K)

2. Wenn du in Gesellschaft bist, beobachtest du, dass du:

   - Dir dieser Gesellschaft gar nicht so recht bewusst bist. (T)
   - Lieber alleine rumhängst, weil das wesentlich interessanter ist, als Smalltalk zu führen. (Z)
   - Dich wirklich für jeden interessierst, der da ist, und einfach deinen Spaß hast. (J)
   - Deine Meinung lautstark verkündest, damit sie auch jeder mitbekommt. (A)
   - Du dich direkt zu der Gruppe deiner Freundinnen durchschlägst, mit denen du dann den ganzen Abend quatschst. (B)
   - Dich nur an die charmantesten Männer (oder Frauen) hältst. (L)
   - Dich mit anderen Frauen mit Kindern unterhältst und ihr eure Elternsorgen miteinander austauscht. (M)
   - Dich in wilde Diskussionen über Umweltschutz und Politik verstrickst. (H)
   - Mit ein oder zwei intelligenten Frauen tief greifende Gespräche führst. (P)
   - Entweder der Mittelpunkt der Party bist oder aber dich zu Tode langweilst, je nachdem, wer alles da ist. (R)
   - Eigentlich gar keine Lust darauf hast, in Gesellschaft zu gehen. (G)
   - An diesem Punkt ist das Leben die Party! (K)

3. Was deine Sexualpartner angeht, fühlst du dich besonders hingezogen:

   - Zu dem einen Besonderen. (L)
   - Du hast noch nicht über einen Partner nachgedacht. (T)
   - Zu jemandem, der bedeutend jünger ist als du. (A)
   - „Ich hatte schon so viele, das interessiert mich nicht mehr!" (G)
   - Zu jemandem, der sich mit dir zusammen um deine Kinder kümmert. (M)
   - „Ich entdecke gerade erst meine Sexualität, und zwar allein." (J)
   - „Ein liebevoller Partner wäre schon toll, aber ich bin mehr damit beschäftigt, mich um andere zu kümmern." (H)
   - Zu einem Partner, der mit dir die Freuden und die Verantwortung im Leben teilt, egal ob Mann oder Frau. (R)
   - „Eindeutig zu meiner besten Freundin an der Uni, sie ist echt heiß." (B)
   - Wieder einen Partner zu haben, ist dir seit langem nicht in den Sinn gekommen. (K)
   - Zu einem verspielten Pan-Gefährten. (P)
   - Wahrscheinlich würde ich im Moment alle ernsthaften Liebhaber verschrecken. (Z)

4. Wenn die Leute dich beschreiben müssten, würden sie am ehesten sagen:

   - „Sie kann einfach die Klappe nicht halten, ich dachte, sie wäre endlich mal erwachsen geworden." (A)
   - „Sie hat sich wirklich zu einer guten Anführerin entwickelt, sie hat die Sache in der Hand." (R)
   - „Wenn sie doch nur begreifen würde, wie schön sie eigentlich ist, anstatt sich immer den Kopf über ihr Aussehen zu zerbrechen." (J)
   - „Was für ein wunderbares, kreatives und selbständiges Kind." (T)
   - „Ach, sie macht gerade ihre neo-feministische Phase durch." (B)
   - „Sie ist sehr stark und elegant in ihren letzten Jahren." (K)
   - „Die Liebe zu ihren Kindern ist so selbstlos und bedingungslos." (M)
   - „Die Leute suchen ihren weisen Rat." (G)
   - „Eigentlich sucht sie sich immer die schlimmsten Kerle (oder Weiber) aus, aber der/die Neue könnte was Längerfristiges sein." (L)
   - „Ihre Intuition im Umgang mit anderen ist faszinierend." (H)
   - „Sie erforscht gerade voll und ganz ihre weibliche Spiritualität." (P)
   - „Also offen gestanden: Ich glaube, sie ist ein bisschen verrückt geworden." (Z)

5. Wenn du beschreiben solltest, wie du dich zur Zeit fühlst, würdest du sagen:

   - „Ich sehe mich selbst am Strand herumlaufen oder im Wald." (T)
   - „Ich finde Trost und Kraft in einem Kreis mit meinen engsten Freundinnen." (P)
   - „Mein Leben dreht sich darum, diese Lebensaufgabe hier zu bewältigen." (M)
   - „Ich habe das Gefühl, dass mir alles in den Schoß fällt, damit ich lehren und für andere von Nutzen sein kann." (H)
   - „Mich fasziniert im Moment alles, was zum wahren Feminismus gehört." (B)
   - „Ich habe erreicht, was ich im Leben vorhatte." (K)
   - „Ich fühle mich, als hätte ich eine Ebene erreicht, wo ich die Ernte meiner harten Arbeit einfahre." (R)
   - „Auf der Arbeit behandeln mich die Männer wie eine Domina." (A)
   - „Mein Leben ist so reich und überfließend und gesegnet." (L)
   - „Ganz ehrlich? Am liebsten würde ich einkaufen gehen." (J)
   - „Ich hab ein wenig Angst vor dem Altwerden." (G)
   - „Offen gestanden: ich glaube, ich bin ein bisschen verrückt geworden." (Z)

6. Was ist dir im Leben am wichtigsten?

   - Ich selber. (Z)
   - Wie ich auf andere wirke. (J)
   - Ferien. (T)
   - Meine Arbeit für die Gesellschaft. (G)
   - Meine Freundinnen. (B)
   - Die Erforschung meiner Spiritualität zusammen mit meinen engsten Freundinnen. (P)
   - Meine Freiheit. (A)
   - Romantik und Leidenschaft mit meinem Mann. (L)
   - Meine Leidenschaft für das Leben. (K)
   - Meine Kinder. (M)
   - Meine Karriere. (R)
   - Lehren und mein Wissen mit anderen zu teilen. (H)

7. Welcher Beruf spricht dich am ehesten an?

   - Umweltaktivistin. (B)
   - Sterbehelfer. (K)
   - Tierärztin oder Reiterin. (T)
   - Krankenschwester oder Therapeutin. (H)
   - Schauspielerin oder Sängerin. (L)
   - Yogalehrerin oder Geschäftsführerin in einer Firma mit sozialem Bewusstsein. (P)
   - Schamanin. (Z)
   - Restaurantbesitzerin oder Weinhändlerin. (R)
   - Präsidentin oder Matador. (A)
   - Vermittlerin. (G)
   - Modedesignerin oder die Figur auf der olympischen Goldmedaille. (J)
   - Landschaftsarchitektin. (M)

8. Wie entspannst du dich am liebsten?

   - Ich nehme ein langes, heißes Bad mit Lavendelöl und von Kerzen umringt. (P)
   - Ich gehe alleine in den Wald (oder mit jemandem, mit dem ich mich spirituell verbunden fühle). (Z)
   - Ich unternehme irgendwas tatkräftiges, Marathonlauf oder so was. (A)
   - Ich bringe meinen Kalender auf den neuesten Stand und prüfe meine Ziele. (R)

- Ich setze mich allein vor den Kamin unter eine Wolldecke, trinke einen Cappuccino und esse ein Croissant. (K)
- Ich ziehe den Stecker vom Telefon raus und lege mich mit einem dicken Buch ins Bett (endlich mal ganz allein sein). (M)
- Ich hänge vorm Fernseher rum oder surfe im Internet. (T)
- Ich arbeite mit meinen Händen.
- Ich höre mit meinen Freundinnen Nancy Sinatra und mach eine Flasche Wein auf. (J)
- Ich trage schwarzen Samt, stelle eine einzelne Rose in die Vase auf dem Tisch und schreibe ihm/ihr ein Gedicht. (L)
- Ich mache irgendeine Kalorienbombe für meine Freundinnen zum Abendbrot, dann trinken wir ein paar Margaritas und essen Schokolade zum Nachtisch. (B)
- Ich bestelle mir was zu essen. (G)

9. Die Gestaltung meines Zuhauses kann man am besten so beschreiben:

- Ein schlichtes, gemütliches Zuhause, wo man sich wohl fühlt und die Kinder spielen können und wo Platz für ein paar Haustiere ist, möglichst günstig, abwaschbare Schonbezüge, Familienfotos. (M)
- Klassisch, zurückhaltend, aufgeräumt, aber nicht hektisch oder modern - englischer Landhausstil, dunkles Holz, Silber, Kristallvasen. (G)
- Ein Mischmasch aus Möbeln aus dem Secondhand, ohne Plan zusammengestellt, ein bisschen Retro-Stil. (B)
- Ein gemütliches Zuhause, in dem ich mich wohl fühle und das einen guten Eindruck macht - fließende, luxuriöse Stoffe, warm. (R)
- Künstlerisch, ein wenig exzentrisch, eine bunte Mischung - Pflanzen, Antiquitäten, bunte Stoffe, sonnendurchflutete Räume. (Z)
- Minimalistisch und praktisch, kein besonderer Stil - ich reduziere das auf das Notwendigste. (K)
- Interessante Stücke vom Flohmarkt und der Wohlfahrt, der Stil verändert sich ständig, alten Dingen gebe ich einen neuen Anstrich. Ich räume oft um, damit neue Anschaffungen sich einpassen können. (A)
- Frische, ruhige Ausstattung, Asiatische Einflüsse, Zen-Stil mit natürlichen Hölzern, tiefe, gedämpfte Farben - eine vollkommene Feng Shui Umgebung. (P)
- Viele handgefertigte Sachen, selbst gebastelte Dinge, bestickte Kissen, Wolldecken, Bilder, Collagen. (J)
- Südländischer oder viktorianischer Stil, Spitze und Blumenmuster, Himmelbett mit Rüschen, mit künstlichen Blumen verziert, Stofftiere. (T)

- Landhausstil, Strohkörbe, Sammlerstücke, rustikale Tischdecken, Kissenberge, leicht sauber zu halten. (H)
- Romantisch, frische Blumen in jedem Zimmer, Whirlpool oder versunkene Badewanne, viele kleine Details. (L)

10. Wonach sehnst du dich am meisten in deinem Leben?

- Schlichtheit. (K)
- Für mich selbst verantwortlich sein. (T)
- Mädchenclique, eine echte Freundin. (J)
- Ein liebevoller Gefährte. (B)
- Ich möchte etwas nähren (ein Kind, irgendetwas!). (L)
- Frauenwissen. (M)
- Anerkennung für das, was ich leiste. (H)
- Autorität und Autonomie. (A)
- Spirituelle Arbeit und Hilfe. (R)
- Möglichkeiten finden, meine Kräfte zu nutzen. (P)
- Weisheit. (Z)
- Wahrheit. (K)

AUSWERTUNG

- **T** wenn du vor allem mit T geantwortet hast, entsprichst du dem Archetyp der Tochter.
- **J** wenn du vor allem mit J geantwortet hast, entsprichst du dem Archetyp der Jungfrau.
- **B** wenn du vor allem mit B geantwortet hast, entsprichst du dem Archetyp der Blutsschwester.
- **L** wenn du vor allem mit L geantwortet hast, entsprichst du dem Archetyp der Geliebten.
- **M** wenn du vor allem mit M geantwortet hast, entsprichst du dem Archetyp der Mutter.
- **H** wenn du vor allem mit H geantwortet hast, entsprichst du dem Archetyp der Hebamme.
- **A** wenn du vor allem mit A geantwortet hast, entsprichst du dem Archetyp der Amazone.
- **R** wenn du vor allem mit R geantwortet hast, entsprichst du dem Archetyp der Matrone.
- **P** wenn du vor allem mit P geantwortet hast, entsprichst du dem Archetyp der Priesterin.
- **Z** wenn du vor allem mit Z geantwortet hast, entsprichst du dem Archetyp der Zauberin.
- **G** wenn du vor allem mit G geantwortet hast, entsprichst du dem Archetyp der Weisen Alten.
- **K** wenn du vor allem mit K geantwortet hast, entsprichst du dem Archetyp der Dunklen Mutter.

Wenn du von jedem etwas hast und kein Buchstabe überwiegt, dann entsprichst du der Verwandlerin.

Anmerkungen

Vorwort

1. Jean Shinoda Bolen: *The Millionth Circle: How to Change Ourselves and the World*. Berkeley, Calif.: Conari Press, 1999.
2. Y.L. Michael, G.A. Colditz, E. Coakley und I. Kawachi: „Health Behaviours, Social Networks, and Healthy Aging: Cross-Sectional Evidence from the Nurses´ Health Study“ *Qual Life Res* 8 (1999): 711-22.
3. S.E. Taylor, L.C. Klein, B.P. Lewis, T.L. Gruenewald, R.A.R. Gurung und J.A. Updegraff: „Female Responses to Stress: Tend-and-Befriend, not Fight-or-Flight“ *Psychological Review* 107, no. 3 (2000): 411-29.
4. Diedre Badejo: *Osun Seegesi: The Elegant Deity of Wealth, Power an Femininity*. Trenton, N.J.: Africa World Press, 1996, xvii.

Kapitel 1: Die Göttin und das Mysterium

1. Jean Shinoda Bolen: *Goddesses in Everywoman*. San Francisco: HarperCollins, 1984, 1-4. (Göttinnen in jeder Frau. Ullstein, München, 2004.)
2. Joseph Campbell: *The Hero with a Thousand Faces*, 2d ed. Princeton, N.J.: Princeton University Press, 1968, 19. (*Der Heros in tausend Gestalten*. Insel Verlag, Frankfurt, 1999.)
3. Jean Houston: *The Possible Human*. Los Angeles: J.P. Tarcher, 1987. (*Der mögliche Mensch. Handbuch zur Entwicklung des menschlichen Potentials*. Sphinx Verlag, Basel, 1984.)
4. Barbara Walker: *The Women´s Encyclopedia of Myths and Secrets*. New York: Harper & Row, 1988, 188. (*Das geheime Wissen der Frauen*. Arun Verlag, Uhlstädt-Kirchhasel, 2003.)
5. Starhawk: *The Spiral Dance*. San Francisco: Harper & Row, 1979, 170. (*Der Hexenkult als Ur-Religion der großen Göttin*. Goldmann, München, 1992.)

Kapitel 2: Die dreizehn Stufen im Leben einer Frau

1. Barbara Ardinger: *A Woman´s Book of Rituals and Celebrations.* San Rafael, Calif.: New World Library, 1992, 139.
2. Starhawk: *The Spiral Dance*, 188.
3. Ebd., 189.
4. Walker: *Women´s Encyclopedia*, 629.
5. Ebd., 378.
6. Philip Rawson: *Erotic Art of the East.* New York: G.P. Putnam´s Sons, 1968, 159. (*Die erotische Kunst des Ostens.* Hoffmann und Campe, 1969.)

Kapitel 3: Blutbünde

1. Walker: *Women´s Encyclopedia*, 635.
2. Ebd., 636.
3. Ebd., 637.
4. Phyllis Chesler: *About Men.* New York: Bantam, 1978, xx. (*Über Männer.* Rowohlt, Reinbek, 1982.)
5. Dena Taylor: *Red Flower: Rethinking Menstruation.* Freedom, Calif.: Crossing Press, 1988, 49-50.
6. Paula Weideger: *Menstruation & Menopause.* New York: Alfred K. Knopf, 1975, 107.
7. Walker: *Women´s Encyclopedia*, 642.
8. Ebd., 643.
9. Ebd.
10. Ebd., 644.
11. Luisah Teish: *Jambalaya: The Natural Woman´s Book of Personal Charms and Practical Rituals.* San Fransisco: Harper & Row, 1985, 60. (Jambalaya. Heyne, München, 1990.)
12. Chesler: *About Men*, xx.
13. Taylor: *Red Flower*, 102.
14. Walker: *Woman´s Encyclopedia*, 638.
15. Ebd., 639.
16. Brooke Medicine Eagle „Women´s Moontime - A Call to Power" *Shaman´s Drum* 4 (spring 1986), 21.
17. Winnifred Cutler: *Love Cycles.* New York: Villard Books, 1991, 151. (Rhythmus der Liebe. Heyne, München, 1994.)
18. Ebd.
19. Mickey Hart: *Drumming at the Edge of Magic.* San Francisco: Harper & Row, 1990, 121. (*Die magische Trommel.* Goldmann, München, 1991.)
20. Judy Grahn: *Blood, Bread, and Roses.* Boston: Beacon Press, 1993, 44.

21. Ebd.
22. Penelope Shuttle und Peter Redgrove: *The Wise Wound*. New York: Richard Marek, 1978, 96. (*Die weise Wunde Menstruation*. S. Fischer, Frankfurt, 1980.)
23. Grahn: *Blood, Bread, and Roses*, 52.
24. Mary Jane Sherfey: *The Nature and Evolution of Female Sexuality*. New York: Random House, 1973, 52. (*Die Potenz der Frau. Wesen und Evolution der weiblichen Sexualität*. Kiepenheuer und W., Köln, 1982.)
25. Shuttle und Redgrove: *Wise Wound*, 43.
26. Ebd., 4-5.
27. Grahn: *Blood, Bread, and Roses*, 75.
28. Walker: *Woman´s Encyclopedia*, 637.
29. Ebd., 1040.
30. Pam Keesey, Hrsg.: *Daughters of Darkness*. San Francisco: Cleis Press, 1993. (*Draculas Töchter*. S. Fischer, Frankfurt, 1997.)
31. Alan Bleakley: *The Fruits of the Moon Tree*. London: Gateway Books, 1984, 252. (*Früchte des Mondbaums*. Goldmann, München, 1987.)
32. Ebd., 249.
33. Walker: *Woman´s Encyclopedia*, 640-41.
34. Kathy Jones: *The Goddess of Glastonbury*. Glastonbury, England: Ariadne Publications, 1990, 30.
35. Walker: *Woman´s Encyclopedia*, 644.

Kapitel 4: Die Rolle der Verwandlerin

1. Demetra George: *Mysteries of the Dark Moon: The Healing Power of the Dark Goddess*. New York: HarperCollins, 1992. (*Neumond. Zeit der Erneuerung*. Hugendubel, München, 2000.)
2. Clarissa Pinkola Estés, Ph.D.: *Women Who Run with the Wolves*. New York: Random House, 1992, 11-12. (*Die Wolfsfrau. Die Kraft der weiblichen Urinstinkte*. Heyne, München, 1993.)
3. Carlos Castaneda: *The Teachings of Don Juan*. New York: Pocket Books, 1968, 82-87. (*Die Lehren des Don Juan*. S. Fischer, Frankfurt, 1998.)
4. Teish, *Jambalaya*, 213.
5. Elizabeth Davis´ Aufzeichnungen aus einem Workshop: Helen Palmer: „Discrimination Between Projections and Accurate Intuitive Impressions", San Francisco, 1988.
6. Richard Wilhelm und Cary Baynes: *I Ching*. Princeton: Princeton University Press, 1950, 97-98. (*I Ging*. Marixverlag, 2004.)
7. Vicki Noble: *Motherpeace*. San Francisco: Harper & Row, 1983, 102. (*Mythen, Musen und Tarot, Motherpeace*. Frauenoffensive, 1987.)

8. Joan Halifax: *Shamanic Voices*. New York: Dutton, 1979, 4.
9. Jean Shinoda Bolen, Interview in *Magical Blend* 44 (Oktober 1994), 52-58.
10. Jamie Sams und David Carson: *Medicine Cards: The Discovery of Power Through the Ways of Animals*. Santa Fe: Bear and Co., 1988, 61. (*Karten der Kraft. Ein schamanisches Einweihungsspiel in den Pfad der Tiere*. Windpferd, Aitrang, 2001.)
11. Walker: *Woman´s Encyclopedia*, 903-904.
12. J.C. Cooper: *An Illustrated Encyclopedia of Traditional Symbols*. London: Thames & Hudson, 1978, 129-30. (*Das große Lexikon traditioneller Symbole*. Goldmann, München, 2004.)
13. Bolen, Interview in *Magical Blend*, 52-58.
14. Wilhelm und Baynes: *I Ging*, 98.
15. Walker: *Woman´s Encyclopedia*, 150-51.
16. Ebd.
17. Noble, *Motherpeace*, 17.
18. Wilhelm und Baynes: *I Ging*, viii.
19. Ralph Blum: *The Book of Runes*. New York: St. Martin´s Press, 1982, 31.
20. Ebd., 20.
21. Ed Buryn: *Vagabonding in the USA*. Berkeley, Calif.: And/Or Press, 1980, 4.
22. Walker: *Woman´s Encyclopedia*, 973.
23. Noble: *Motherpeace*, 110.
24. Stanislav Grof: *The Adventure of Self-Discovery*. Albany: State University of New York Press, 1988, 187-88. (*Das Abenteuer der Selbsterkennung*. Rowohlt, Reinbek, 2004.)

Kapitel 5: Die Tochter und die Amazone

1. Walker: *Woman´s Encyclopedia*, 475.
2. Noble: *Motherpeace*, 66.
3. Charlene Spretnak: *Lost Goddesses of Early Greece*. Boston: Beacon Press, 1984, 109-18.
4. Tradtional von Doreen Valiente, aus Starhawk: *The Spiral Dance*, 102-103.
5. Christine Downing: *The Goddess: Mythological Images of the Feminine*. New York: Crossroad Publishing, 1981.
6. Zsuzsanna E. Budapest: *The Grandmother of Time*. San Francisco: Harper & Row, 1989, 91.

Kapitel 6: Die Jungfrau und die Matriarchin

1. David Cohen, Hrsg.: *The Circle of Life*. New York: HarperCollins, 1991,64.
2. Ebd., 62.
3. Jane Ellen Harrison: *Themis: A Study of the Origins of Greek Religion*. London: The Merlin Press, 1963, 487.
4. Edward S. Gifford, Jr: *The Evil Eye*. New York: Macmillan, 1958, 55.
5. Budapest: *Grandmother of Time*, 155-56.
6. Barbara Walker: *Women's Rituals*. San Francisco: Harper & Row, 1990, 184-85. (*Die spirituellen Rituale der Frauen*. Heyne, München, 2000.)

Kapitel 7: Die Blutsschwester und die Priesterin

1. John G. Neihardt: *Black Elk Speaks*. Lincoln: University of Nebraska Press, 1959, 168. (*Ich rufe mein Volk*. Lamuv, Göttingen, 2005.)
2. Richard Moss: *The I That Is We: Awakening to Higher Energies Through Unconditional Love*. Berkeley, Calif.: Celestial Arts, 1995, 47.
3. Noble: *Motherpeace*, 125.
4. Ebd.
5. Elizabeth Davis: *Women's Sexual Passages: Finding Pleasure and Intimacy at Every Stage of Life*. Alameda, Calif.: Hunter House, 2000.)

Kapitel 8: Die Geliebte und die Zauberin

1. Noble: *Motherpeace*, 107.
2. Budapest: *Grandmother of Time*, 70.
3. Ardinger: *Woman's Book of Rituals*, 169.
4. Christiane Northrup: *The Wisdom of Menopause*. New York: Bantam Books, 2001, 49. (*Wechseljahre*. Zabert Sandmann, München, 2001.)
5. Walker: *Woman's Encyclopedia*, 18-20.
6. Bleakley: *Fruits of the Moon Tree*, 253.
7. Ebd., 16.
8. Ebd., 17.
9. Ebd., 181.
10. James Redfield: *The Celestine Prophecy*, New York: Warner Books, 1993, 194. (*Die Prophezeiungen von Celestine*. Ullstein, München, 2004.)
11. Bleakley: *Fruits of the Moon Tree*, 182.
12. Walker: *Woman's Encyclopedia*, 33.
13. Moss: *I That Is We*, 53.
14. Ebd.

Kapitel 9: Die Mutter und die Weise Alte

1. D. Krehbiel, F. Levy, P. Poindrom und M.J. Podhomme: „Peridural Anestesia Disturbs Maternal Bonding in Primiparous and Multiparous Ewes", *Physiology and Behaviour* 40 (1982): 463-72.
2. Cohen: *Circle of Life*, 4.
3. Barbara Walker: *The Crone*. San Francisco: Harper & Row, 1985, 31.
4. Noble: *Motherpeace*, 77.
5. Mary Daly: Gyn/Ecology: *The Metaethics of Radical Transformation*. Boston: Beacon Press, 1979, 390. (Gyn/Ökologie: *Die Metaethik des Radikalen Feminismus*. Frauenoffensive, 1991.)
6. Niles Newton und Rhonda Winn: „Sexuality in Aging: A Study of 106 Cultures", *Archives of Sexual Behaviour* II, no. 4 (1982).
7. Daly: Gyn/Ecology, 378.
8. Paula Underwood: „Clan Mothers in the Twenty-First Century", in *The Fabric of the Future*, Hrsg. M.J. Ryan. Berkeley, Calif.: Conari Press, 1998,158.
9. Brooke Medicine Eagle: *Buffalo Woman Comes Singing*. New York: Ballantine, 1991, 339.
10. Luisa Francia: *Dragontime*. New York: Ash Tree Publishing,1988, 104-105. (*Drachenzeit*. Frauenoffensive, 2000.)
11. Zsuzsanna E. Budapest: *Holy Book of Women´s Mysteries*. Berkeley, Calif.: Wingbow Press, 1989, 86. (*Das Lebensbuch für Frauen*. Hugendubel, München, 2004.)
12. Barbara Meyerhoff: „By Means of Performance", in *Celebration: Studies in Festivity and Ritual*, Hrsg. Victor Turner. Wahsington, D.C.: Smithsonian Institution Press, 1982, 88.

Kapitel 10: Die Hebamme und die Dunkle Mutter

1. Sara Rudick: *Maternal Thinking*. New York: Plenum Press, 1980, 150-51. (*Mütterliches Denken*. Beltz, Weinheim, 1993.)
2. Mary Belenky, Blythe Clinchy, Nancy Goldberger und Jill Tarule: *Women´s Ways of Knowing: The Development of Self, Voice and Mind*. New York: Basic Books, 1986, 218. (*Das andere Denken. Persönlichkeit, Moral und Intellekt der Frau*. Campus Verlag, Frankfurt, 1991.)
3. Elizabeth Davis: *Heart & Hands: A Midwife´s Guide to Pregnancy and Birth*. Berkeley, Calif.: Celestial Arts, 1997. (*Herz und Hände. Geburtsvorbereitung, Geburt und Nachsorge. Ein Buch für Hebammen, Mütter und Väter.*)
4. Paulo Freire: *Pedagogy of the Oppressed*. New York: Seaview Publications, 68. (*Pädagogik des Unterdrückten*. Rowohlt, Reinbek, 2002.)

5. Heinrich Kramer und James Sprenger: *Malleus Maleficarum*, übersetzt von Rev. Montague Summers. New York: Dover Publications, 1971, 68. (*Der Hexenhammer*. Dtv, München, 2000.)
6. Starhawk: *Dreaming in the Dark*. Boston: Beacon Press, 1982, 204.
7. Ebd.
8. Noble: *Motherpeace*, 89.
9. Elizabeth Yates: *Call It Zest*. Brattleboro, Vt.: Stephen Greene Press, 1977, 89-90.
10. Walker: *Woman's Encyclopedia*, 492.
11. Ebd., 206.
12. Ed Fitch: *Magical Rites from the Crystal Well*. Saint Paul, Minn.: Llewellyn Publications, 1984, 139.
13. Cohen: *Circle of Life*, 277.
14. Sherwin Nuland: *How We Die*. New York: Vintage Books, 1995, xv. (*Wie wir sterben*. Droemer Knaur, München, 1996.)
15. Ebd., 262, 267.

Kapitel 11: Einen Kreis ins Leben rufen

1. Jean Shinoda Bolen: *Goddesses in Older Women: Archetypes in Woman Over Fifty*. New York: HarperCollins, 2001, 179.
2. Laura Allen und Roger A. Gorski: „Sexual Dimorphism of the Anterior Commisure and the Massa Intermedia of the Human Brain", *Journal of Comperative Neurology* 312 (1991): 97-104. Laura Allen und Roger A. Gorski: „Sex Differences in the Corpus Callossum of the Living Human Being", *Journal of Neuroscience* 11, no. 4 (1991): 933-42.
3. Anne Moir und David Jessel: *Brain Sex*. New York: Carol Publishing Group, 1991, 46. (*Brain Sex. Der wahre Unterschied zwischen Mann und Frau*. Econ, München, 1996.)
4. Christiane Northrup: *Women's Bodies, Women's Wisdom*. Rev. ed. New York: Bantam, 1999, 33. (*Frauenkörper, Frauenweisheit*. Zabert Sandmann, München, 2000.)
5. Helen Fisher: *The First Sex: The Natural Talents of Women and How They Are Changing the World*. New York: Ballantine Books, 1999, 3.
6. Alice Walker: *Sent by Earth: A Message from the Grandmother Spirit*. New York: Seven Stories Press, 2001, 47.
7. Sedonia Cahill, Interview von Elizabeth Davis, Guerneville, Calif., 2. Dezember 1999.
8. Ebd.
9. Ebd.
10. Ebd.

Elizabeth Davis, B.A., C.P.M.

Elizabeth Davis ist seit über fünfundzwanzig Jahren als Hebamme, Frauenheilkundlerin, Ausbilderin und Beraterin tätig und ist inzwischen eine anerkannte Expertin auf diesen Gebieten. Sie engagiert sich weltweit für die Rechte der Frauen und hält Vorträge über den Hebammenberuf sowie über weibliche Sexualität und Spiritualität.

Fünf Jahre lang war sie Repräsentantin der Hebammenvereinigung Nordamerikas und Präsidentin des *Midwifery Education Accreditation Council* (MEAC) in den USA. Sie ist Mitbegründerin und Direktorin des *National Midwifery Institute, Inc.*, einem dreijährigen, von der MEAC anerkannten Hebammenprogramm auf Basis einer Grundausbildung. Sie besitzt einen Magistertitel für ganzheitliche Schwangerschaftsvorsorge der Antioch University und ein Zertifikat des Nordamerikanischen Hebammenverbandes.

Aus ihrer Feder stammen die Bücher *Hearts & Hands: A Midwife´s Guide to Pregnancy and Birth* (ein Klassiker, der mittlerweile in der dritten Auflage erscheint), *Energetic Pregnancy*, *Women´s Intuition* sowie *Women´s Sexual Passages: Finding Pleasure and Intimacy at Every Stage of Life.* In amerikanischen Frauenzeitschriften ist sie eine vielzitierte Expertin, außerdem ist sie ein beliebter Gast in Radio- und Fernsehsendungen.

Zu Elizabeth´s Hobbys zählen Schnorcheln, Gartenarbeit, Wandern und metaphysische Studien. Eine ihrer größten Leidenschaften ist es, Frauenkreise ins Leben zu rufen. Sie lebt in Sebastopol, Kalifornien, und ist Mutter dreier Kinder.

https://elizabethdavis.com

CAROL LEONARD, B.S., N.H.C.M.

Carol Leonard ist eine Vorreiterin der modernen Hebammenbewegung. Ihr Zertifikat als Hebamme erhielt sie in New Hampshire und ist inzwischen seit fünfundzwanzig Jahren in diesem Beruf tätig. Sie ist Mitbegründerin des *Midwive´s Alliance of North America*, dem sie auch ein Jahr lang als Präsidentin vorsaß. Ihre Bemühungen, die Mutterschaftspflege in Moskau während der sowjetischen Ära zu verbessern, wurde unter anderem in *20/20* und in den *Congressial Records* dokumentiert. Kürzlich wurde sie zur ersten Vorsitzenden des *New Hampshire Midwiferay Council* berufen und ist außerdem Mitglied des staatlichen *Birth Center Rules & Regulations Review Committee.*

Auf ihrer Farm in New Hampshire unterhält Carol ein Geburtshaus, das *Longmeadow Farm Birthing Home*, welches seit September 2000 staatlich anerkannt ist. Sie gehört zum Lehrkörper der *Birthwise Hebammenschule* in Bridgton, Maine, einem national anerkannten Ausbildungsprogramm.

Vor Kurzem veröffentlichte sie einen Bericht über ihre Tätigkeit als Hebamme unter dem Titel *Lady´s Hands, Lion´s Heart: Memoirs of a Radical Midwife*, der nun in den Margaret Sanger Archiven des Smith College aufbewahrt wird. Ihre Hobbys sind Gartenarbeit, Skilaufen und Fliegenfischen. Sie baut Heilkräuter an, hält Freilandhühner und hat drei wilde Enkelsöhne.